SPECIAL
AUCTION
B I B L E

Preface

서문에 붙여 . . .

이 책은 경매의 기본을 어느 정도 이해한 중급자를 위한 책이다. 물건 분석하고 권리 분석한 후에 입찰하고 명도하는 수순은 부동산 경매의 기본 과정이라고 할 수 있는데 이는 나의 졸저 경매바이블에서 설명하였다.

이 책은 그 후편이라고 할 수 있다. 경매에서 기초는 닦았는데 막상 경매 사이트에서 물건을 찾다보면 마땅한 물건이 없음을 알게 된다. 아파트나 빌라 같은 주거용 부동산은 경쟁률이 치열하여 큰 이익을 보기 어렵고 유찰이 여러번 된 물건은 권리 분석에 자신이 없게 된다. 그러다보니 무엇을 해야 할지 방향을 제대로 잡기 어렵다. 15년 넘게 대학에서 경매 강의를 하다 보니 수강생들이 경매에 입문한 이후로 방향을 못 잡고 흐지부지 되는 것을 많이 보았다.

경매에 입문 한 후에는 어떻게 해야 하는가에 대한 방향과 경매의 비전을 제시하고 싶어서 이 책을 쓰게 되었다. 경매 분야에 대한 전체적인 그림을 그리고 경매에서 수익을 낼 수 있는 분야를 정리하였다.

하나하나의 파트에 대한 자세한 공부는 끝이 없겠지만 그래도 경매에 입문해서 본인에게 적합한 분야를 발견할 수 있도록 하였다.

경매계에 숨은 고수들이 얼마든지 있다. 그 고수들과 경쟁해서 이긴다는 것이 결코 쉬운 일은 아니다. 그러나 초보들이 하는 물건보다는 남들이 하지 않는 어려운 분야가 경쟁도 덜하고 수익도 많이 생기므로 이왕 경매계에 입문했으면 끝까지 파고들어 전문가의 반열에 들어야 하지 않을까 싶다.

늘 새로운 물건이 나오고 새로운 전문가가 나오는 경매계에서 살아남는 것이 쉽지만은 않은 것 같다. 경매를 잘해서 살아남는 것이 아니라 살아남은 것이 잘하는 일이다. 이 책이 경매계에서 살아남는데 도움이 되기를 희망한다.

경매자산관리회사를 운영하면서 실전에서 나오는 것을 위주로 설명하였다.
이 책에서 사례를 들은 것은 대부분은 실제 경험을 했거나 간접 경험을 한 것이다. 경험하고 확인한 것이 대부분이다. 그러나 원래 글 쓰는 재주가 없고 불민하여 여러 가지 부족한 점을 많이 느끼고 있다. 잘못된 부분은 언제든지 지적받는다 해도 감사할 따름이다.

이 책이 나오기까지 많은 분들의 도움이 있었다. 특히 임용택 집행관님은 이 책 대부분을 교정해 주셨고 부족한 법적 지식을 보완 해주시고 새로운 판례를 제시하여 주시는 등 자신의 일처럼 책이 나오기까지 온갖 열정을 쏟아 주셨다. 이 자리를 빌어서 감사의 인사를 하고 싶다.
더불어 자료 정리와 교정을 도와준 사무실의 김성일 원장님과 백동환 부장, 박상환 팀장과 최용근 팀장 그리고 김정숙 실장에게 고마운 마음을 전하고 싶다. 가장 힘들 때부터 늘 옆을 지켜주는 아내와 20대의 젊은 나이에 공부에만 전념하는 채정이와 정식이에게 이런 자리를 빌려 사랑하는 마음을 전한다.

연구실에서　저자 씀

Contents

Contents

Contents

Contents

SPECIAL
AUCTION
BIBLE

SPECIAL AUCTION
chapter 01

경매전문 컨설팅업의 운영

SPECIAL
AUCTION chapter **01. 경매전문 컨설팅업의 운영**

경매에 입문하여 기본을 배운 이후 지속적으로 경매투자를 하는 경우는 두 가지 경우가 있다. 하나는 개인적으로 하는 경우이고 또 다른 경우는 직업적으로 경매업을 운영하는 것이다. 개인적으로 투자하는 경우에는 일반적으로 투자 자금의 규모가 크지 않다. 급여에서 30만 원씩 3년 동안 적금을 들어야 1천만 원이 모인다. 1억은 30년을 부어야하기 때문에 쉬운 일이 아니다. 그렇기 때문에 전체 경매투자자의 90%는 1억 미만의 돈으로 투자하고 있는 것으로 확인된다.

경매투자에 있어서 본인의 명의로 한두 개 정도 낙찰하고 판매한다면 그리 어렵지는 않을 것이다. 1억 미만으로 매매가 손쉬운 빌라나 소형아파트를 낙찰 받고 매매하는 경매투자자들은 엄청나게 많을 것이다. 그러나 이러한 방식으로 진행한다면 머지않아 문제에 부딪히게 된다.

제일 먼저 경낙잔금 대출에 문제가 생긴다. 수입을 입증할 방법은 마땅치 않은데 대출은 될 수 있으면 많이 일으켜야하니 금방 DSR같은 한도에 걸려 대출금이 적거나 대출 거부에 직면하게 된다. 또 세금문제가 발생하게 된다. 양도소득세는 1년간 누적이 되기 때문에 두 채를 양도했을 때에는 누적된 양도소득 금액으로 부담해야 한다.

즉 1년간의 총 양도소득으로 세율이 결정되므로 여러 채를 낙찰받는다면 누진된 고율의 양도세율을 부담해야 한다. 또 6개월 내에 두 채를 팔고 한 채를 매입한다면 매매업으로 간주되어 사업소득세도 부담하게 될 수도 있다.

따라서 경매를 지속하려면 1년에 한두 번 한다고 생각하고 낙찰가가 많이 떨어진 특수 물건을 하거나 비교적 고액의 물건에 투자하게 된다. 그렇지 않고 기존의 투자방식을 고집한다면 친구나 형제들의 명의로 투자하여야 한다.

그러나 실제로 해보면 그리 녹록치 않다. 아무리 가까운 사이라고 해도 한번 정도는 도와줄 수 있지만 계속 도와달라고 할 수도 없는 노릇이고 명의자에게 문제가 생기면 대신 해결해야 하는 문제도 생기게 된다.

이처럼 다른 사람의 명의로 투자하는 것은 명의 신탁을 의미하는 것으로 법적으로 보호를 받을 수 없을 뿐만 아니라 부동산 실명제법 위반으로 처벌 받을 수도 있다. 그렇다고 법인으로 매매업을 한다고 해도 대출이 쉽지 않기 때문에 일정한 규모가 되기 전까지 소액으로 경매투자한다는 것은 그리 쉬운 것은 아니다. 따라서 경매에 입문해서는 본인의 발전 속도에 맞춰 장기적 계획을 만들어야 할 것이다.

장기적으로 가장 바람직한 것은 경매를 직업으로 삼고 전념하는 것이다. 중개업소를 운영하면서 법원에 매수신청대리인을 등록하고 경매컨설팅까지 운영하여야 할 것이다. 공인중개사로 경매컨설팅업을 할 때는 기존의 중개업소와 컨설팅업의 현실을 확인하고 문제점을 파악하여 앞으로 어떻게 운영할 것인가를 계획하여야 한다.

그중 가장 중요한 것은 투자자와의 관계이다. 투자자를 어떻게 발굴하고 유지하며 투자자 이익을 극대화할 것인가 하는 것이 경매전문가에게 가장 중요한 문제가 된다.

스스로 전문가임을 자처하는 사람들은 많다. 그러나 다른 사람에게 전문가로서 인정받고 지속적으로 투자를 받는 사람은 극소수일 것이다.

경매를 혼자 하는 것으로 오해하는 사람들이 많은 것 같다. 경매를 혼자하거나 두 번째 직업으로 선택하였다 하더라도 계속 유지 및 발전하려면 투자자가 필수이며 인간관계를 유지하며 신뢰를 잃지 않는다는 것은 정말로 어려운 일이다. 인간의 욕심은 끝이 없기 때문에 아무리 많은 수익을 올려줘도 더 큰 수익을 원하게 되고 기대수익을 올려 주지 못한다면 미련 없이 떠나기 때문이다. 따라서 경매에서 프로가 되려면 먼저 어떻게 인간관계를 만들고 유지하여야 할 것인가에 대해 진지하게 고민하여야 한다. 현재의 컨설팅업계의 당면 과제를 알아보고 어떻게 체계적으로 관리하여야 하는지 정리해 보았다.

또 마지막에는 현재 사무실에서 컨설팅을 위임 받았을 때 고객에게 전달하는 부동산 조사보고서를 실었다. 실비를 받고 말로만 보고해서는 고객에게 믿음을 줄 수 없다. 고객의 신뢰를 얻기 위해 제공하는 것이지만 내용 자체가 경매 부동산을 입찰하기 위해서 무엇을 조사해야 하는가를 알 수 있다. 혼자 입찰한다고 해도 이 정도로 세세하게 조사하여 입찰하면 경매에서 실수를 줄일 수 있다.

1. 부동산 중개업소의 현실

1) 공인중개사 자격증 취득자는 현재 42만 명에 이르고 있으므로 개업 시 인근 경쟁업소와 차별화를 시키지 못할 경우 실패할 가능성이 높다.

2) 현재 공인중개사 자격증은 단순 중개업무와 경쟁업체와의 치열한 경쟁 속에서 힘겨운 경영을 하는 것이 지금의 현실이다.

3) 몇몇 공인중개사들이 경쟁업체와의 차별화를 통해 살아 남기 위하여 재교육을 받고 있지만 실무에는 적용이 안 되는 비현실적인 교육과 사후관리의 부족으로 더 이상의 발전을 가져오지 못하고 오히려 경쟁에서 뒤처지는 형국이 되고 있다.

4) 차별화를 위해 프랜차이즈에 가입하지만 단순매물광고나 간판 변경의 효과 외에는 더 이상의 업그레이드 된 수익모델을 제시하지 못하고 있다.

5) 지난 10년간 매년 5% 이상의 큰 폭으로 증가하던 공인중개사 사무실이 점차 줄어들면서 수도권에선 정체되고 있다.

2. 경매 컨설팅의 현실

1) 거의 모든 부동산중개업소가 경매전문 상담 간판을 달고 있으나 전문성이 떨어져서 고객유치하기가 쉽지 않다.
2) 여유 자금이 많지 않은 고객이 대부분이어서 전세금으로 내 집 마련하는 것으로 유도하고 있다.
3) 기대 수익률이 과다하므로 재투자를 권하거나 다시 소개하기가 어렵다.
4) 고객에 대한 사후 관리 부재로 일회성 고객으로 그치고 있다.
5) 경매를 통한 수익 창출을 이끌어 내지 못하고 난이도가 높은 경매에 대처하지 못한다.

3. 부동산 경매에 있어서 투자자들의 특징

1) 경매투자에 대한 환상이 있다.
2) 경매 관련 서적을 읽거나 인터넷으로 조사하여 기본적인 지식이 있다.
3) 무료 동영상 및 부동산 TV등과 같은 매체를 통해 투자에 대하여 호의적 생각을 갖고 있다.
4) 종자돈이 부족한 투자자가 대다수이며 단기, 고액의 수익률을 원한다.
5) 경매에 대한 경험을 통해 자신이 직접 경매 전문가가 되려고 생각한다.
6) 투자처는 얼마든지 있으므로 다른 투자처와 끊임없이 비교한다.
7) 투자자에 대한 지속적인 고객 관리를 하지 않으면 곧 투자자를 잃게 된다.

4. 전문 경매 컨설팅의 운영

부동산중개업소를 운영하면서 경매 컨설팅도 같이 운영한다면 더 효율적이 될 것이다. 컨설팅 고객은 현금 투자자와 일반 고객이 있는데 투자자는 현금의 흐름을 중요시하고 일반 고객은 물건을 중요시하는 경향이 있다.

경매 컨설팅에서 성공하려면 이들 고객들과의 신뢰가 무엇보다 중요하다. 고객의 목적은 다양할 수 있지만 기본적으로 저렴하게 매입하는 것이 유일한 목표이다.

그러나 저렴하게 구입하기 위해 낮은 낙찰가를 적는다면 다른 경쟁자들로 인하여 낙찰이 안되게 되고 컨설팅 업체에서도 아무런 수익이 발생하지 않는다. 따라서 컨설팅업체 입장에서는 고객을 설득하여 입찰가를 올리는데 주력하게 되고 낙찰이 목표가 된다.

고객은 수익이 목표가 되고 컨설팅업체는 낙찰이 목표가 되기 때문에 낙찰 후 고객이 만족을 느끼는 경우는 쉽지 않게 된다. 더구나 고객이 매각을 위해 인근 부동산에 매물을 내놓다보면 중개업소에서 거래를 쉽게 하기 위해 낙찰물건에 하자를 이야기하며 고가로 낙찰 받았다고 안내할 가능성이 높다. 이로 인하여 입찰가를 저가로 하여 잘 낙찰되었다 하더라도 컨설팅업체에 대한 불신을 해소하기에는 구조적으로 쉽지 않다. 컨설팅업체도 고객이 자신만을 찾는다는 확신이 없기 때문에 고가 낙찰이 속출하고 컨설팅업체에 대한 불신이 가중되는 악순환이 이어지게 된다. 이를 해결하는 방법은 자신의 양심에 따라 물건을 조사하고 자신의 투자금처럼 관리하는 것인데 이는 정말로 쉽지 않은 일이다. 최선을 다했음에도 고객의 눈높이는 한없이 높기 때문에 이를 채우기에는 턱없이 부족하기 때문이다. 그러나 최선을 다하다 보면 고객의 입장에서 다른 투자처와 비교하여 더 안전하고 수익이 높다고 판단하여 다시 고객으로 돌아오게 된다. 이 비율이 높지는 않지만 그래도 30%는 기대할 수 있는 것 같다.

5. 경매 컨설팅 업무 흐름도

1.경매 상담
- 투자자의 관심 물건확인
- 매매차익, 임대수익, 실사용 목적

2. 위임 계약
관심 물건을 찾아서 제공하고 실비를 선입금 받는 계약

3. 물건에 대한 현황 조사 및 시장 조사
투자자와 합의된 부동산 물건의 현장에 임하여 부동산의 현황을 조사하고 인근 부동산중개업소 방문을 통해 실제 시세 파악

4. 권리 분석 및 입찰가 산정

현장방문을 통한 자료와 물건과 관련된 정보를 종합하여 권리 분석하고 예상 입찰가 산정

5 부동산 종합 보고서 작성하여 전달하고 입찰가격 협의

분석결과를 요약하여 보고서 작성, 투자자에게 설명 후 입찰 가격 협의

6. 입찰 참여

본인 참가 혹은 대리인 자격으로 입찰

7. 낙찰 혹은 입찰 실패

입찰에 실패한 경우에는 3번 시장조사부터 다시 시작하고 낙찰시 수수료를 결제 받음

8. 대출알선 및 등기

대출상담사를 통해 가장 유리한 곳을 안내하고 법무사를 통해 소유권이전등기 실행

9. 명도에 참여

명도와 관련된 수수료를 받을 수 없으나 낙찰자와 협력하여 원만히 부동산을 인도 받도록 함

10. 수리 및 판매

가장 저렴하게 수리하여 인근 부동산에 매물을 등록함

6. 경매 컨설팅의 투자수익 모델

$$총수익 = 전문지식 \times 인간적\ 신뢰 \times 노력$$

1) 전문지식

a) 법원경매 및 공매에 대한 충분한 지식 획득

b) 입찰 법원 참관 및 경매투자 노하우 습득

c) 가급적 직접 경매투자를 통하여 다양한 경험 축적

d) 꾸준한 경매 관련 정보를 수집하고 분석하여 최신의 경향에 대하여 정확한 지식 보유

2) 인간적 신뢰

a) 인간관계에 따른 개인적인 신뢰를 말한다.

b) 악의적으로 투자자에게 피해를 주지 않을 것이란 인간적 믿음을 의미한다.

c) 미래에 있을 거래에 대한 믿음으로 인간적 신뢰는 대개 시간과 공간을 필요로 한다.

3) 노력

전문지식 획득을 위한 노력과 인간관계를 위한 노력, 가치 있는 부동산을 발굴하는 노력을 말한다. 경매투자에 관련된 모든 행위에서 노력은 밑바탕을 이루고 있다.

경매컨설팅에서 이러한 세 가지 요소가 결합하여 수익을 얻게 된다.

이 세 가지 요소 중 어느 것 한 가지라도 부족하거나 없게 되면 결과는 전혀 없게 된다.

예를 들어 이 세 가지 요소들이 최고 10이라는 등급이면 $10 \times 10 \times 10$이므로 결과는 1,000이 될 것이다. 그러나 절반 정도만 갖고 있다면 $5 \times 5 \times 5$ 이므로 125에 불과할 것이다. 더욱이 이 세 가지 요소 중 한 가지라도 0이라면 결과는 아무것도 남지 않게 될 것이다.

흔히 경매투자는 본인만 잘하면 되는 것으로 알고 전문적인 지식만 열심히 공부하는데 아무리 법과 판례를 잘 안다고 해도 자신의 자본에는 한계가 있고 명의도 한계가 있기 때문에 일정 수준이상으로 성장하기 어렵다.

가장 중요한 것은 다른 사람에게 주는 신뢰이다. 이 신뢰를 얻기 위해 투자하는 것이 전체 투자의 90% 이상이라고 할 수 있다. 이 신뢰는 얻기도 힘들지만 잃을 때에는 사소한 일들과 감정적인 부분으로도 잃기 때문에 가장 어려운 부분이라고 할 수 있다.

경매 실력은 단시간에 얻을 수 있지만 인간적인 신뢰는 쉽게 얻을 수 없다. 과거를 보고 현재에서 미래를 판단하는 것이 신뢰이기 때문에 시간과 공간을 함께 해야 한다.

7. 경매 컨설팅의 IRM(Investor Relationship Management)

1) 투자자 관계 관리의 개념

a) 과거 현재 미래의 잠재 투자자에 대한 정확한 이해를 바탕으로 투자자에 관한 정보를 활용하여 장기적으로 투자자와의 관계를 유지 확대 개선시킴

b) 신규 투자자 개발, 우수투자자의 관계 유지, 투자자의 수익증진, 잠재투자자의 활성화, 평생 투자자와 같이 라이프 사이클을 통하여 투자자를 적극적으로 관리하고 유도하며 투자자의 수익을 극대화시킬 수 있는 전략

2) IRM운영의 행동화 전략

a) IRM운영 전개 시 고려할 사항

- 목표투자자 분석을 통한 공격적 마케팅 전개
- 데이터베이스와 투자자관계개선을 기반으로 함
- 기존 투자자에 대한 배려와 우대혜택 확대
- 투자자와의 1대1 커뮤니케이션 기법 중시
- 투자자의 로열티 극대화 프로그램 가동

b) 데이터베이스 마케팅의 경영전략화 3요소
- 데이터베이스 마케팅의 본질 파악과 이해
- 데이터베이스 마케팅의 활용과 IRM 운영능력 향상
- 데이터베이스 마케팅의 전략적 가치 발굴 : 투자자의 분류, 투자금액, 투자금액 대비 수익률, 고객의 반응 등

c) 데이터베이스 마케팅의 본질
- 투자자정보와 투자정보의 결합
- 쌍방향 소통 기법 활용(two-way communication)
- 목표 투자자설정 : 투자자의 분류, 투자자 정립 등이 잘 이루어지지 않아 본질이 흐려지는 경우가 자주 발생
- 다양하고 적극적인 마케팅 전개
- 데이터를 근거로 한 경영전략 : 데이터마이닝(data mining) 즉 데이터를 분석하고 활용하는 기법을 활용하여 마케팅 전략 수립
- 장기이익실현 : 지속적인 투자자에 대한 관리를 통하여 장기이익을 발생하고자 함

3) IRM은 모든 활동을 투자자 중심으로 전환하는 것부터 시작하는 것

8. 부동산 경매 컨설팅의 발전 방향

1) 해마다 경매투자자가 양산되어 경쟁이 더욱 격화되는 것은 시장의 흐름상 어쩔 수 없으므로 이를 인정하고 새로운 전략을 세워야 한다.
2) 차별화된 경매컨설팅만이 경쟁에서 살아남고 발전할 것이다.
3) 틈새시장 개발과 더불어 다른 부동산 관련 지식을 결합하여 새로운 시장을 개발해야 한다.
4) 기존 투자자에게 투자되는 비용의 5배를 투자하여야 한사람의 신규 투자자를 개발할 수 있다고 알려져 있으므로 기존 투자자에 대한 관계 개선에 노력해야 한다.
5) 끊임없는 자기계발을 통한 핵심 역량 강화와 더불어 투자자와의 관계를 철저히 관리함으로 컨설팅업이 발전 가능하도록 해야 한다.

9. 부동산 조사 보고서

부동산 조사 보고서를 작성하는 이유는 고객에 대하여 위임물건에 대한 정보를 제공해야 하기 때문이다. 컨설팅 위임을 받게 되면 50만 원 이내에 실비를 받을 수 있는데 이 때 말로만 보고 해서는 안된다.

위임받은 물건에 대하여 자세한 정보를 체계적으로 문서화하여 제공해야 고객이 컨설팅 의뢰에 대한 긍정적 확신을 가질 수 있을 것이다.

고객이 원하는 것은 자신을 대신하여 전문가가 관심 물건을 자세히 조사하여 위험을 최소화하는 것인데 무엇을 어떻게 조사하는가 하는 것을 요약한 것이 부동산 조사 보고서이다. 컨설팅 의뢰자를 위한 부동산 조사보고서이지만 본인의 물건에도 적용할 수 있다.

금액이 적고 내용이 단순한 주거용 부동산은 꼭 필요한 부분만 사용하고 생략할 것이 많지만 어느 정도 규모가 있고 내용이 복잡하다면 현재 컨설팅업에서 쓰고 있는 부동산 조사 보고서 양식을 참고 삼아 조사해 보는 것이 물건에 대한 이해의 폭을 넓히는데 도움이 된다.

부동산 조사 보고서

201   타경   호

일시 : 20○○년 ○○월 ○○일 ○○시 ○○분 입찰

I. 경매 진행사항

1. 사건 내역

				입찰일	0000-00-00
소재지	○○시 ○○구 ○○동 ○○○-○				
경매법원	○○○	종 별	다가구	감정회사	한국감정평가
경매종류	임의( ), 강제( )	물건번호	없음	평가일	○○○○-○○-○○
채권자	○○○	감정가	○○○,○○○,○○○	채권총액	○○○,○○○,○○○
채무자	○○○	최저가	○○○,○○○,○○○	조사일	○○○○-○○-○○○○
소유자	○○○	적정시장가	○○○,○○○,○○○	비 고	-

2. 경매 진행과정

법원경매계	사건번호	경매신청자/개시일	경매차수	최저경매가	입찰일/결과
	○○○○-○○○○		1	○○○,○○○,○○○	○○○○-○○-○○ / 진행
	○○○○-○○○○		2		
	○○○○-○○○○		3		

II. 토지에 관한 사항

1. 토지내역

면적	○ ㎡/ ○○.○○ 평				
지목	공부상	대 지	공시지가	금액/단위	○○○/㎡
	실제	대 지		총액(원)	○○○,○○○원

2. 입지조건

입지조건	도 로	종 류	(m) 접근도로(▢포장 ▢비포장) (m) 이면도로(▢포장 ▢비포장)
		접근성	▢ 용이함 ▢ 불편함
	대중교통	버 스	( ) 정류장 ▢ 소요시간 : 분
		지하철	( ) 역 ▢ 소요시간 : 분
		기 타	
	주차장	▢ 없음 ▢ 전용주차시설 ▢ 공동주차시설 ▢ 기타 ( )	
	교육시설	초등학교	( ) 학교 ▢ 소요시간 : 분(도보, 차량)
		중 학 교	( ) 학교 ▢ 소요시간 : 분(도보, 차량)
		고등학교	( ) 학교 ▢ 소요시간 : 분(도보, 차량)
	판매 및 의료시설	백화점 및 할인매장	( ) ▢ 소요시간 : 분
		종합의료시설	( ) ▢ 소요시간 : 분

혐오시설	숙박업소	종류	개수	반경 m 이내	노출 정도
				m	
	술집	종류	개수	반경 m 이내	노출 정도
				m	
	기타				

3. 토지이용계획, 공법상 이용제한 및 거래규제에 관한 사항

토지제한사항	지역지구	용도지역		건폐율 상한	용적률 상한
		용도지구		%	%
		용도구역			
	도시계획 시설		허가·신고구역 여부	▢ 토지거래허가구역 ▢ 주택거래신고지역	
			투기지역 여부	▢ 토지투기지역 ▢ 주택투기지역 ▢ 투기과열지구	
	지구단위계획구역, 그 밖의 도시관리계획		그 밖의 이용제한 및 거래규제사항		

4. 근거 서류 (별첨)

1. □ 등기부등본   2. □ 토지대장   3. □ 지적도

4. □ 임야도   5. □ 토지이용계획확인서   6. □ 공시지가 확인원

7. □ 기타(   )

Ⅲ. 건물에 관한 사항

1. 건물내역

면 적	공부상	ㅇㅇㅇ.ㅇㅇ㎡/ㅇㅇ.ㅇㅇ평	용 도	공부상	다가구
	실제상	ㅇㅇㅇ.ㅇㅇ㎡/ㅇㅇ.ㅇㅇ평		실제상	다가구
건물구조		철근콘크리트	구 분		총 지하ㅇ층 지상ㅇ층 중 ㅇ층
제시 외 부분		–	건축년도		ㅇㅇㅇㅇ-ㅇㅇ-ㅇㅇ
방향			증축년도		

2. 내·외부 시설물의 상태

내·외부	수도	파손여부	□ 없음 □ 있음(위치 :)
		용 수 량	□ 정상 □ 부족함 (부족한 부분 :)
	전기	□ 정상 □ 교체요함(교체할 부분 :)	
	가스	□ 도시가스 □ 기타( )	
	소방	소화전	□ 없음 □ 있음(위치:)
		비상벨	□ 없음 □ 있음(위치:)

시설물의 상태 (건축물)	난방방식 및 연료공급	공급방식	□ 중앙공급 □ 개별공급		
		종류	□ 도시가스 □ 기름 □ 프로판가스 □ 연탄 □ 기타( )		
		시설작동	□정상 □ 수선요함()		
	승강기	□ 있음 (□양호 □ 불량) □ 없음			
	배수	□정상 □ 수선요함( )			
	그 밖의 시설물				

3. 건물의 외부

벽 면	벽면 상태	균열	□ 없음	□ 있음(위치:)
		누수	□ 없음	□ 있음(위치:)

4. 환경조건

환경조건	일조량	□ 풍부함	□ 보통임	□ 불충분 (이유:)
	소음	□ 미미함	□ 보통임	□ 심한편임
	진동	□ 미미함	□ 보통임	□ 심한편임
	비선호 시설(1km이내)	□ 없음	□ 있음(종류 및 위치 :)	
	공공재 및 선호 시설	□ 없음	□ 있음	

5. 건물 관리에 관한 사항

관리에 관한 사항	경비실	□있음	□ 없음	
	관리주체	□ 위탁관리	□ 자체관리	□ 기타

6. 근거 서류

1. □ 건축물관리대장   2. □ 건축물 현황도

Ⅳ. 등기부등본 권리 분석

1. 등기내역

등기순위	권리종류	설정일	권리자	채권최고액	소멸/인수	기타사항
1	소유이전	○○○○-○○-○○○○	전소유자 : ○○○	○○○,○○○,○○○	소멸	
2	저당권		○○은행		인수	
3	가압류					
...						
10	저당권					

V. 점유자 분석

1. 점유현황 (법원목록상, 실제점유, 재임대수익)

순위	점유부분	점유용도	임차인	전입일	확정일자	배당신청	보증금	월세	소멸/인수	기타
				법원목록상현황						
1	지ㅇ층	주거	ㅇㅇㅇ	ㅇㅇㅇㅇ-ㅇㅇ-ㅇㅇ	ㅇㅇㅇㅇ-ㅇㅇ-ㅇㅇ	○	ㅇㅇㅇ,ㅇㅇㅇ,ㅇㅇㅇ	ㅇㅇㅇ,ㅇㅇㅇ	소멸	
2	ㅇ층					X			인수	
3	ㅇ층									
				총계						
실제점유현황(주민등록확인내역 :)										
1										
2										
3										
				총계			ㅇㅇㅇ,ㅇㅇㅇ,ㅇㅇㅇ			
비고										
				재임대 시 수익						
1										
2										
				총계			ㅇㅇㅇ,ㅇㅇㅇ,ㅇㅇㅇ	ㅇㅇㅇ		

2. 유치권 여부

유치권 주장자	유치권 주장 금액	점유 형태	소유자와의 관계
1.			
2.			
3.			

VI. 예상 비용

1. 예상 낙찰가

1안	원
2안	원
3안	원

2. 세금 및 준조세

	1안	2안	3안
취·등록세(지방교육세 포함)			
채권 및 부대비용			
합 계			

3. 대출관련 비용

	1안	2안	3안
대출 가능 금융기관			
대출 가능금액			
대출수수료 여부			
중도상환수수료 여부			
근저당 설정비 대출 수수료			
합 계			

4. 명도관련 비용

인도관련 비용	연체 관리비	
	예정 이사비	
	점유이전금지가처분비	
	강제 집행비	

5. 수리비 산정

	내부 예상가	외부 예상가
도배		
장판		
페인트		
전기 및 전등		
싱크대		
청소비		
열쇠, 수도꼭지, 기타 소모품		
누수		
인테리어 소품		
기타 경비		
합계		

6. 낙찰 후 총 예상비용

	합계	1. 예상낙찰가	2. 대출 가능금액	3. 대출제외 필요현금	4. 세금 및 기타비용	5. 예상 양도소득세
1안 합계						
2안 합계						
3안 합계						

VII. 주변 시세

1.인근지역의 부동산중개업소

중개업자 (1)	성 명		명함란
	사무소 명칭		
	사무소 소재지		
	전화번호		
	판매 예정가에 대한 의견		
중개업자 (2)	성 명		명함란
	사무소 명칭		
	사무소 소재지		
	전화번호		
	판매 예정가에 대한 의견		
중개업자 (3)	성 명		명함란
	사무소 명칭		
	사무소 소재지		
	전화번호		
	판매 예정가에 대한 의견		
중개업자 (4)	성 명		명함란
	사무소 명칭		
	사무소 소재지		
	전화번호		
	판매 예정가에 대한 의견		
중개업자 (5)	성 명		명함란
	사무소 명칭		
	사무소 소재지		
	전화번호		
	판매 예정가에 대한 의견		

Ⅷ. 입찰가 산정 시 참고 사항

1. 임차인 관련 예상배당순위

배당순위	권리자	권리종류	설정일	배당여부	청구액(원)	배당액(원)	인수액(원)	소멸여부	기타
1			○○○○─○○─○○		○○○,○○○,○○○	○○○,○○○,○○○	○○○,○○○,○○○		
2									
3									
⋮									
10									
총 계									
비 고									

2. 인근지역 유사 낙찰사례

사건번호(물번) 물건 종류	경매계	소재지	감정가 최저입찰가	진행상태	입찰인원	입찰일자

3. 인근지역 낙찰가율(평균)

구분	최근 1년	최근 6개월	최근 3개월	최근 1개월	해당 XX동(최근 3개월)

4. 종합 분석 및 의견제안

담당자의 종합의견

IX. 최종입찰가격

	담 당	입찰자(본인)	대 표	최종입찰가격
입찰 가격	원	원	원	원
서명				

SPECIAL AUCTION
chapter 02

경매투자의 실패 원인 분석

AUCTION chapter 02. 경매투자의 실패 원인 분석

경매는 실수를 줄이는 것이 가장 중요하다. 경매에서 실수를 하게 되면 반드시 낙찰된다. 입찰가를 잘 결정하면 낙찰되기 어렵지만 여러 가지 이유로 실수하게 되면 낙찰 될 수밖에 없다.

눈 덮인 개똥밭에서 가장 안전하게 지나갈 수 있는 방법은 다른 사람이 지나간 발자국을 따라 가는 것이다. 다른 사람들이 어떻게 실수했는가를 보면 내가 조심해야 하는 것이 어떤 것인지 보일 것이다.

경매물건을 검색할 때 재경매사건으로 검색할 수 있다. 재경매라는 것은 누군가가 입찰보증금을 포기한 물건이라는 뜻이다. 경매투자로 이익을 얻고자 하였지만 오히려 보증금을 날리게 된 것이다. 막상 보증금을 포기하려고 하면 정말 그 속마음은 달리 비할 바가 없다.

이렇게 보증금을 포기하게 되는 이유는 여러 가지가 있다. 경매초보가 겪게 되는 시행착오도 있고 고수가 겪게 되는 이유도 있다. 이러한 것들의 유형과 원인에 대하여 알게 된다면 시행착오를 많이 줄일 수 있을 것이다.

이렇게 하면 돈이 된다는 책은 세상에 얼마든지 있다. 실제로 벌었는지는 확인할 수 없지만 대단한 노하우라고 알려주고 있다.

그러나 실전에서 필요한 것은 성공한 노하우보다는 조심해야 할 것들이 무엇이고 다른 사람들은 어떻게 하다가 재테크는 커녕 많은 금전적 손실을 보게 된 것인가 하는 것이다.

경매투자에 있어서 조심해야 하는 것들은 무엇이 있고 실패한 투자는 어떤 실수 때문인지 분석하는 것은 경매에 입문한 사람들에게 꼭 필요한 내용일 것이다. 재경매사건으로 보증금을 날린 경우 대략 60%~70%는 물건 분석의 실패이다.

사실 낙찰받은 물건 중 즉시 매각이 가능하고 낙찰가의 10% 이상의 수익이 가능한 물건은 전체 물건의 대략 3% 정도에 불과하다.

즉 97%의 낙찰물건은 수익이 어려울 정도의 높은 가격인 것이다. 가격에 대한 의견차가 낙찰을 결정하지만 여러 가지 이유로 가격에 대한 잘못된 판단을 하고 있다. 높은 가격에 낙찰이 되면 매매가도 자연히 높아야 하기 때문에 시장에서 외면 당하게 된다.

매도가 되어야 그 자금으로 다른 물건에 입찰할 수 있기 때문에 물건이 팔릴 때까지 입찰하지 못한다. 그러다 보면 경매 자체가 흐지부지 되며 나중에 낙찰물건이 팔려도 이미 많은 시간이 흐른 뒤여서 경매여건이 변화되었음을 느끼고 다시 입찰할 자신감을 잃게 되어 경매계를 떠나게 된다.

경매에 입문하고 겪게 되는 수많은 실패 위험들은 다음과 같이 몇 개의 유형으로 분류할 수 있다. 정도의 차이는 있지만 경매에 입문하면 반드시 한번은 겪을 가능성이 높은 것들이다.

1. 입찰과 관련된 실수

실제로 빈번하게 발생하는 실수이다. 체계적으로 공부하고 입찰을 연습한 것이 아니고 상식적으로 하다 보니 발생하는 실수이다.

여러 실수가 있을 수 있는데 입찰이 무효가 되는 경우는 그래도 다행인 것이고 경우에 따라서는 보증금도 포기해야 하는 경우도 생기니 실수를 줄이는데 노력해야 한다.

1) 입찰표 작성에서의 실수

a) 0을 하나 더 쓴 경우

이런 실수가 발생하는 이유는 입찰가격을 적는 란에 숫자를 잘못 본 경우이다.

금액란 위에 십억 억 천만 백만 이런 식으로 구분을 해놨는데 이를 잘못 보거나 무시한 경우에 해당된다. 1억짜리 물건의 입찰가격을 10억으로 기재한 것으로 한 달에 한 번 이상 발생하는 것 같다.

이런 경우 예전에는 비진의 의사표시로 계약금을 돌려 준 적도 있는데 2010년 대법원 판례로 이제는 예외 없이 계약금을 돌려주지 않는다. 이렇게 되는 것은 입찰장에서 입찰표를 작성했기 때문인 경우가 많다. 입찰장은 사람들로 북적이고 대개 주차가 어렵기 때문에 시간에 쫓기다 보니 엉뚱한 실수를 하게 되는 것이다.

따라서 입찰표는 반드시 미리 작성한다는 원칙을 지킨다면 막을 수 있는 실수이다. 요즘은 경매 사이트에서도 입찰표를 작성할 수 있도록 되어 있는 경우가 많은데 미리 집에서 작성하고 프린트해서 제출해도 문제가 되지 않는다.

2017 타경 515239   • 인천지방법원 본원   • 매각기일 : 2019.03.28(목)(10:00)   • 경매 1계(**전화 : 032-860-1601**)

소재지	인천광역시 ○○구 ○○동 500-19, ○○○○○ 1차 9층 903호 `도로명주소검색`						
새주소	인천광역시 ○○구 ○○○로7번길 10, ○○○○○1차 9층 903호						

물건종별	아파트	감정가	143,000,000원	오늘조회 : 1 2주누적 : 1 2주평균 : 0 `조회동향`		

				구분	입찰기일	최저매각가격	결과
대지권	12.47m²(3.772평)	최저가	(70%)100,100,000원	1차	2018-11-12	143,000,000원	유찰
				2차	2018-12-10	100,100,000원	낙찰
건물면적	46.8m²(14.157평)	보증금	(20%)20,020,000원	낙찰 1,415,700,000원(990%) / 9명 / 미납 (차순위금액 : 125,300,000원)		
					2019-02-25	100,100,000원	변경
매각물건	토지·건물 일괄매각	소유자	김○○	3차	2019-03-28	100,100,000원	
				낙찰 : 130,300,000원 (91.12%)		
개시결정	2017-12-15	채무자	김○○	(입찰14명, 낙찰 : 인천 이○○ / 차순위금액 128,700,100원)		
				매각결정기일 : 2019.04.04 - 매각허가결정		
사건명	임의경매	채권자	○○주택금융공사	대금지급기한 : 2019.05.09		
				대금납부 2019.05.08 / 배당기일 2019.06.05		

• 임차인현황 (말소기준권리 : 2013.05.22 / 배당요구종기일 : 2018.03.15)

임차인	점유부분	전입/확정/배당	보증금/차임	대항력	배당예상금액	기타
신○○	주거용 전부	전 입 일 : 2016.03.28 확 정 일 : 2016.03.28 배당요구일 : 2018.03.14	보20,000,000원 월600,000원	없음	소액임차인	
기타사항	☞ 본건 현황조사차 현장에 임한 바, 폐문 부재로 이해관계인을 만날 수 없어 상세한 점유 및 임대차관계는 알 수 없으나, 전입세대열람 결과 임차인이 점유하는것으로 추정됨 ☞ 김○○ : 신○○의 남편					

• 등기부현황 (채권액합계 : 255,173,866원)

NO	접수	권리종류	권리자	채권금액	비고	소멸여부
1(갑2)	2013.05.22	공유자전원지분전부이전	○○○		매매	
2(을4)	2013.05.22	근저당	○○주택금융공사	117,600,000원	말소기준등기 확정채권양도전 : 한국 ○○○○○○○은행	소멸
3(갑3)	2017.06.12	가압류	○○대부(주)	31,982,023원	2017카단807135	소멸
4(갑4)	2017.06.14	가압류	○○은행	30,739,845원	2017카단840	소멸
5(갑5)	2017.07.06	가압류	○○○○저축은행	12,474,983원	2017카단102278	소멸
6(갑6)	2017.10.31	가압류	○○○○○저축은행	16,132,693원	2017카단814193	소멸
7(갑7)	2017.12.15	임의경매	○○주택금융공사 (인천지사)	청구금액 : 92,566,357원	2017타경515239	소멸
8(갑8)	2018.02.07	가압류	○○○○○○○○대부(주)	46,244,322원	2018카단31720, 변경전 : ○○○○○○○○대부 주식회사	소멸

b) 금액을 수정한 경우

입찰가격에 대한 수정은 일체 허용되지 않는다. 화이트로 지우거나 도장을 찍고 수정하거나 한번 쓴 숫자 위에 덧 씌우기하거나 첨필하거나 가필하는 등 금액에 대한 수정은 모두 무효처리가 된다.

이것은 수정한 것이 입찰 전에 했는지 나중에 했는지 구별할 수 없기 때문이다. 입찰표에 대한 교육을 전혀 받지 못한 입찰자에게 나오는 실수이다. 무효로 인한 피해는 없으며 다만 최고가매수자가 되지 못한다는 아쉬움만 남는다.

c) 물건번호가 있는 경우

하나의 경매사건에 여러 개의 부동산이 있는 경우 최저매각가격의 결정과 매각의 실시를 각 부동산별로 하는 개별매각과 여러 개의 부동산을 묶어서 일괄하여 매각하는 일괄매각이 있는데 개별로 매각하는 경우 부동산별로 집행법원이 부여한 물건번호가 있다. 물건번호가 있는 경우에는 반드시 물건번호를 적어서 1장만 제출하여야 한다.

여러 물건에 입찰한다고 해도 물건별로 각각 입찰표를 제출해야 하며 하나의 입찰표에 여러 사건번호를 한꺼번에 적어도 모두 무효처리된다.

아래의 예에서 보면 이 물건은 3차에서 590,860,000원에 낙찰되었다가 보증금을 포기한 것인데 차순위와는 두 배 이상 차이가 났다.

4차에서도 334,399,900원으로 낙찰 된 것으로 보아 입찰 실수가 확실하고 이 경우에는 물건번호가 있으므로 물건번호를 잘못 쓴 것으로 추정된다.

2018 타경 7353(1) • 인천지방법원 본원 • **매각기일** : 2019.04.09(화)(10:00) • 경매 11계**(전화 : 032-860-1611)**

소재지	인천광역시 ○구 ○○동 180-102, 구분건물 4층 401호 `도로명주소검색`								
새주소	인천광역시 ○구 ○○○로 125, 구분건물 4층 401호								

물건종별	아파트형공장	감정가	404,000,000원	오늘조회 : 1 2주누적 : 1 2주평균 : 0 `조회동향`			
				구분	입찰기일	최저매각가격	결과
대지권	168.9㎡(51.092평)	최저가	(49%)197,960,000원	1차	2018-11-20	404,000,000원	유찰
				2차	2018-12-19	282,800,000원	유찰
				3차	2019-01-28	197,960,000원	낙찰
건물면적	363.4㎡(109.928평)	보증금	(20%)39,600,000원	낙찰 590,860,000원(146.25%) / 3명 / 미납 (차순위금액 : 241,000,000원)			
매각물건	토지·건물 일괄매각	소유자	김○○	4차	2019-04-09	197,960,000원	
				낙찰 : 334,399,900원 (82.77%)			
개시결정	2018-03-21	채무자	김○○	(입찰4명, 낙찰 : 인천 강○○ / 차순위금액 256,000,000원)			
				매각결정기일 : 2019.04.16 - 매각허가결정			
사건명	임의경매	채권자	○○축협	대금지급기한 : 2019.05.17			
				대금납부 2019.05.16 / 배당기일 2019.06.13			

• 임차인현황 (말소기준권리 : 2016.09.13 / 배당요구종기일 : 2018.06.01)

임차인	점유부분	전입/확정/배당	보증금/차임	대항력	배당예상금액	기타
(주)○○하우스	점포 401호 일부	사업자등록 : 2016.12.14 확 정 일 : 2018.03.05 배당요구일 : 2018.05.28	보20,000,000원	없음	소액임차인	
○○토건(주)	점포 401호 일부	사업자등록 : 2016.10.14 확 정 일 : 2018.03.02 배당요구일 : 2018.05.28	보200,000,000원	없음	배당순위 있음	
기타사항	임차인수 : 2명, 임차보증금합계 : 220,000,000원					
	☞ 본건 현장조사차 현장에 임하여 임차인의 직원을 면대한 바, 임차인 들이 이건 부동산을 점유 사용하고 있다고 진술 ☞ 본건 조사서의 조사내용은 임차인 직원의 진술과 상가건물임대차현황서에 의한 조사사항임 ☞ 위 임차인 ○○토건 주식회사의 경우 상가건물임대차현황서상 계약정정한 것으로 보고 작성하였으나 참고바람 ☞ ○○토건 주식회사 : 2016.11.01자로 보증금 200,000,000원으로 증액되었으며, 증액된 부분에 대한 확정일자는 2018.03.02 임(상가건물임대차 현황서상 최초 사업자등록신청일 : 2016.10.04 임대차기간 2016.10.01~2018.09.30 보증금 50,000,000 원, 차임 500,000원임)					

• 등기부현황 (채권액합계 : 2,491,967,243원)

NO	접수	권리종류	권리자	채권금액	비고	소멸여부
1(갑13)	2016.09.13	소유권이전(매매)	김○○			
2(을17)	2016.09.13	근저당	○○축협 (○○역지점)	924,000,000원	말소기준등기	소멸
3(을18)	2016.12.01	근저당	조○○	260,000,000원		소멸
4(갑14)	2017.11.17	압류	인천광역시서구			소멸
5(갑15)	2017.12.06	가압류	○○은행	292,800,000원	2017카단100455	소멸
6(갑16)	2017.12.20	가압류	○○은행	100,969,820원	2017카단6528	소멸
7(갑17)	2017.12.22	가압류	○○카드(주)	15,197,423원	2017카단6561	소멸
8(갑18)	2018.02.22	가압류	○○○○은행	899,000,000원	2018카단802478	소멸
9(갑19)	2018.03.21	임의경매	○○축협 (채권관리팀)	청구금액 : 810,319,009원	2018타경7353	소멸

d) 사건번호를 잘못 기재한 경우

두 개 이상의 물건에 입찰할 경우에는 착오로 두 개의 물건을 바꿔서 기재할 수 있다. 이러한 경우에는 입찰가가 많은 경우에는 계약금 부족으로 낙찰되지 않겠지만 입찰가가 적은 물건은 무조건 낙찰되게 된다.

또 입찰장에서 실수로 다른 사건번호를 적을 수도 있다. 주로 급한 마음에 이런 실수가 나오는 것이니 입찰표는 반드시 집에서 차분하게 작성하고 입찰장에서는 입찰만 해야 이런 실수를 막을 수 있다.

입찰에 관한 실수를 줄이는 가장 좋은 방법은 경매정보싸이트에 추가 서비스로 되어 있는 입찰표 작성 서비스에 접속하여 입찰표를 작성하고 프린트하여 제출하는 것이다.

보증금과 입찰금액만 정확히 작성하면 입찰에 관한 웬만한 실수는 현장에서 다 해결할 수 있다.

e) 날인을 하지 않은 경우

도장을 준비하지 않았으면 지장을 그 자리에서 해도 문제되지 않는다.

다만 본인임을 확인할 수 있어야 하며, 낙찰되었을 때 약간 복잡하지만 무효되거나 불이익을 받지 않는다.

2) 입찰장에서의 실수

a) 보증금이 부족한 경우

보증금이 부족한 경우는 주로 현금으로 보증금을 넣는 경우이며 이때 입찰은 무효처리가 된다. 수도권에서는 대개 신한은행이 있고 지방에는 농협중앙회가 법원 안에 있는데 통장이 다른 은행이라면 현금 인출기로 인출해야만 하는 상황이 만들어 진다.

보증금은 대개 거액이므로 금액을 인출하다 착오를 일으켜서 금액이 부족할 수 있다. 1회 인출액이 많지 않다보니 여러번 인출하다 착오가 생기는 것이다. 미리미리 입찰을 준비하면 발생하지 않을 실수이다.

지속적으로 경매를 하려고 한다면 미리 신한은행 통장을 만들고 수표 한 장으로 보증금을 준비하는 것이 바람직하다. 현금을 들고 다니게 되면 분실의 위험뿐만 아니라 소비의 위험이 높아져 결국 앞으로는 남는데 결산 후 남는 돈이 없다는 것을 경험하게 된다.

b) 보증금을 넣지 않는 경우

가끔 입찰장에서 볼 수 있는 경우이다. 긴장을 많이 한 탓에 입찰봉투에 입찰표만 넣고 보증금봉투를 넣지 않거나 보증금봉투에 수표를 넣지 않은 경우이다.

나중에 입찰봉투 안에 수표가 없으므로 한바탕 난리가 난다.

입찰함에 입찰봉투를 넣는 것부터 돌려받는 것까지 모두 녹화되고 있다. 보증금을 누가 빼돌릴 수 있는 상황이 아닌 것이다. 피해는 보지 않고 다만 좀 망신스러울 뿐이다.

c) 신분증을 지참하지 않은 경우

입찰시에는 반드시 신분증이 필요하다. 국가가 인정한 여권이나 운전면허증도 가능하다.

남자인 경우는 신분증을 가지고 다니는게 익숙한 반면 주부의 경우에는 깜박 잊고 오거나 핸드백을 바꿔서 가지고 와서 신분증을 안 가져 온 경우가 종종 발생된다.

피해는 없고 입찰은 불가능하다.

d) 지각한 경우

입찰 법원마다 입찰마감시간이 다르다. 11시 10분에 마감하는 곳부터 11시 40분에 마감하는 곳까지 다양하다.

입찰하고자 하는 법원의 입찰마감시간을 먼저 확인하여야 한다. 마감시간까지 입찰자가 줄을 서있으면 마감시간은 연장된다.

입찰자가 많아서 1시 넘어서 마감한 적도 있다. 더 이상 입찰자가 없음을 확인하고 종을 치게 되는데 일단 종을 치면 더 이상의 접수는 불가능하다.

법원에는 보통 주차장이 협소해서 다른 곳에 주차해야 하는 경우가 많다. 주차에 시간이 많이 걸리고 은행에서 보증금을 찾는데도 시간이 많이 걸리니 아침 일찍부터 서두르는 것이 좋다.

3) 대리인의 입찰실수

a) 인감증명서가 없는 경우

대리인의 경우에는 입찰자의 위임장에 인감도장을 날인하고 첨부해야 하는데 이를 제대로 하지 않은 경우에는 무효처리 된다. 발행일로부터 6개월 넘은 임감증명서도 역시 무효처리 되니 조심해야 한다. 또한 인감증명서는 가지고 왔으나 입찰봉투에 넣지 않았을 때에는 보완이 불가능하며, 처음부터 개찰에서 무효처리 된다.

b) 인감도장이 아닌 도장

임감증명서를 제출할 때는 반드시 위임장에 인감도장을 날인하여야 한다. 인감임을 확인하는 것이 인감증명서인데 두 개를 별개로 생각하는 경우가 있다. 인감이 아닌 다른 도장으로 날인되어 있을 때에는 무효처리 된다.

c) 위임장이 없는 경우

위임이라는 개념자체가 없는 경우이다.

임차인이든지 소유자 및 이해 관계자가 처음 대리입찰할 때 발생한다.

위임장이 없는 경우에는 무효처리되며, 무효인 경우 개찰에서 제외된다.

d) 대리인의 신분증이 없는 경우

입찰표는 본인 또는 대리인이 직접 제출하여야 하므로 입찰표 제출자의 확인이 반드시 필요하다. 따라서 본인이든 대리인이든 신분증을 확인해야 입찰이 가능하다. 주민등록 증이나 운전면허증, 여권 등 공적으로 인정된 신분증이 있으면 된다.

입찰을 못하는 사례를 보면 주부들의 경우에 신분증이 필요한 경우가 많지 않아 깜빡 잊고 오든지 가방을 놓고 오는 경우가 남자들 보다는 더 많은 것 같다.

e) 대리인 입찰시 대리인란의 기재를 누락한 경우

대리인 입찰시에 위임장과 인감증명서를 제출하였지만 입찰표의 대리인란의 기재를 하지 않은 경우에도 무효처리가 되면 개찰에서 제외하게 된다.

2. 가격 분석의 실패

1) 현장조사를 제대로 하지 않은 경우

얼마 정도에 경매로 낙찰받은 물건이 얼마에 매매가 가능한가는 보는 사람에 따라 의견이 다를 수 있다.

가장 높은 가격에 매매가 가능하다고 믿는 사람이 낙찰받게 된다.

가격을 확인하는 방법은 네이버 부동산이나 국토부 실거래가격을 조사하여 낙찰가를 확인할 수도 있다. 그러나 최종적으로 대상 부동산 인근에 가서 부동산중개업소에서 직접 확인하여야 한다.

경매에서 이 부분이 가장 어려운 부분인데 중개업소마다 의견이 다를 수 있기 때문에 처음에는 여러 곳을 다녀봐서 평균적 의견을 들어 가격을 결정하여야 한다.

그러나 모르는 부동산중개업소에 다니며 시세조사를 한다는 것이 쉬운 일이 아니어서 제대로 확인도 하지 않고 입찰하는 사람들이 많다. 나중에 매매를 하려고 부동산중개업소에 다녀 보면 얼마나 비싸게 낙찰되었는지 확인하고 계약금을 포기하게 된다.

눈으로 보고 부동산중개업소에서 가격 확인을 하지 않았다면 입찰하지 않는다는 원칙을 정하고 지켜야 할 것이다.

다음의 예에서 보면 차순위가 126,300,000원에 불과한데 낙찰자는 205,000,000원을 쓰고 있다. 시세파악을 전혀 하지 않았다는 것을 알 수 있다.

2015 타경 506835

• 인천지방법원 본원 • **매각기일 :** 2018.01.22(월)(10:00) • 경매 26계(전화 : 032-860-1626)

소재지	인천광역시 ○○구 ○○동 966, ○○아파트 205동 10층 1010호 도로명주소 도로명주소검색			
새주소	인천광역시 ○○구 ○○로 677, ○○아파트 205동 10층 1010호			

물건종별	아파트	감정가	116,000,000원
대지권	23.56m²(7.127평)	최저가	(100%)116,000,000원
건물면적	43.55m²(13.174평)	보증금	(20%)23,200,000원
매각물건	토지·건물 일괄매각	소유자	망 이○○의 상속인 1.김○○외 6명
개시결정	2015-10-19	채무자	망 이○○의 상속인 1.김○○외 6명
사건명	임의경매	채권자	○○주택금융공사

오늘조회 : 1 2주누적 : 0 2주평균 : 0 조회동향

구분	입찰기일	최저매각가격	결과
1차	2017-11-10	116,000,000원	낙찰
낙찰 205,000,000원(176.72%) / 13명 / 미납 (차순위금액 : 126,300,000원)			
2차	2018-01-22	116,000,000원	
낙찰 : 125,683,000원 (108.35%)			
(입찰4명, 낙찰 : 인천 이○○ / 차순위금액 122,150,000원)			
매각결정기일 : 2018.01.29 - 매각허가결정			
대금지급기한 : 2018.03.05			
대금납부 2018.02.21 / 배당기일 2018.04.18			
배당종결 2018.04.18			

참고사항	▶본건낙찰 2017.11.10 / 낙찰가 205,000,000원 / ○○○ / 13명 입찰 / 대금미납

• **임차인현황** (말소기준권리 : 2017.10.10 / 배당요구종기일 : 2015.12.31)

임차인	점유부분	전입/확정/배당	보증금/차임	대항력	배당예상금액	기타
하○○	주거용	전 입 일 : 2013.01.14 확 정 일 : 미상 배당요구일 : 없음	미상	없음	배당금 없음	
기타사항	☞ 조사외 소유자 점유 ☞ 본건 현황조사차 현장에 임한 바, 폐문부재로 이해관계인을 만날 수 없어 상세한 점유 및 임대차관계는 알 수 없으나, 전입세 대열람결과 소유자 및 임차인이 각 등재되어 있으니 절차 진행시 참고하시기 바람 ☞ 본건 배당권리신고에 관한 안내장을 현관에 부착하여 고지함 ☞ 본건 조사서의 조사내용은 전입세대열람 및 주민등록등본에 의한 조사사항으로 등록하였음. 본건 임차관계를 위하여 임차인 의 권리신고에 관한 '알리는 말씀'을 현관에 부착하여 고지하였음					

• **등기부현황** (채권액합계 : 243,600,000원)

NO	접수	권리종류	권리자	채권금액	비고	소멸여부
1(갑3)	2002.04.02	소유권이전(매매)	이○○			
2(을5)	2007.10.10	근저당	○○주택금융공사 (○○지사)	243,600,000원	말소기준등기	소멸
3(갑4)	2015.08.28	소유권이전(상속)	김○○외 6명	김○○ 21/77, 이○○, 이○○ 각 14/77, 윤○○ 6/77, 윤○○,윤○○ 각 4/77		
4(갑5)	2015.10.19	임의경매	○○주택금융공사 (○○지사)	청구금액 : 48,149,985원	2015타경506835	소멸

2) 급매물이 있는 경우

부동산 경기가 후퇴하는 경우 급매물이 나오기 마련이다.

급매물이 쌓이게 되면 더한 급매물도 나온다. 한번 급급매물이 거래되면 이 가격이 실거래가격으로 나오게 되어 시세를 끌어내린다.

흔히 국토부 실거래가격이나 네이버 부동산가격을 과신하는 경우가 있는데 반드시 부동산 물건 주위의 부동산중개업소를 방문하여 급급매물건이 있는지 확인하여야 한다.

정말로 저렴하여 거래가 쉽게 가능한 물건은 부동산가격 광고도 하지 않으며 공동중개망에도 올리지 않는다. 이렇게 저렴한 물건은 자신만 갖고 있기 때문에 굳이 공동중개에 의한 수수료 감소를 원하지 않기 때문이다.

따라서 부동산 경기 침체기에는 주변 부동산을 샅샅이 뒤져 숨겨진 급매물을 조사하여야 한다.

낙찰 후 잔금 및 명도 이후에는 시세가 이러한 급매물 가격으로 조정되기 때문이다.

3) 허위매물이 있는 경우

부동산중개업소가 치열하게 경쟁하다보니 고객유치를 위해 허위매물을 올리는 경우가 많다. 일단 가격이 저렴한 물건을 올려서 시선을 붙잡으려 하기 때문이다. 이러한 물건은 시장에 혼란을 주어 제대로 된 가격평가를 어렵게 한다. 실제로는 그러한 물건이 없음에도 불구하고 경매낙찰가 보다 싼 물건이 존재하는 것으로 판단하게 되어 저가입찰을 하게 되고 그 결과로 낙찰이 안 되는 경우가 있게 된다.

그뿐만이 아니라 가격을 올리기 위해 터무니없이 높은 가격에 물건을 내놓기도 한다. 이 물건을 판매하는 것이 아니라 상대적으로 다른 물건을 돋보이게 하기 위한 것이다.

이러한 리스크를 줄이기 위해서는 대상 부동산 주위에 있는 부동산중개업소를 최소한 5곳 이상 방문하여 주변의 분위기를 확인하는 것이 필요하다.

4) 시세는 있으나 거래가 없는 경우

전에는 거래가 되었으나 지금은 거래가 안 되는 것을 말하는데 결국은 비싸다는 뜻이다. 임장활동에서 실수하기 쉬운 경우에 해당된다.

가격조사에서 시장을 긍정적으로 보는 중개사의 의견을 신뢰할 때 이러한 가격에 대한 정보를 듣고 입찰가를 결정하게 되면 높은 가격에 낙찰 받게 되고 이 물건을 처리하는데 많은 고생을 하게 된다.

2018 타경 18711　　• 인천지방법원 본원　• **매각기일 :** 2019.07.15(월)(10:00)　• 경매 1계(**전화 :** 032-860-1601)

소재지	인천광역시 ○○구 ○○동 37-138, ○○빌라 2동 1층 103호 도로명주소검색						

물건종별	다세대(빌라)	감정가	75,000,000원
대지권	11.13m²(3.367평)	최저가	(24%)18,008,000원
건물면적	38.4m²(11.616평)	보증금	(20%)3,610,000원
매각물건	토지·건물 일괄매각	소유자	이○○
개시결정	2018-06-28	채무자	이○○
사건명	임의경매	채권자	하○○

오늘조회 : 5　　2주누적 : 166　　2주평균 : 12　조회동향

구분	입찰기일	최저매각가격	결과
1차	2018-12-10	75,000,000원	유찰
2차	2019-01-17	52,500,000원	유찰
3차	2019-02-25	36,750,000원	유찰
4차	2019-03-28	25,725,000원	낙찰
낙찰 30,595,000원(40.79%) / 3명 / 미납 (차순위금액 : 26,110,000원)			
5차	2019-06-05	25,725,000원	유찰
6차	2019-07-15	18,008,000원	

• 임차인현황 (말소기준권리 : 2017.12.20 / 배당요구종기일 : 2018.09.14)

•••••• 임차인이 없으며 전부를 소유자가 점유 사용합니다. ••••••

기타사항	☞ 본건 현황조사차 현장에 임한 바, 폐문부재로 이해관계인을 만날 수 없어 상세한 점유 및 임대차관계는 알 수 없으나, 전입세대열람 결과 소유자 외의 전입세대는 없는 것으로 조사됨 ☞ 세대 출입문에 임차인의 권리신고 방법 등이 기재된 '안내문'을 부착해 놓았음

• 등기부현황 (채권액합계 : 57,978,500원)

NO	접수	권리종류	권리자	채권금액	비고	소멸여부
1(갑1)	1996.07.01	소유권이전(매매)	이○○			
2(을10)	2017.12.20	근저당	하○○	33,000,000원	말소기준등기	소멸
3(갑6)	2018.04.18	가압류	○○캐피탈(주)	17,773,489원	2018카단101743	소멸
4(갑7)	2018.05.10	가압류	○○대부(주)	6,023,077원	2018카단807580	소멸
5(갑8)	2018.06.29	임의경매	하○○	청구금액 : 24,152,448원	2018타경18711	소멸
6(갑9)	2018.07.12	압류	국민건강보험공단			소멸
7(갑10)	2018.07.27	가압류	○○생명보험	1,181,934원	2018카단103395	소멸

5) 재건축 재개발의 경우

수도권에서 오래된 건물이 밀집해 있는 곳은 대개 재건축이나 재개발계획이 존재한다. 인천이나 경기도는 추정분담금 정보시스템에서 확인할 수 있고, 서울은 클린업시스템에서 현재 진행상태를 알 수 있다.

그러나 이러한 정보도 공개된 정보이기 때문에 실제 재개발이 진행될 경우 낮은 가격에 낙찰될 가능성은 희박하다.

문제가 되는 것은 개발가능성이 없거나 희박한데도 불구하고 시장조사에 실패하여 높은 가격에 응찰한다는 것이다. 이러한 경우 재개발 바람이 다시 불 때까지 처분이 어렵다. 경매는 즉시 매매를 목표로 하기 때문에 이러한 장기투자는 바람직하지 않다.

아래의 사례를 보면 인근에 십정3지구 재개발구역이 있는데 경매물건이 있는 지번까지 포함되는 것은 아님에도 불구하고 분위기에 의해서 너무 높이 낙찰 된 것으로 보인다.

시세가 보통 8천만 원임에 불구하고 1억 넘게 낙찰된 것은 재개발에 대한 기대치를 반영한 것으로 추정된다.

2018 타경 516444(2) • 인천지방법원 본원 • **매각기일 : 2019.08.30(금)(10:00)** • 경매 11계**(전화 : 032-860-1611)**

소재지	인천광역시 ○○구 ○○동 402-71, ○○빌라 3층 301호 도로명주소검색						
새주소	인천광역시 ○○구 ○○○로 ○○번길 16, ○○빌라 3층 301호						
물건종별	다세대(빌라)	감정가	85,000,000원	오늘조회 : 2 2주누적 : 7 2주평균 : 1 조회동향			
대지권	27.68m²(8.373평)	최저가	(100%)85,000,000원	구분	입찰기일	최저매각가격	결과
				1차	2019-06-17	85,000,000원	낙찰
건물면적	33.64m²(10.176평)	보증금	(20%)17,000,000원	낙찰 149,000,000원(175.29%) / 1명 / 미납			
				2차	2019-08-30	85,000,000원	
매각물건	토지·건물 일괄매각	소유자	반○○	낙찰 : 100,650,000원(118.41%)			
개시결정	2018-11-08	채무자	최○○	(입찰 2명, 낙찰 : ○○ ○○○/ 차순위금액 88,500,000원)			
사건명	임의경매	채권자	○○종합건설(주)	매각결정기일 : 2019.09.06 - 매각허가결정			
				대금지급기한 : 2019.10.08			

• 임차인현황 (말소기준권리 : 2017.09.28 / 배당요구종기일 : 2019.01.21)

••••• 조사된 임차내역 없음 •••••

기타사항	☞ 본건 현황조사차 현장에 임한 바, 폐문부재로 이해관계인을 만날 수 없어 상세한 점유 및 임대차관계는 알 수 없으나, 전입세대열람 결과 전입세대는 조사되지 아니함 ☞ 본건에 대한 임차인 등의 권리신고 등을 위하여 집행관 시스템에서 출력한 '안내문'을 해당 호수 현관 출입문 문틈에 넣어 두었음

• 등기부현황 (채권액합계 : 152,800,000원)

NO	접수	권리종류	권리자	채권금액	비고	소멸여부
1(갑8)	2017.09.28	소유권이전(매매)	장○○		거래가액 금79,000,000	
2(을3)	2017.09.28	근저당	○○은행 (○○지점)	52,800,000원	말소기준등기	소멸
3(갑9)	2018.03.29	소유권이전(매매)	박○○		거래가액 금80,000,000	
4(갑4)	2018.04.05	근저당	○○종합건설(주)	100,000,000원		소멸
5(갑10)	2018.10.05	소유권이전(매매)	반○○		거래가액 금80,000,000	
6(갑11)	2018.11.08	임의경매	○○종합건설(주)	청구금액 : 200,000,000원	2018타경516444	소멸

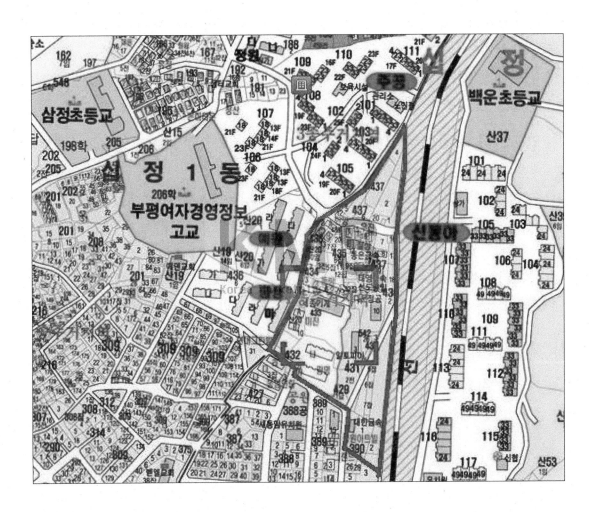

3. 물건하자 분석의 실수

1) 공부상물건과 실제물건의 동호수가 바뀐 경우

오래된 아파트나 빌라의 경우 왼쪽과 오른쪽이 호수가 뒤바뀐 경우가 적지 않다. 이것은 한글이나 한문, 일본어는 오른쪽부터 글을 써왔기 때문에 그 잔재가 남아 출입구를 기준으로 오른쪽이 101호로 되어 있는 경우이다.

주거용은 햇볕과 방향이 중요하기 때문에 같은 건물에 여러 세대가 모여 있는 집합건물에서는 호수마다 가격이 다르다. 현장조사를 대충할 경우 엉뚱한 집을 보고 입찰하는 결과를 가져오게 된다.

좌우가 바뀐 경우 이외에도 지하층을 지상층인 것처럼 B101이 아닌 101호로 호수지정이 바뀐 경우도 많다.

이런 경우에는 빌라 전체가 동호수가 일치하지 않는다. 엉뚱한 집을 보고 입찰하는 경우가 많으니 꼼꼼하게 시장조사를 해야 한다.

2) 근린생활시설을 주거용으로 개조한 경우

건축물대장에 근린생활시설로 용도가 지정되어 있으나 실제로는 주거용으로 개조하여 사용하고 있는 물건들이 의외로 많다. 경매지에도 빌라나 아파트로 나와 있고 현장실사를 해도 완벽한 빌라나 아파트이지만 공부상 사무실로 되어 있다면 이것은 사무실을 낙찰받은 것이다.

이러한 경우에는 주택에 들어가지 않기 때문에 취득세 4.6%를 부담해야 한다. 주택이라면 2년 거주 후에 주어지는 양도세 혜택도 받을 수 없으며 언제나 원상회복명령이 내려질까 고심해야 한다.

이러한 물건은 시장에서 대개 동일면적의 빌라보다 거의 절반가격에 거래되니 월세목적이라면 한번 고려해 볼 수도 있을 것이다.

아래의 물건도 사무실인데 아파트로 표기 된 물건이다. 경매지 중간에 공부상과 현황이 다르다고 설명되어 있음에도 불구하고 아파트로 생각하고 입찰하는 초보자가 많은 것 같다. 계약금을 포기한 전낙찰자는 억울하겠지만 이번에 낙찰받은 투자자는 14평이고 역세권이므로 월세투자목적으로서는 잘 낙찰받은 물건이다.

2018 타경 9120

• 인천지방법원 본원 • 매각기일 : 2019.01.10(화)(10:00) • 경매 5계(전화 : 032-860-1605)

소재지	인천광역시 ○○○구 ○○동 285-22, ○○○아파트 1층 101호 도로명주소 도로명주소검색							
새주소	인천광역시 ○○○구 ○○로50번길 6, 1○○○아파트 1층 101호							
물건종별	아파트	감정가	75,000,000원	오늘조회 : 1 2주누적 : 0 2주평균 : 0 조회동향				
물건종별	아파트	감정가	75,000,000원	구분	입찰기일	최저매각가격	결과	
대지권	18.68m²(5.651평)	최저가	(49%)36,750,000원	1차	2018-08-14	75,000,000원	유찰	
대지권	18.68m²(5.651평)	최저가	(49%)36,750,000원	2차	2018-09-17	52,500,000원	유찰	
대지권	18.68m²(5.651평)	최저가	(49%)36,750,000원	3차	2018-11-02	36,750,000원	낙찰	
건물면적	46.3m²(14.0006평)	보증금	(20%)7,350,000원	낙찰 54,800,000원(73.07%) / 3명 / 미납 (차순위금액 : 43,390,000원)				
건물면적	46.3m²(14.0006평)	보증금	(20%)7,350,000원	4차	2019-01-10	36,750,000원		
매각물건	토지 · 건물 일괄매각	소유자	신○○	낙찰 : 41,000,000원 (54.67%)				
매각물건	토지 · 건물 일괄매각	소유자	신○○	(입찰 3명, 낙찰 : 인천 이○○ / 차순위금액 40,010,000원)				
개시결정	2018-03-27	채무자	신○○	매각결정기일 : 2019.01.17 - 매각허가결정				
개시결정	2018-03-27	채무자	신○○	대금지급기한 : 2019.02.15				
사건명	임의경매	채권자	○○은행	대금납부 2019.02.15 / 배당기일 2019.03.07				
사건명	임의경매	채권자	○○은행	배당종결 2019.03.07				
관련사건	2014타경11750(소유권이전)							

참고사항	▶ 본건낙찰 2018.11.12 / 낙찰가 54,800,000원 / 인천 이○○ / 3명 입찰 / 대금미납 * 공부상 "근린생활시설"이나 현황 "주거용"으로 이용 중 ▶ 본 건물은 공부상과 현황상 물건 상태가 다르니 확인하시고 입찰하시기 바랍니다.

• 임차인현황 (말소기준권리 : 2014.08.18 / 배당요구종기일 : 2018.06.18)

임차인	점유부분	전입/확정/배당	보증금/차임	대항력	배당예상금액	기타
전○○	주거용 전부	전 입 일 : 2017.05.15 확 정 일 : 2017.02.14 배당요구일 : 2018.05.15	보25,000,000원 월100,000원	없음	소액임차인	
기타사항	☞ 본건 현황조사차 현장에 임한 바, 폐문부재로 이해관계인을 만날 수 없어 상세한 점유 및 임대차관계는 알 수 없으나, 전입세대열람결과 임차인이 점유하는것으로 추정됨 ☞ 본건 조사서의 조사내용은 전입세대열람 및 상가건물임대차현황서에 의한 조사사항임					

• 등기부현황 (채권액합계 : 60,187,500원)

NO	접수	권리종류	권리자	채권금액	비고	소멸여부
1(갑14)	2014.08.18	소유권이전(매각)	신○○	임의경매로 인한 매각 2014타경11750		
2(을7)	2014.08.18	근저당	○○은행 (○○○지점)	48,000,000원	말소기준등기	소멸
3(갑16)	2017.07.17	가압류	○○신용보증재단	12,187,500원	2017카단102652	소멸
4(갑17)	2018.03.27	임의경매	○○은행 (○○여신관리단)	청구금액 : 42,717,097원	2018타경9120	소멸

3) 위반건축물의 경우

건축물대장의 내용과 실제물건이 다른 경우는 언제든 위반건축물로 적발될 수도 있고 위반내용에 따라 이행강제금을 부과 받을 수도 있다. 이행강제금은 위반 면적에 따라 부과되는데 지자체에 따라 이행강제금 액수와 부과 회수가 다르다.

85㎡ 이하의 주거용에서 베란다확장 같은 미미한 경우는 7년 마다 한 번씩 양성화 시켜주는 기회를 활용할 수도 있을 것이다.

그러나 처음부터 계획적으로 위반한 물건은 양성화가 쉽지 않다.

예를 들면 대학가 주변에서 건물을 신축할 때 주차장 문제를 피해가려고 처음에는 근린상가로 지어 놓고 준공검사 후 원룸으로 하는 경우가 많은데 이러한 때에는 위반건축물을 해결하기가 어렵다.

다음의 물건은 인천 경인여대 부근의 근린주택이다. 감정가에 비해 너무 높게 낙찰되었는데 위반건축물에 대한 내용을 알지 못하고 입찰한 것으로 보인다.

이러한 내용을 모르고 낙찰받는다면 두고두고 고생할 것이다.

위반건축물임이 적발된 경우에는 건축물대장에 "위반건축물"로 등재되어 있으나 적발되기 전인 경우에는 건축물대장만 보아서는 알 수 없다. 따라서 경매목적물에 대한 현장조사를 할 때에는 건축물대장의 건물에 대한 표시와 실제 건물이 일치하는지 여부를 살펴보아야 하며 입찰에 참가할 때에도 물건명세서에 그러한 기재가 있는지 확인해야 한다. 만일 이러한 내용을 모르고 낙찰받는다면 두고두고 고생할 것이다.

2016 타경 37381

· 인천지방법원 본원 · **매각기일 :** 2017.10.13(금)(10:00) · 경매 12계**(전화 : 032-860-1612)**

소재지	인천광역시 ○○구 ○○동 906-13 도로명주소검색						

물건종별	근린주택	감정가	796,516,480원	오늘조회 : 1 2주누적 : 0 2주평균 : 0 조회동향			
토지면적	170.1m²(51.455평)	최저가	(100%)796,516,480원	구분	입찰기일	최저매각가격	결과
				1차	2017-10-13	796,516,480원	
건물면적	423.92m²(128.236평)	보증금	(10%)79,660,000원	낙찰 1,052,000,000원 (132.08%)			
매각물건	토지·건물 일괄매각	소유자	망 안○○의 상속인 안○○	(입찰13명, 낙찰 : 인천 이○○ / 차순위금액 1,013,800,000원)			
개시결정	2016-10-13	채무자	망 안○○의 상속인 안○○	매각결정기일 : 2017.10.20 - 매각허가결정			
				대금지급기한 : 2017.11.20			
사건명	임의경매	채권자	○○○○○○○○유동화 전문유한회사(양도전 : ○○은행)	대금납부 2017.11.03 / 배당기일 2017.12.19			
				배당종결 2017.12.19			

참고사항	* 본건 건물은 집합건축물대장(표제부, 갑)에 '위반건축물'표기되어 있음(집합건축물대장 참조, 건축과-24309호, 대수선위반 3, 4, 5층 다가구주택 가구 증설) * 본건 건물은 공부상 1, 2층 사이를 바닥, 벽체등으로 구획하여 사이층을 증설하여 창고로 사용 ▶ 본 물건은 공부상과 현황상 물건 상태가 다르니 확인하시고 입찰하시기 바랍니다.

· 건물등기부 (채권액합계 : 948,000,000원)

NO	접수	권리종류	권리자	채권금액	비고	소멸여부
1(갑1)	2013.05.10	소유권보존	안○○			
2(을1)	2013.05.10	근저당	○○은행 (○○중앙지점)	96,000,000원	말소기준등기	소멸
3(을2)	2013.05.10	근저당	○○은행	312,000,000원		소멸
4(을3)	2013.05.29	근저당	○○은행	192,000,000원		소멸
5(을4)	2013.06.03	전세권(2층 및 5층전체)	학교법인 ○○학원	318,000,000원	존속기간 : 2015.06.01~2017.06.01	소멸
6(갑2)	2016.08.22	가압류	이○○	30,000,000원	2016카단4545	소멸
7(갑3)	2016.10.13	임의경매	○○은행 (여신관리팀)	청구금액 : 519,962,172원	2016타경37381	소멸
8(갑4)	2016.10.14	압류	인천광역시 ○○구			소멸
9(갑5)	2016.11.29	소유권이전(상속)	안○○			

• 토지등기부 (채권액합계 : 948,000,000원)

NO	접수	권리종류	권리자	채권금액	비고	소멸여부
1(갑5)	2011.09.28	소유권이전(매매)	인○○			
2(을8)	2012.07.31	근저당	○○은행 (○○중앙지점)	96,000,000원	말소기준등기	소멸
3(을9)	2012.07.31	근저당	○○은행	312,000,000원		소멸
4(을12)	2013.05.29	근저당	○○은행	192,000,000원		소멸
5(을13)	2013.06.03	전세권(전부)	학교법인○○학원	318,000,000원	존속기간 : 2015.06.01~2017.06.01	소멸
6(갑6)	2016.08.22	가압류	이○○	30,000,000원	2016카단4545	소멸
7(갑7)	2016.10.13	임의경매	○○은행 (여신관리팀)	청구금액 : 519,962,172원	2016타경37381	소멸
8(갑8)	2016.11.29	소유권이전(상속)	안○○			소멸

■ 건축물대장의 기재 및 관리 등에 관한 규칙 [별지 제1호서식] 〈개정 2017.1.20〉[시행일:2017.1.20] 내진능력란에 관한 개정규정

일반건축물대장(갑)　위반건축물

(2쪽 중 제1쪽)

고유번호	292451200-1-○○○○○○○○	민원24접수번호	20170929-○○○○○○	명칭		호수/가구수/세대수 0호/3가구/0세대

대지위치	○○광역시 ○○구 ○○동	지번	906-○○	도로명주소	○○광역시 ○○구 ○○○○

※대지면적 170.1 m²	연면적 423.92 m²	※지역 제2종일반주거지역	※지구	※구역
건축면적 100.25 m²	용적률 산정용 연면적 423.92 m²	주구조 철근콘크리트구조	주용도 단독주택	층수 지하 층/지상 5층
※건폐율 59.94 %	※용적률 249.22 %	높이 17.7 m	지붕 (철근)콘크리트	부속건축물 동 m²
※조경면적 m²	※공개 공지·공간 면적 m²	※건축선 후퇴면적 m²	※건축선 후퇴거리 m	

구분	층별	구조	용도	면적(m²)	성명(명칭) 주민(법인)등록번호 (부동산등기용등록번호)	주소	소유권 지분	변동일 변동원인
주1	1층	철근콘크리트구조	소매점	95.69	○○○	○○광역시 ○구 ○○중고 ○○번길 ○○,1층(○○동)	1/1	2016.11.29
주1	2층		사무소	95.69	910422-2******			소유권이전
주1	3층		다가구주택	77.52		—이하여백—		
주1	4층		다가구주택	77.52		※ 이 건축물대장은 현 소유자 만 표시한 것입니다.		

이 등(초)본은 건축물대장의 원본 내용과 틀림없음을 증명합니다.

담당자 : 건축과
전 화 : 032-○○○-○○○

발급일 : 20○○년 ○○월 ○○일

○○광역시 ○○구청장

※ 표시 항목은 총괄표제부가 있는 경우에는 기재하지 않을 수 있습니다.

4) 감정평가서와 실제물건이 상이한 경우

감정평가서상에는 도시가스가 있다고 했지만 실제로는 없는 경우 도시가스 배관을 끌어오고 보일러를 다시 설치해야 하는 등 막대한 비용을 부담하게 된다.

감정평가할 때에 실수를 한 것인데, 실제로 많은 경우의 잘못된 감정평가서를 볼 수 있다. 이럴 때 감정평가사를 상대로 손해배상청구를 할 수 있을까? 사안에 따라 다르겠지만 대개 불가능하다. 감정평가만 한 것이기 때문에 그 책임은 물을 수 없다.

따라서 입찰물건은 본인이 직접 확인해야 하고 본인이 책임져야 한다.

5) 대지권이 없는 집합건물을 낙찰받는 경우

1984년 4월 이후로 집합건물의 소유 및 관리에 관한 법률에 의해 집합건물에 대하여는 토지와 건물의 분리매각이 금지 되었고 토지지분은 건물의 종물이 되었다. 따라서 분양을 받은 집합건물은 토지지분을 당연히 소유하게 된다.

그러나 시행사의 사정에 의해 대지권등록이전에 토지에 대하여 가압류 등 제한물권이 등기부에 기재된다면 이를 해결하기 전까지 대지권등록이 불가능하게 된다. 경매의 경우 대지권미등기로 표시되는 물건인데 이때에는 토지지분을 찾을 수 있기 때문에 감정평가서에도 표시가 되고 크게 문제되지 않는다.

그러나 아래의 경우처럼, 처음부터 아예 분양을 하지 않아 대지권등록을 한 적이 없는 통건물이나 구분건물인 경우에는 대지권을 찾을 수 없고 토지사용권을 매입하거나 토지지분을 매입해야만 한다.

건물만 경매로 나왔을 때 대지권을 찾을 수 있으면 큰 수익이 나지만 한번도 대지권등록이 된적이 없는 물건인 경우 대지지분을 찾지 못하는 경우가 많으니 주의하여야 한다.

아래 물건의 경우에는 건물만 나온 물건으로 대지권을 찾을 수 없는 경우에 해당되므로 잘된 투자라고 할 수 없다.

2017 타경 29417

• 인천지방법원 본원 • 매각기일 : 2018.07.04(수)(10:00) • 경매 14계(전화 : 032-860-1614)

소재지	인천광역시 ○○군 ○○읍 ○○리 437 외 2필지, ○○맨션 1층 102호 도로명주소검색								
	인천광역시 ○○군 ○○읍 ○○대로 ○○○번길 24-1, ○○맨션 1층 102호								

물건종별	다세대(빌라)	감정가	52,000,000원	오늘조회 : 1 2주누적 : 0 2주평균 : 0 조회동향			
토지면적	대지권 매각제외	최저가	(100%)52,000,000원	구분	입찰기일	최저매각가격	결과
				1차	2018-07-04	52,000,000원	
건물면적	87.75m²(26.544평)	보증금	(10%)5,200,000원	낙찰 : 52,511,000원 (100.98%)			
매각물건	건물만 매각	소유자	권○○	(입찰 1명, 낙찰 : 인천 권○○)			
개시결정	2017-09-19	채무자	권○○	매각결정기일 : 2018.07.11 - 매각허가결정			
				대금지급기한 : 2018.08.10			
				대금납부 2018.08.02 / 배당기일 2018.09.12			
사건명	임의경매	채권자	이○○	배당종결 2018.09.12			

• 등기부현황 (채권액합계 : 418,089,093원)

NO	접수	권리종류	권리자	채권금액	비고	소멸여부
1(갑1)	1999.09.16	소유권보존	권○○			
2(을1)	2000.02.18	전세권(전부)	이○○	35,000,000원	말소기준등기 존속기간 : 2000.02.17~2002.02.17 양도전 : 한○○	소멸
3(을2)	2000.11.07	근저당	강○○	90,000,000원		소멸
4(갑7)	2000.11.10	가압류	(주)○○산업	51,043,541원	2000카합3152	소멸
5(갑10)	2001.01.20	가압류	(주)○○○○	79,800,000원	2001카합136 구)주식회사○○○○화학	소멸
6(갑11)	2001.05.15	가압류	강○○	54,402,200원	2001카단208	소멸
7(갑12)	2001.06.01	가압류	이○○	13,200,000원	2001카단245	소멸
8(갑13)	2001.06.07	가압류	김○○	52,800,000원	2001카단13841	소멸
9(갑15)	2002.03.20	가압류	박○○	73,318,902원	2002카단5706	소멸
10(갑16)	2003.01.16	가압류	이○○	7,124,450원	2003카단362	소멸
11(갑17)	2003.01.16	가압류	김○○	20,400,000원	2003카단361	소멸
12(갑19)	2003.12.18	압류	○○군			소멸
13(갑26)	2014.02.19	압류	○○세무서			소멸
14(갑28)	2017.09.19	임의경매	이○○	청구금액 : 35,000,000원	2017타경29417	소멸

4. 수익성 분석의 실패

1) 임대료수준의 평가 실패

수익형 부동산의 경우 임대료 산정을 잘못하여 가격에 대한 평가를 실패하는 경우를 말한다. 이러한 경우는 임대료를 부담하는 임차인의 입장을 고려하지 않고 임대료 가격을 조사했을 때 주로 생겨난다.

경쟁관계에 있는 점포뿐만 아니라 잠재적 경쟁관계에 있는 물건에 대하여 철저하게 조사해야 하는데 주로 임차인의 입장에서 가격조사를 하여 대상물건의 임대가능금액을 산정해야 한다.

여기에 공실률을 곱하여 실제 1년간의 임대료를 계산해야 비교적 정확한 1년간의 수입을 계산할 수 있다.

2) 공실률을 무시한 경우

임대료수준 보다 더 중요한 것이 공실률이다. 건물주에게 공실은 최고의 악몽이다.

요즘 대세는 온라인이기 때문에 점포의 가치가 예전 같지 않다. 특히 사무실의 경우는 공실률이 높다. 사업을 한다면 전에는 일단 사무실을 얻고 책상을 놓고 전화기 및 사무 집기를 놓는 것으로 시작을 하였지만 요즘은 웬만한 규모로 성장하기까지 휴대폰과 자사 홈페이지로 모든 것을 처리할 수 있기 때문에 사무실에 대한 수요가 많지 않다.

인천 송도의 경우에도 공실률이 50%가 넘는다. 분양을 위해서 오피스라고 명칭만 바꿔서 부르기도 하고 실평수를 12평 정도로 작게 쪼개서 분양하기도 하는데 작은 사무실은 더욱 공실률이 높다.

비슷비슷한 소형 사무실이 수백 개가 갑자기 생기는데 어떻게 임차인을 금방 구할 수 있겠는가? 서울의 강남이면 모를까 웬만한 곳은 공실률이 높으니 주의하여야 한다.

3) 상권이 역성장하는 곳의 투자

현재가치는 충분하지만 상권이 점차 침체되는 곳의 물건을 말한다.

상가의 가장 중요한 것은 배후지인데 인구가 감소하거나 인근에 신도시가 들어오거나 개발될 경우 빨대 효과로 인하여 상권이 점차 약해지게 된다.

나중에 매각을 전제로 한다면 이러한 곳의 투자는 바람직하지 않게 된다. 시간이 지날수록 부동산의 상대적 가치는 더 떨어지게 되기 때문이다.

이러한 곳의 투자는 단기투자가 되어야 한다. 낙찰 후 즉시, 혹은 임대 후 즉시 매각에 나서야 한다. 지금 받는 임대료도 계속 받기 어렵게 된다.

4) 매물이 너무 많은 경우

상가나 사무실, 도시형 생활주택처럼 단기간에 매물이 대량 나오는 경우에는 일시적으로 가격형성이 낮게 이루어질 가능성이 높다. 주변의 여건이 성숙해 질 때까지 제대로 임대가격이 형성되지 않는다.

기본적으로 신도시가 형성될 때에도 3년 정도는 지나야 제대로 상권이 형성되고 임대가격도 안정된다. 신규 분양가의 수익성 분석도 유사한 신도시의 3년 지난 가격을 조사해야 올바른 수익 분석이 가능하다. 처음에는 입주 특수가 있어서 가격이 일시적으로 높게 형성될 수 있기 때문이다.

그러나 대부분의 경우에는 시간이 지나도 주변여건이 개선이 안 되고 시장이 활성화되지 않아서 낮은 임대료를 형성하고 높은 공실률이 고착되어 신규분양자들이 큰 피해를 보게 된다.

5) 과다한 인테리어의 위험

경매투자에서 생각보다 수익이 많이 나지 않는 것은 수리비를 과도하게 지출한 것이 원인인 경우가 많다. 경매재태크라는 것이 본질적으로 집 수리업에 해당되기 때문에 아무리 싸게 낙찰받는다 해도 인테리어비용을 과다하게 지불하면 결과적으로 수익이 적게 나거나 잘못하면 적자가 날수도 있다.

경매물건은 상태가 좋은 것이 드물다. 물건에 대한 애착이 없기 때문에 관리상태가 좋지 못하고 대개 험하게 사용한다. 따라서 이러한 물건을 매각하려고 한다면 수리가 필수인데 수리하는 것을 인테리어와 혼동하는 경우가 많은 것 같다.

인테리어는 말 그대로 꾸미는 것이다. 새로운 미를 창조하는 것과 같다. 이에 비해 수리는 원상회복을 뜻한다. 분양 당시의 최적화로 만드는 것이 목표라고 할 수 있다.

인테리어는 비용이 많이 든다. 페인트, 목공, 도배, 전기 등 모든 분야의 전문가가 동원되기 때문에 전문적이고 예쁘게 만들 수 있다.

그러나 이렇게 되면 비용이 증가하여 다른 비슷한 물건과 가격경쟁이 안된다. 낙찰가의 10% 이상 인테리어비용을 지출하면 부동산시장에서 경쟁력을 갖기 어렵다.

따라서 최소의 비용으로 깔끔하게 수리하는 것이 중요하다. 아파트 기준으로 33평 이상 되는 주거용은 차라리 수리를 안 하고 저렴하게 파는 것도 요령이다.

대충 수리하여 가격만 올리는 것 보다는 차라리 깨끗하게 청소만 하고 수리는 매수자가 개성에 맞게 인테리어를 할 수 있게 하는 것이 나을 수도 있다.

5. 권리 분석의 실패

권리 분석에 실패하는 이유는 공부가 부족하기 때문이다.

경매는 결코 쉬운 분야가 아닌데 입찰가만 많이 쓰면 된다는 안이한 생각으로 입찰하다보면 언제가 생각지도 못한 실수를 하게 되고, 이로 인해 다시는 경매를 할 수 없게 된다.

경매의 권리 분석에서 제일 먼저 배우는 것이 말소기준권리인데 가끔 말소기준권리에 대한 기본적 지식 없이 입찰하는 용감한 입찰자를 만나게 된다. 경매에서는 실수하면 그 때는 낙찰받는다고 하더라도 다시는 경매장에 나타나지 못할 것이다.

몇 번 낙찰을 하여 경매에 수익을 얻게 되면 과도한 자신감을 가지고 난이도가 높은 물건에 쉽게 도전하게 된다. 이러한 때에 준비가 제대로 안되게 되면 역시 실수하게 된다.

1) 선순위임차인

몇 번 낙찰을 해서 물건을 팔아 봐도 생각만큼 수익을 얻는 것이 쉽지 않다.

이때 다음 단계로 물건을 찾는 것이 선순위로 누군가 전입되어 있어 입찰을 꺼리는 물건을 찾는 것이다.

말소기준권리이전의 전입자는 특별한 사정이 없는 한 당연히 낙찰자의 인수책임이 있기 때문에 내용을 파악하기 전에는 입찰해서는 안된다. 모두가 꺼리는 물건이기 때문에 낙찰가는 내려가고 저렴한 낙찰이 가능해진다. 저렴하게 낙찰받은 후 제값 받고 매매가 이루어진다면 수익률이 높기 때문에 초보를 벗어난 다음 단계의 투자자들이 좋아하는 분야이다.

그런데 여기에는 많은 위험들이 있다. 우선 정황만으로 판단해서는 안된다. 나중에 인도소송에 들어갈 가능성이 높기 때문에 반드시 증거가 필요하다.

법 앞에 가서는 객관적 증거인 사진이나 계약서, 송금영수증 등 직접적 증거가 있어야 인정받을 수 있다. 따라서 이러한 물증이 없는 한, 차라리 입찰을 포기하는 것이 좋다.

선순위임차인이나 선순위전세권자는 확정일자와 배당요구일을 확인하는 것도 잊어서는 안된다.

대항력만 있는데 배당이 안 된다면 낙찰자가 고스란히 부담해야 하기 때문이다. 무상거주확인서가 있을 경우에는 무조건 임차인이 대항력이 없는 것이 아니라 배당요구를 하거나 집행관의 현황조사서에 표시된 경우에는 대항력이 인정되니 조심해야 한다.

2016 타경 505600(1) · 인천지방법원 본원 · **매각기일** : 2018.02.22(목)(10:00) · 경매 23계**(전화 : 032-860-1623)**

소재지	인천광역시 ○○구 ○○동 987-14, ○○아파트 1층 105호 도로명주소검색
새주소	인천광역시 ○○구 ○○로86번길 5, ○○아파트 1층 105호

오늘조회 : 1 2주누적 : 1 2주평균 : 0 조회동향

물건종별	아파트	감정가	138,000,000원

구분	입찰기일	최저매각가격	결과
1차	2017-05-01	138,000,000원	유찰
2차	2017-06-05	96,600,000원	낙찰

낙찰 110,600,000원(80.14%) / 1명 / 미납

3차	2017-08-21	96,600,000원	유찰
4차	2017-09-25	67,620,000원	유찰
5차	2017-11-06	47,334,000원	낙찰

낙찰 62,250,000원(45.11%) / 1명 / 미납

| 6차 | 2018-01-17 | 47,334,000원 | 유찰 |
| 7차 | 2018-02-22 | 33,134,000원 | |

낙찰 : 33,134,000원 (24.01%)

(입찰 1명, 낙찰 : 인천 장○○)

매각결정기일 : 2018.02.28 - 매각허가결정

대금지급기한 : 2018.03.30

대금납부 2018.03.14 / 배당기일 2018.04.27

배당종결 2018.04.27

대지권	48.762m²(14.751평)	최저가	(24%)33,134,000원
건물면적	69.3m²(20.963평)	보증금	(20%)6,630,000원
매각물건	토지·건물 일괄매각	소유자	하○○
개시결정	2016-06-01	채무자	하○○
사건명	강제경매	채권자	○○캐피탈

참고사항	▶ 본건낙찰 2017.06.15 / 낙찰가 110,600,000원 / 인천 최○○ / 1명 입찰 / 대금미납 ▶ 본건낙찰 2017.11.06 / 낙찰가 62,250,000원 / 인천 양○○ / 1명 입찰 / 대금미납

· 임차인현황 (말소기준권리 : 2014.10.28 / 배당요구종기일 : 2016.08.17)

임차인	점유부분	전입/확정/배당	보증금/차임	대항력	배당예상금액	기타
심○○	주거용 전부	전 입 일 : 2014.09.15 확 정 일 : 2014.09.15 배당요구일 : 없음	보110,000,000원	있음	전액매수인인수	
임차인 분석	☞ 본건 현황조사차 현장에 임하여 임차인을 면대한 바, 임차인 가족이 이건 부동산을 전부 점유 사용하고 있다고 진술 ☞ 본건 조사서의 조사내용은 현장방문과 임차인의 진술, 전입세대열람 및 주민등록등본에 의한 조사사항임 ☞ 위 임차인에게, 집행관시스템에서 출력된 임차인 등의 권리신고 등에 관한 '안내문'을 교부하여 주었음 ☞ 대항력 있는 임차인 보증금전액을 매수인이 인수함					

• 등기부현황 (채권액합계 : 260,070,725원)

NO	접수	권리종류	권리자	채권금액	비고	소멸여부
1(갑3)	2006.03.31	소유권이전(매매)	하○○			
2(을8)	2014.10.28	근저당	김○○	40,000,000원	말소기준등기	소멸
3(갑4)	2014.12.12	가압류	○○캐피탈(주)	210,070,725원	2014카단103001	소멸
4(갑6)	2015.04.13	가압류	○○신협	10,000,000원	2015카단2296	소멸
5(갑8)	2016.06.01	강제경매	○○캐피탈(주)	청구금액 : 169,293,793원	2016타경505600	소멸

2) 선순위 가처분이나 가등기

말소기준등기이전에 등기부상에 용익물권이나 가처분, 가등기가 있는데 낙찰을 받았다면 그 물건의 이해관계자가 내용을 잘 알고 낙찰을 받았을 가능성이 높다. 그런데 이해관계자가 아니면서 단지 싸다고 낙찰받았다면 전혀 공부가 되어 있지 않은 경우이다.

가끔 경매 서적 한두 권을 읽고 대책 없이 낙찰받는 경우를 보는데 나중에 대출을 받으면서 문제가 있음을 깨닫고 포기하게 된다.

선순위의 경우에 착오가 있는 경우들이 많은데 예를 들면 가처분이나 가등기가 있지만 가처분권자나 가등기권자가 본인명의로 이전등기한 경우에는 당연히 가처분이나 가등기를 말소해야 하지만 그냥 남겨두고 이전만 한 경우이다. 이때에는 선순위 제한물권자가 소유자가 되어 법률상 혼동이므로, 말소할 수 있지만 재판을 별도로 해야 한다.

또 금융기관에서 토지를 담보로 대출할 때 저당이후에 지상권을 설정해야 함에도 불구하고 지상권이 먼저 설정된 경우도 있다. 선순위 지상권이 담보목적의 지상권인 경우에는 금융기관에서 지상권말소에 동의한다는 동의서를 보통 제출한다. 그러나 사금융에서는 별도의 비용을 요구하는 경우도 있고 내용에 따라 담보목적이 아닌 경우에는 낙찰인이 인수해야 하기 때문에 입찰시 확인하고 입찰하여야 한다.

아래의 사례에서 보면 이혼시 재산분할을 원인으로 한 소유권이전청구권이 선순위로 되어 있기 때문에 임차인의 임대보증금반환청구소송에 따른 강제경매에서 말소되지 않는다.

임대보증금을 제외한 나머지 잔금에 대하여 가처분권자가 본안소송에서 승소하여 배당금을 수령할 때까지 가처분을 지울 수 없을 것이며, 가처분말소청구소송을 별도로 진행해야 하는 번거로움이 있다.

2018 타경 71524

• 인천지방법원 부천지원 • 매각기일 : 2019.08.20(화)(10:00) • 경매 3계(전화 : 032-320-1133)

소재지	경기도 ○○시 ○동 1081-16 도로명주소검색						
물건종별	다가구(원룸등)	감정가	750,885,280원	오늘조회 : 3 2주누적 : 18 2주평균 : 1 조회동향			
				구분	입찰기일	최저매각가격	결과
				1차	2019-04-02	750,885,280원	유찰
대지권	209.5㎡(63.374평)	최저가	(49%)367,934,000원	2차	2019-05-07	525,620,000원	유찰
				3차	2019-06-11	367,934,000원	낙찰
건물면적	296.62㎡(89.728평)	보증금	(20%)73,590,000원	낙찰 533,170,000원(71.01%) / 2명 / 미납 (차순위금액 : 421,111,000원)			
				4차	2019-08-20	367,934,000원	
매각물건	토지·건물 일괄매각	소유자	김○○ 외 1명	낙찰 : 475,000,000원 (63.26%)			
				(입찰 3명, 낙찰 : 김○○/ 차순위금액 : 385,000,000원)			
개시결정	2018-04-02	채무자	김○○ 외 1명	매각결정기일 : 2019.08.27 – 매각허가결정			
				대금지급기한 : 2019.09.30			
사건명	강제경매	채권자	이○○	대금납부 20119.09.26 / 배당기일 2019.10.31			

• 건물등기부 (채권액합계 : 360,000,000원)

NO	접수	권리종류	권리자	채권금액	비고	소멸여부
1(갑3)	2002.04.01	소유권이전(매매)	김○○			
2(갑4)	2017.04.10	가처분	신○○		이혼 시 재산분할을 원인으로 한 소유권이전등기청구권, 인천가정법원 부천지원 2017즈합1009 내용보기 사건검색	인수
3(갑6)	2018.02.06	가압류	신○○	360,000,000원	말소기준등기 2018즈합1002	소멸
4(갑7)	2018.04.02	강제경매	이○○	청구금액 : 175,000,000원	2018타경71524	소멸

• 토지등기부 (채권액합계 : 360,000,000원)

NO	접수	권리종류	권리자	채권금액	비고	소멸여부
1(갑3)	2002.04.01	소유권이전(매매)	김○○			
2(갑4)	2017.04.10	가처분	신○○		이혼 시 재산분할을 원인으로 한 소유권이전등기청구권, 인천가정법원 부천지원 2017즈합1009 [내용보기] [사건검색]	인수
3(갑6)	2018.02.06	가압류	신○○	360,000,000원	말소기준등기 2018즈합1002	소멸
4(갑7)	2018.04.02	강제경매	이○○	청구금액 : 175,000,000원	2018타경71524	소멸
관련정보	[관련사건] 임대차보증금반환–부천지원 2017가단14330 판결정보 [내용보기] [사건검색]					
주의사항	▶ 매각허가에 의하여 소멸되지 아니하는 것 – 갑구 순위번호 4번 가처분등기(2017. 4. 10. 등기)는 말소되지 않고 매수인에게 인수됨					

3) 토지의 공법상 분석실패

토지는 양면성을 가지고 있다. 잘되면 엄청난 수익을 올릴 수 있지만 잘못되면 매매가 안되어 본의 아니게 장기투자를 하게 된다.

기본적으로 토지는 개발을 전제로 투자하게 되는데 개발이 지연되거나 불가능한 경우에 토지에 대한 투자는 실패로 돌아가게 된다.

개발이 가능했으면 전소유자가 개발하였을 텐데 잘 안되니까 경매로 나온 것으로 볼 수 있다. 따라서 이러한 토지는 투자시 신중한 조사가 필요하다.

국토법상 제한과 건축법상 제한 등 토지와 관련된 여러 가지 제한을 건축사 등 전문가들과 상의하여야 한다. 형질변경과 지목변경을 왜 못하고 있었을까 하는 의문으로 출발하여 해결책을 찾아보는 것이 토지투자의 시작이다.

토지투자는 고도의 전문성이 요구되며 본인이 특별한 계기가 없다면 일반적으로 운이 좋아야 하는 부분이 있다.

다음의 사례를 보면 형제들간의 공유물분할을 위한 형식적 경매로 진행된 토지경매사건이다.

낙찰자는 128%로 단독으로 낙찰되었는데 잔금까지 납부하였다.

그러나 이 토지는 민간인 통제선 내의 토지로서 지뢰가 묻혀있고 민간인 차량은 접근 자체가 불가능한 토지이다. 지목은 임야로서 개발이 불가능한 것은 너무나 당연한다.

이러한 토지를 어떤 이유로 낙찰 받았는지는 알수 없지만 경매투자에 있어서 수익성 측면을 보았을 때는 올바른 투자라고 볼 수 없다.

2018 타경 62972

• 의정부지법 고양지원 **• 매각기일 : 2019.04.17(화)(10:00)** • 경매 4계**(전화 : 031-920-6314)**

소재지	경기도 ○○시 ○○면 ○○리 산51 외 1필지 [도로명주소검색]							
물건종별	임야	감정가	273,038,000원	오늘조회 : 1 2주누적 : 3 2주평균 : 0 [조회동향]			
토지면적	42774m²(12939.135평)	최저가	(100%)273,038,000원	구분	입찰기일	최저매각가격	결과
				1차	2019-04-17	273,038,000원	
건물면적		보증금	(20%)54,610,000원	낙찰 351,000,000원 (128.55%)			
매각물건	토지 매각(제시외기타 포함)	소유자	남○○외 2명	(입찰1명, 낙찰 : ○○시 고○○)			
				매각결정기일 : 2019.04.24 – 매각허가결정			
개시결정	2018-05-01	채무자	남○○	대금지급기한 : 2019.05.31 – 기한후납부			
사건명	임의경매 (공유물분할을 위한 경매)	채권자	남○○외 1	배당기일 : 2019.07.23			
				배당종결 2019.07.23			

목록		지번	용도/구조/면적/토지이용계획	m²당 단가 (공시시가) +	감정가	비고
토지	1	○○리 산51	통제보호구역(민통선이북 : 10km), 보전산지, 임업용산지, 공장설립승인지역, 농림지역	임야 16394m² (4959.185평)	7,000원 (2,340원)	114,758,000원
	2	○○리 산47	통제보호구역(민통선이북 : 10km), 보전산지, 공장설립승인지역	임야 26380m² (7979.95평)	6,000원 (4,290원)	158,280,000원
			면적소계 42774m²(12939.135평)			소계 273,038,000원
감정가			토지 : 42774m²(12939.135평)	합계	273,038,000원	토지매각 (제시외기타 포함)

현황 위치	* "방축동" 남동측 인근에 위치하며, 주위는 민간인통제구역 내 군사시설, 자연림 및 일부 농경지 등이 소재하는 지역으로 제반 주위환경은 보통시됨 * 본건 인근까지 차량접근 가능하나, 민통선 내의 토지로서 출입시 군부대의 출입 허가를 받아야 하므로 대중교통사정은 불편시됨 * 토1, 2) : 북하향 완경사 부정형 통지로서, 군사시설(철책, DMZ)로 이용중임 * 토1, 2) : 맹지이며, 군사용 도로를 이용하여 접근 가능하나, 민간인 차량은 접근 불가함
참고 사항	* 토1, 2) : 군사시설(철책, DMZ)로 이용중임. 민간인통제선 내의 토지로서 출입시 군부대의 출입 허가를 받아야 하고, 인접 도로는 맹지이며 군사용 도로를 이용하여 접근 가능하나 민간인 차량은 접근 불가함. 서로 인접하여 소재하고 있고 육안으로는 경계확인이 불가능하며, 민간인통제선 내부 남방하계선 인근지역으로서 미확인 지뢰지대 출입금지 경고판과 붉은색 삼각으로 지뢰 경고 표지가 부착되어 있어 현황조사가 불가능함 * 토2) : 농림지역과 자연환경보존지역에 걸쳐 있는바, 용도지역별 면적(자연화경보전지역 16,946m², 농림지역 9,434m²)을 사용하며 평가함 * 토지상에 소재하는 입목은 거래관행에 따라 임지와 일체로 거래되는 바, 임지와 입목을 일괄하여 평가하였음

• 토지등기부

NO	접수	권리종류	권리자	채권금액	비고	소멸여부
1(갑3)	2014.09.23	소유권이전(상속)	남ㅇㅇ 외3		협의분할로 인한 재산상속, 남ㅇㅇ 남ㅇㅇ 남ㅇㅇ 남ㅇㅇ 각1/4	
2(갑4)	2014.10.10	남ㅇㅇ 지분전부이전	남ㅇㅇ		매매, 1/4	
3(갑7)	2018.05.02	임의경매	남ㅇㅇ, 남ㅇㅇ		말소기준등기 2018타경62972	소멸
기타사항	☞ ㅇㅇ리 산ㅇㅇ 토지 등기부상					
관련정보	[관련사건] 서울ㅇㅇ지방법원 2015가단135317 판결정본 사건검색					

4) 농지투자실패

농지에 해당되는 전, 답, 과수원은 경매 진행 시 농지취득자격증명원이 필요하다.

보통 농취증이라고 부르는 이것은 농민만이 농지를 취득할 수 있도록 하는 농지법에 기인한다. 따라서 농민이 아니라면 새로 농사를 짓겠다는 영농계획서와 농지취득신청서를 같이 제출해야 한다.

매각명세서에 농지는 보통 특별매각조건으로 표기가 되어 있다. 면사무소나 시, 구청에서 발급 받아서 매각결정기일까지 제출해야 매각허가를 해준다.

그러나 현황에 불법으로 건물이 있거나 주차장으로 쓰기 위해 포장이 되어 있으면 농지가 아니므로 농취증 발급을 제한한다.

따라서 농지를 경매로 취득하려고 할 때는 먼저 해당 부서에서 발급여부와 발급조건을 확인하여야 한다. 경우에 따라서 원상회복계획서를 첨부하면 농취증을 발급받을 수도 있으니 사전확인이 필요하다.

또한 법인은 영농법인만이 농지를 취득할 수 있으니 주의하여야 한다.

5) 유치권을 무시하며 입찰한 경우

경매에서 가장 어려운 부분 중 하나가 유치권에 관한 것이다. 소유자가 물건의 소유권을 되찾고자 허위로 유치권을 주장하는 경우가 많지만 최근의 추세는 유치권을 인정하지 않는 판례와 더불어 허위유치권에 대한 형사적 처벌이 강화되어 유치권물건이 많이 줄었다.

그래도 허위유치권을 잘 해결하게 되면 막대한 이익이 발생하게 되어 많은 고수경매투자자가 선호하는 분야이기도 하다. 그렇다고 경험이 부족한 투자자가 섣불리 투자를 감행하다 보면 실수로 보증금을 날리거나 심할 경우 재경매 당할 수도 있다.

2017 타경 507009 · 인천지방법원 본원 · 매각기일 : 2018.08.23(목)(10:00) · 경매 1계(전화 : 032-860-1601)

소재지	인천광역시 ㅇ구 ㅇㅇ동 929-16, ㅇㅇㅇㅇ빌 6층 602호 도로명주소검색						
새주소	인천광역시 ㅇ구 ㅇㅇㅇ로 890, ㅇㅇㅇㅇ빌 6층 602호						
물건종별	아파트	감정가	233,000,000원	오늘조회 : 1 2주누적 : 4 2주평균 : 0 조회동향			
대지권	14.098㎡(4.265평)	최저가	(34%)79,919,000원	구분	입찰기일	최저매각가격	결과
				1차	2018-02-23	233,000,000원	유찰
				2차	2018-03-30	163,100,000원	낙찰
건물면적	84.98㎡(25.706평)	보증금	(20%)15,990,000원	낙찰 : 163,668,890원 (70.24%) / 1명 / 미납			
				3차	2018-06-11	163,100,000원	유찰
매각물건	토지 · 건물 일괄매각	소유자	이ㅇㅇ	4차	2018-07-20	114,170,000원	유찰
				5차	2018-08-23	79,919,000원	
개시결정	2017-06-16	채무자	이ㅇㅇ	낙찰 : 104,190,000원 (44.72%)			
사건명	강제경매	채권자	(주)ㅇㅇ건설	(입찰3명, 낙찰 : 인천 김ㅇㅇ / 차순위금액 80,000,000원)			
				매각결정기일 : 2018.08.30 - 매각허가결정			

· 임차인현황 (말소기준권리 : 2011.09.26 / 배당요구종기일 : 2017.09.12)

임차인	점유부분	전입/확정/배당	보증금/차임	대항력	배당예상금액	기타
(주)ㅇㅇ 종합건설	기타	전 입 일 : 미상 확 정 일 : 미상 배당요구일 : 2017.06.16	미상		배당금 없음	점유자, 경매신청인, 유치권행사
기타사항	☞ 기타점유 ☞ 본건 현황조사시 현장에 임한 바, 폐문부재로 이해관계인을 만날 수 없어 상세한 점유 및 임대차관계는 알 수 없으나, 전입세대열람 결과 전입세대는 없음					

• 등기부현황 (채권액합계 : 263,768,540원)

NO	접수	권리종류	권리자	채권금액	비고	소멸여부
1(갑2)	2011.09.26	소유권이전	이ㅇㅇ		신탁재산의귀속	
2(을1)	2011.09.26	근저당	한국ㅇㅇ은행 (ㅇㅇ지점)	165,600,000원	말소기준등기	소멸
3(갑3)	2011.10.21	가압류	(주)ㅇㅇ건설	98,168,540원	2011카단13689	소멸
4(갑4)	2017.06.16	강제경매	(주)ㅇㅇ건설	청구금액 : 100,000,000원	2017타경507009,(주)ㅇㅇ건설 가압류의 본 압류로의 이행	소멸
관련정보	[관련사건] 분양대금 등 청구의 소-인천지방법원 2013가합32068 판결정보 　내용보기　 　사건검색					
주의사항	☞ 유치권신고 있음-2017.09.28, 2018.02.08 채권자 (주)ㅇㅇ건설 유치권신고서 제출 ☞ 신청채권자인 (주)ㅇㅇ건설이 유치권 행사중임 ☞ 본건 출입문에 유치권행사 경고문 부착. 출입문이 봉인(테이프)되어 있으며 유치권자 (주)ㅇㅇ종합건설로 되어 있는 유치권행사 경 고문이 출입문에 부착되어 있음					

SPECIAL   AUCTION
chapter 03

부실채권 투자

chapter 03. 부실채권 투자

1. 부실채권 투자 공부의 중요성

국제회계기준이 적용된 2010년 이후에 부실채권에 대한 관심이 높아지고 투자가 많이 이루어
져 왔다. 은행의 저당권 채권이 유동화 회사를 거쳐 개인 또는 법인이나 자산관리회사로 유입
되면서 활성화 되었다.

그러나 시스템이 정비되지 않아 많은 부작용이 나타났다. 대표적인 것이 대출채권이 경매과정
을 통해 회수되고 남은 무담보 채권을 채권추심기관에 매각하고 이에 대한 무리한 채권 추심
에 민원이 급증하게 되었다.

이에 금융감독원에서 금융기관이 개인에게 부실채권을 판매하는 것을 금지하라는 권고를 하
게 되었고 부실채권 매매가 가능한 곳도 금감원에 등록된 대부업체로 제한하였으며 대부업체
도 자기자본의 10배 까지만 거래할 수 있도록 권고하였다.

이후 부실채권 거래의 핵심이 되는 연체 이율도 기존 금리의 3%이내에서 결정하도록 하여 부
실채권 시장은 존재기반을 상실하게 되었다.

이러한 상황에서 대규모로 부실채권을 거래하는 것은 일반 투자자의 경우에는 자본력과 분석
력에서 부족하기 때문에 거의 기회가 오지 않는다. 설령 기회가 왔다 하더라도 수익을 내기가
쉽지 않다.

왜냐하면 거래가 가능한 것은 매도자와 매수자 중에서 누군가 실수를 했을 가능성이 높다. 매도자의 입장에서는 더 높은 가격으로 매각할 수 있는 기회를 상실하게 되는 것이며, 매수자의 입장에서는 더 저렴한 가격에 매입할 수 있는 기회를 잃어버리는 것이 되기 때문이다.

따라서 개인이 부실채권에 투자하는 경우는 실수요자 이거나 내부 정보가 있을 때만 거래가 가능하다. 그럼에도 불구하고 개인채권을 거래하거나 금감원에 등록된 대부업체와 제휴하여 투자할 경우에 부실채권 지식이 필요하다.

또 채권을 매입한 채권자와 경매시장에서 입찰가를 다툴 때 상대방의 전략을 이해해야 하기 때문에 경매 공부를 할 때에 꼭 필요한 내용이 되었다.

2. 부실채권의 개념

부실채권(NPL : Non Performing Loan)이란 여신 거래에 있어서 채무자의 변제가 안되는 미회수채권 말하며, 채권자 입장에서는 대출채권으로부터 원리금의 소득이 발생하지 않기 때문에 무수익여신이 된다. 금융기관에서 사용하고 있는 개념은 은행업감독규정에 따른 정의를 따르고 있다.

1) 자산 건전성 단계의 기준

우리나라에서는 부실채권 개념을 정의하고 있는 "은행업감독규정 제27조"에 규정된 자산 건전성 분류기준이 부실채권을 분류하는 가장 대표적인 기준으로 인식되고 있다.

은행업감독규정에서는 자산건전성 단계를 결정하는 기준으로서 채무상환능력, 연체기간, 부도여부 등의 기준을 감안하여 정상, 요주의, 고정, 회수의문, 추정손실의 5단계로 분류하고, "고정이하의 여신"을 부실채권으로 분류한다.

"정상"은 1개월 미만의 연체를 뜻하고 "요주의"는 1개월에서 3개월까지의 연체를 의미한다. "고정"은 연체기간이 3개월 이상으로 채무자의 신용상태가 악화될 가능성이 있어 세심한 주의나 사후 관리가 필요한 대출금을 말한다.

"회수의문"은 3개월 이상 1년 미만이면서 대출금중 회수 가능한 금액을 초과하는 대출금을 말한다. "추정손실"은 연체기간이 1년 이상으로 손실처리를 해야 하는 대출금중 회수가능금액을 초과하는 금액을 말한다.

금융감독원은 예금자들을 보호하기 위해 건전성 단계별로 최저적립비율 이상을 대손충당금으로 적립하게 하고 있다.

	정상여신	요주의	고정	회수의문	추정손실
최저적립비율	0.7%	7.0%	20%	50%	100%

대손충당금 비율이 높게 되면 예금으로 받은 자금을 대출로 순환시키지 못하고 적립하여야 하니 수신된 예금 이자만 지불하게 되어 금융기관의 채산성을 악화시킨다.

따라서 고정 이하의 여신을 조속히 처리하여 부실채권 비율을 낮춰야만 할 필요가 생기게 된다.

2) BIS 비율

국제결제은행(BIS : Bank for International Settlements)이 규정한 것으로 자기자본비율(CAR : Capital Adequacy Ratio)을 말한다.

이 비율은 은행, 종합금융, 신용금고 등 일반 금융기관의 건전성을 판단하는 기준이 되는 것으로 자기자본을 대출이나 보증 등을 포함한 위험자산으로 나누고 여기에 100을 곱한 지수다.

BIS비율은 높을수록 좋은데 BIS권고에 따르면 국제적인 업무를 하는 은행은 위험 자산에 대해 최소 8%이상 자기자본을 유지하도록 되어 있다. 6~8%의 경우에는 경영개선권고, 2~6%의 경우 경영개선요구, 2% 미만인 경우 경영개선명령을 내리게 된다.

8%이상 자기자본을 유지하지 못하면 부실은행으로 보며 IMF 당시에는 은행 퇴출의 기준이 되었다.

3) OPB(Outstanding Principal Balance)

매각대상자산의 미상환원금잔액(상환되지 아니한 원금잔액합계액)을 의미한다. 매입 당시에 남아 있는 원금을 뜻하며 매입 당시의 연체이자나 배당 때까지 발생하는 미래이자를 포함한 개념이 아니다. 이는 부실채권 거래 시 이자의 불확실성을 없애기 위해 원금만을 가지고 거래를 하기 때문이다. 부실채권을 매입하고자 할 때 금융기관과의 협의 과정 중에 자주 사용되는 개념이다.

금융기관이 대출당시 감정평가에 실패할 때 나타나며 금융기관의 입장에서는 이자는 물론 원금 손실을 감수해야 하므로 큰 피해가 되는 여신이다.

4) 유동화전문회사

SPC(Special Purpose Company)를 뜻하며 유한회사로 일종의 paper company이다.

금융기관이 처분하는 부실채권을 입찰 방식으로 매입해서 재매각방식으로 처분하는 역할을 담당한다. 법원경매방식을 통해 매각할 때 유찰이 계속되어 손실이 발생할 것으로 예상될 때 유입하기도 한다. 보통 pool 단위 매입을 위해 설립 되었다가 처분으로 업무를 완료하면 청산하는 구조이다. 유암코, 우리F&I 등의 투자기관은 부실채권 매입 후 6개월 이내에 재매각하는 것을 원칙으로 하고 있다.

5) 자산관리회사

자산관리회사(AMC : Asset Management Company)란 부실기업의 채권이나 자산을 넘겨받아 이를 관리하는 회사를 말하는데 부실기업뿐만 아니라 위탁자의 부실채권이나 부동산을 맡아 관리하면서 매매, 경매를 통한 추심, 임대 관리 등 자산관리를 전문으로 하는 회사를 말한다.

3. 부실채권의 종류

채권자의 입장에서 보면 채권은 담보 채권과 무담보 채권으로 구별된다. 또 담보 채권이었으나 담보 가치가 없어서 무담보 채권으로 변해 버린 전환무담보 채권도 있다.

대출자 입장에서 보면 담보대출과 신용대출이 될 것이다.

담보 채권의 담보 종류는 보증서 담보와 인적 담보 그리고 부동산 담보가 있다. 그중 부실채권 투자가 가능한 것은 부동산 담보 채권만 가능하고 신용대출인 무담보 채권은 거래에서 제외된다.

외형의 0.1%로 거래되는 무담보 채권시장이 있으나 이러한 채권은 변수가 많고 배당 시에도 안분배당을 해야 하기 때문에 회수 가능 금액을 특정하기 어렵기 때문이다.

이러한 이유로 부실채권 투자는 담보 채권 중에서 저당권 채권만이 투자가 가능하다. 이는 법원 경매라는 수단을 통해 채권 회수 금액을 알 수 있어서 거래가 가능하지만 무담보 채권은 채무자가 상환을 포기하면 회수할 방법이 없기 때문이다.

4. 부실채권의 매입 방법

채권자가 가지고 있는 채권을 매입하는 방법은 크게 4가지가 있다.

1) 론세일(loan sale) : 채권자가 가지는 권리를 현금을 주고 사는 방식이다.

주로 배당을 목적으로 투자할 때 근저당권을 매입하는 방법이다. 매입 방식이 간단하고 이해가 쉽기 때문에 대부분 이 방식으로 거래한다.

2) 사후 정산방식

채권자의 권리를 사되 입찰을 조건으로 매입하는 것이다. 주로 실수요자가 자금이 부족할 때 사용하는 방식으로 특수 물건을 매입할 때 대부분 적용된다.

이 방식은 낙찰가가 아주 낮게 형성되어 원금 및 이자 손실이 불가피하게 발생이 될 것이 예상 될 때 매수자에게 채권거래 가격보다 높은 가격으로 입찰할 수 있도록 미리 계약을 하는 방식이다.

높은 가격에 낙찰되어도 원래 매매가격으로 배당할 때 정산을 하는 방법인데 이렇게 하면 매수인은 다른 경쟁자에 비해 안전하게 낙찰을 받을 수 있고 높은 가격으로 인하여 낙찰 잔금대출을 많이 받을 수 있는 장점이 있다.

채권 매도자는 매수자에게 이러한 유리한 점을 제공하여 높은 가격에 입찰하는 입찰자를 확보할 수 있다. 그러나 이 방식은 대출자가 대출심사에 실패한 경우에 해당되기 때문에 토지나 공장, 목욕탕, 구분상가등 물건의 종류가 다양하지 않은 단점이 있다.

3) 채무자 변경방식

채권자의 채권을 매입할 때 현금대신 채무자의 채무를 대신 떠안는 방식이다.

채무자의 근저당을 바꿀 필요 없이 계약금 일부만 받고 나머지 잔금은 채무자 명의만 변경되고 이때 계약한 금액으로 감액하여 채무를 인수하는 방식이다.

채권자가 좀 더 적극적으로 매수인을 구할 때 나타난다. 만일 계약금액보다 더 높은 가격으로 낙찰자가 나타날 경우 계약은 무효가 되는 것이 일반적이다.

4) 기타 매입 방식

사후 정산 방식과 채무자 변경방식을 기본으로 하고 매도자와 매수자가 다양한 방법으로 거래가 가능하다.

예를 들면 낙찰금액에 구간을 두어 일정금액까지는 배당방식으로, 일정 금액이상은 사후 정산 방식으로 할 수도 있고 몇 개를 묶어서 구간별로 매입하는 방식도 있다. 개인에게 매매를 금지하니 저당권에 질권을 설정하여 거래할 수도 있다.

5. 부실채권 매입 절차

부실채권을 매각하고자 하는 곳은 크게 개인채권과 금융권이 있다.

1) 개인채권

일반 대부업체에서 고금리로 대출해 주기 때문에 담보 여력이 별로 없는 물건이 많아 잘못 매입하면 손실을 보거나 방어입찰에 나서야 한다. 대부업체가 아닌 채권은 개인적 친분으로 대출 해주고 생긴 채권과 사업상담보로 제공받아 생긴 저당권이 있다.

사업상 담보 물건은 대리점이나 위탁 판매업의 경우 담보로 제공받고 거래를 하기 때문에 외상매출금의 입금이 안 될 경우 저당권이 담보권 실행으로 시장에 나오는 것을 말한다.

개인 간의 채권과 대부업체에서 나오는 부실채권은 거래에 제한이 없다. 이러한 채권을 매입하고자 할 때에는 경매 신청된 물건 중 등기부등본에 설정된 저당권자에게 우편물을 보내거나 전보를 쳐서 연락처를 확보하여 매매 의사를 확인하면 된다. 일반적으로 채권자는 조속한 정리를 원하기 때문에 어느 정도 손실을 감수하고 매각하게 된다.

개인채권을 매입하는 경우는 대개 론세일 방식으로 협의된 저당권 금액을 전액 현금주고 매입하게 된다. 사후정산 방식이나 채무자 변경 방식은 일반적으로 쓰이지 않고 있다.

다음은 현재 사용하고 있는 개인채권 매입을 위한 제안서이다.

{{채권자}}님 귀하

(법원 : {{법원}} 사건번호 : {{사건번호}})

안녕하세요.
우선 대법원 경매정보를 통해서 안내문을 발송하게 됨을 양해 바랍니다.
저희 세종은 경매컨설팅 및 채권매매 전문회사입니다.

최근의 사례를 보면, 채무자들은 경매사건에서 채무를 충분히 변제하지 않
고 자신의 이익을 극대화하기 위하여 가장임차인, 가장 유치권, 예고등기 등
을 신고하여 입찰자의 두려움과 주저함을 이용하여 낙찰가를 떨어뜨린 다
음 자신의 가족이나 친지의 명의로 초저가에 낙찰받는 수법을 교묘히 이용
하는 경우가 많습니다.
 또한 지금 당장에 낙찰이 되었더라도 경매의 절차상 해당채권을 배당받기
까지 상당한 기간과 배당이의의 소송 등 여러 변수가 있음을 감안하셔야 합
니다.

이에 저희 세종은 합리적인 금액으로 원하시는 날짜에 채권 양도 양수 계약
과 동시에 현금으로 즉시 회수하실 수 있게 도와드리고 있습니다. 지금 전
화 하셔서 친절한 상담 받으시고 손실을 최소화하시기 바랍니다. 연락 기다
리겠습니다. 궁금하시거나 문의 사항이 있으시면 아래 연락처로 전화주시
기 바랍니다.

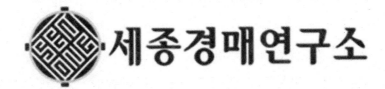

2) 금융기관 채권

부실채권을 매각하는 곳은 유동화전문회사나 자산관리회사, 신협이나 축협 등 2금융권이 있으나, 개인 간의 직접 거래는 불가능하다.

그러나 실수요자인 경우에는 채무자 변경방식이나 금감원에 등록된 대부업체를 통한 형식적 이전 방식을 통해 실질적인 매입이 가능하다.

하지만 보통 수십 건의 채권을 통째로 매입하여 경매 혹은 매각을 통해 수입을 올리는 구조로 인해 이러한 채권을 매입하여 수익을 올리는 것은 대단히 어렵다. 그러나 현저하게 저가로 낙찰될 것이 예상되는 물건의 경우에는 실수요자뿐만 아니라 거래를 통한 배당 이익도 얻을 수 있을 것이다.

투자자가 채권자보다 더 정확한 정보를 가지고 있다는 전제하에서는 불가능하지는 않다.

3) 근저당권부 질권 투자

부실채권을 매입할 때 자기 자본만 갖고 하는 것은 아니고 매입한 근저당권을 가지고 이를 담보로 질권 설정을 통해 대출을 일으킬 수 있다. 요즘은 많이 대출 금액이 줄었지만 부실채권의 내용에 따라 최고 90%까지도 대출이 가능하다.

저축은행 등 제2금융권에서 취급한다. 즉 15억 채권최고액이고 이자가 꽉 찼다고 하는 경우에 이를 12억에 매입 한다고 하면 10%인 1억 2천에 15억 채권을 매입한다는 의미이다. 물론 채권최고액이 채권자가 받을 수 있는 금액 전부는 아니라도 배당까지의 연체이자를 계산하면 대개 최고금액에 이르게 된다.

질권을 통한 대출은 금융권 부실채권만 해주는 것이 일반적이지만 채권의 내용이 좋은 경우 일반 부실채권도 대출이 가능하다.

따라서 적은 자본으로 부실채권 투자가 가능하여 이를 활용한 여러 가지 투자 전략이 있다. 또한 근저당권에 질권을 설정하고 투자하는 방법도 있다.

대부업체의 경우, 가지고 있는 채권을 담보로 자금을 융통할 수 있다면 금리 차액으로 이익을 얻을 수 있기 때문에 적극적으로 투자를 유치할 것이다. 이때 저당권에 저당을 할 수 없기 때문에 질권 설정을 하게 되는 것이다.

투자자의 입장에서는 저당권과 대부업체의 보증으로 이루어져 있기 때문에 대부업체만 튼튼하면 안전한 투자가 된다.

6. 부실채권을 활용한 투자 방식

1) 배당투자

매입한 채권금액 이상으로 낙찰 되었을 때 발생하는 이익을 목적으로 투자하는 방식이다. 가장 일반적인 투자 방식이며 예상 낙찰가의 의견차이로 거래가 성립한다. 채권자가 부정적인 관점으로 가격을 예상하고 매수자는 높은 가격이 형성된다고 믿는 경우에 거래가 가능하다. 누가 옳은지는 나중에 입찰장에서 밝혀진다.

만일 부실채권 매수자가 매입한 채권 금액 이하로 낙찰가가 결정되면 차액만큼 손실이 예상되므로 본인이 입찰에 참여해야 한다. 이를 방어입찰이라고 한다.

아래의 사례에서는 채권최고금액이 1억 3천만 원이고 감정가는 1억 9백만 원에 불과하다. 그래도 주변 시세는 1억 5천만 원 정도로 형성된 것을 확인하고 채권을 1억 8백만 원에 매입한 것이다.

1억 2천만 원 정도 낙찰을 예상했지만 뜻밖에도 1억 3천 2백에 낙찰 되어 배당에서 2천만 원 수익을 올린 경우이다.

2015 타경 2171　• 서울북부지방법원 본원　• 매각기일 : 2015.12.14(월)(10:00)　• 경매 4계(전화 : 032-910-3674)

소재지	서울특별시 ○○구 ○○동 108-39, ○○빌라 나동 5층 501호　도로명주소검색							
물건종별	다세대(빌라)	감정가	109,000,000원	오늘조회 : 1　2주누적 : 0　2주평균 : 0　조회동향				
				구분	입찰기일	최저매각가격	결과	
대지권	17.5m²(5.158평)	최저가	(100%)109,000,000원		2015-06-15	109,000,000원	변경	
					2015-08-31	109,000,000원	변경	
건물면적	33.73m²(10.203평)	보증금	(10%)10,900,000원		2015-10-12	109,000,000원	변경	
				1차	2015-12-14	109,000,000원		
매각물건	토지·건물 일괄매각	소유자	홍○○	낙찰 : 132,000,000원 (121.1%)				
				(입찰13명, 낙찰 : 관악구 허○○ / 차순위금액 120,660,000원)				
개시결정	2015-01-28	채무자	홍○○	매각결정기일 : 2015.12.21 - 매각허가결정				
사건명	임의경매	채권자	○○2차전문 유한회사 [양도인 : ○○○○새마을금고 (합병전 : ○○2동새마을금고)]	대금지급기한 : 2016.01.27				
				대금납부 2016.01.20 / 배당기일 2016.03.03				
				배당종결 2016.03.03				

• 매각물건현황 (감정원 : ㅇㅇ감정평가 / 가격시점 : 2015.02.07 / 보존등기일 : 2002.01.25)

목록	구분	사용승인	면적	이용상태	감정가격	기타
건물	5층중 5층	02.01.19	33.73m² (10.2평)	방2, 욕실1, 주방, 발코니 등	65,400,000원	*도시가스 개별난방
토지	대지권		198.3m²2중 17.05m²		43,600,000원	
현황 위치	* ㅇㅇ역 남측 인근에 소재하는 다세대주택으로서 주위는 다세대주택, 단독주택, 근린상가 등이 혼재하는 주거지임 * 본건까지 차량접근이 가능하고 대중교통수단인 버스정류장과 지하철역이 인접하여 교통사정은 보통시됨 * 인접지와 등고평탄한 가장형의 토지로서 다세대주택 건부지로 이용중임 * 본건 서측으로 노폭 약5미터, 동측으로 노폭 낙2미터의 도로에 접하고 있음					
참고사항	* 본건은 집합건축물대장상〈주택 58554-792(2002.04.25) 위법등재 2002.04.25 주택 58554-2275(2003.08.14)위법등재〉로 인하여 위반건축물로 등재되어 있음. ㅇㅇ구청 주택과에 문의한 결과 이는 발코니를 판넬과 샛시로 공사하였기 때문이라고 조사됨. 따라서 경매 진행시 이에 유의하시기 바람					

• 임차인현황 (말소기준권리 : 2011.02.18 / 배당요구종기일 : 2015.04.09)

***** 임차인이 없으며 전부를 소유자가 점유 사용합니다. *****

• 등기부현황 (채권액합계 : 155,086,024원)

NO	접수	권리종류	권리자	채권금액	비고	소멸여부
1(갑5)	2006.12.20	소유권이전(매매)	홍ㅇㅇ		거래가격 : 100,000,000	
2(을4)	2011.02.18	근저당	ㅇㅇ2차전문유한회사	104,000,000원	말소기준등기 양도전 : ㅇㅇ2동새마을금고	소멸
3(을6)	2013.02.20	근저당	ㅇㅇ2차전문유한회사	26,000,000원		소멸
4(갑6)	2014.02.05	가압류	ㅇㅇ카드(주)	8,136,612원	2014카단484	소멸
5(갑7)	2014.02.12	가압류	ㅇㅇ카드(주)	8,741,390원	2014카단603	소멸
6(갑8)	2014.02.28	가압류	ㅇㅇㅇㅇㅇㅇㅇ카드(주)	8,208,022원	2014카단34954	소멸
7(갑9)	2015.01.29	임의경매	ㅇㅇ2차전문유한회사	청구금액 : 102,150,794원	2015타경2171	소멸

2) 실수요자 투자

최소의 자본금으로 부동산을 매입하고자 할 때 쓰는 방식이다. 주로 토지, 공장이나 모텔, 목욕탕이나 구분상가의 경우에 나타난다.

이러한 물건은 금액도 클뿐만 아니라 원금을 회수 하지 못하는 경우가 많다. 원금 이하로 매입하고 그동안의 연체이자를 포함하면 시세보다 훨씬 높은 가격으로 입찰이 가능하다. 즉 저렴하게 부실채권을 매입하고, 매입한 가격보다 높은 가격에 입찰할 수 있기 때문에 독점적으로 안전하게 매입이 가능하다.

이것이 가능한 이유는 원금과 이자를 합한 금액보다 낙찰가가 낮게 형성 될 것으로 보고 채권자는 매각을 한 것이기 때문에 원금과 이자를 합한 금액으로 낙찰을 받는다면 시세보다 높은 가격이므로 독점적으로 낙찰을 받을 수 있다.

실수요자가 있을 때 주로 쓰이는 투자이다.

2015 타경 774 ・ 인천지방법원 부천지원 ・ **매각기일** : 2016.02.16(화)(10:00) ・ 경매 1계(**전화** : 032-320-1131)

소재지	경기도 ○○시 ○○구 ○○동 171-6. ○○아파트 103동 1층 107호 도로명주소검색						
새주소	경기도 ○○시 ○○구 ○○로 9. ○○아파트 103동 1층 107호						

물건종별	아파트.	감정가	175,000,000원	오늘조회 : 1　　2주누적 : 1　　2주평균 : 0 조회동향			
				구분	입찰기일	최저매각가격	결과
대지권	50.45m²(15.261평)	최저가	(70%)122,500,000원	1차	2016-01-05	175,000,000원	유찰
				2차	2016-02-16	122,500,000원	
건물면적	62.82m²(19.003평)	보증금	(10%)12,250,000원	낙찰 : 240,000,000원 (137.14%)			
매각물건	토지・건물 일괄매각	소유자	조○○	(입찰27명, 낙찰 : 김○○ / 차순위금액 165,550,000원)			
개시결정	2015-01-12	채무자	(주)○○건설	매각결정기일 : 2016.02.23 - 매각허가결정			
				대금지급기한 : 2016.03.24			
사건명	임의경매	채권자	○○○○○유동화전문(유) (변경전 : ○○은행)	대금납부 2016.03.10 / 배당기일 2016.04.06			
				배당종결 2016.04.06			

NO	접수	권리종류	권리자	채권금액	비고	소멸여부
1(갑1)	1987.09.12	소유권이전(매매)	원○○			
2(을6)	2004.03.10	근저당	○○농협 (○○동지점)	5,700,000원	말소기준등기	소멸
3(갑2)	2010.09.28	소유권이전(상속)	조○○		협의분할에 의한 상속	
4(을8)	2012.07.04	근저당	○○은행	240,000,000원		소멸
5(갑3)	2013.11.05	가압류	○○석유(주)	57,990,544원	2013카단3601	소멸
6(갑4)	2013.11.12	가압류	○○보증보험(주)	5,025,470원	2013카단10213	소멸
7(갑5)	2014.02.11	가압류	○○○○○○캐피탈(주)	40,548,867원	2014카단765	소멸
8(갑6)	201404.22	가압류	○○캐피탈(주)	21,547,596원	2014카단970	소멸
9(갑7)	2014.05.08	가압류	○○커머셜(주)	101,291,292원	2014카단823	소멸
10(갑8)	2015.01.12	임의경매	○○은행 (여신관리부)	청구금액 : 192,389,314원	2015타경774	소멸
11(갑9)	2015.04.16	압류	○○시 ○○구			소멸
12(갑10)	2015.04.24	압류	○○세무서			소멸
13(갑11)	2015.10.28	압류	○○시			소멸

2016.03.23	채권자 김○○(변경전 : ○○○○○○유동화전문유한회사) 채권계산서 제출	
2016.03.23	채권자 김○○(변경전 : ○○○○○○○유동화전문유한회사) 채권자변경신고 제출	
0216.03.23	가압류권자 ○○보증보험 주식회사 배당요구 및 채권계산서 제출	
2016.04.01	채권자 김○○(변경전 : ○○○○○○유동화전문유한회사) 채권계산서 제출	
2016.04.01	최고가 매수신고인 열람 및 복사신청 제출	
2016.04.06	가압류권자 ○○보증보험 주식회사 배당표등본 제출	
2016.04.07	채권자 김○○(변경전 : ○○○○○○유동화전문유한회사) 배당금교부신청 제출	
2016.04.08	가압류권자 ○○캐피탈 주식회사 배당표등본 제출	
2016.04.20	교부권자 국(처분청 : ○○세무서) 교부청구서 제출	
2016.04.22	교부권자 국(처분청 : ○○세무서) 배당표등본 제출	
2016.04.22	교부권자 국(처분청 : ○○세무서) 배당표등본 제출	
2016.05.17	가압류권자 ○○석유 주식회사 배당표등본 제출	
2016.10.31	소유자 조○○ 배당표등본 제출	

3) 비자금을 마련하거나 자금을 마련하기 위한 투자

이 방식은 대출사기로 몰릴 위험이 큰 투자 방식이다. 특히 토지의 경우에 많이 발생하는데 시세보다 채권최고액이 큰 경우 저렴하게 채권을 매입하고 최대한 높은 가격으로 낙찰을 받는다.

채권 최고액으로 낙찰을 받으므로 시세보다 훨씬 비싸게 낙찰이 되지만 낙찰가를 기준으로 대출을 실행하면 부실채권 매입금액보다 더 많은 대출이 나올 수도 있다. 이러한 경우에는 들어간 돈보다 대출금이 더 많기 때문에 오히려 자금을 만들 수도 있게 된다.

또한 법인의 경우 실제 지급한 금액보다 채권 매입 금액이 높게 표시가 되므로 순이익을 숨기거나 비자금 조성이 가능할 것이다.

아래의 물건은 낙찰자 이○○가 17억에 낙찰 받았으나 채권자가 입찰한 것으로 추정되고 부실채권의 거래관행으로 볼 때에는 11억 이내로 매입할 수 있었을 것으로 보인다.

최저금액이 890,174,000원이므로 다른 경쟁자들은 상대가 되지 않았을 것이다. 다른 경쟁자가 4명이나 입찰했으나 가격은 미미했을 것이다.

낙찰자는 채권자로서 30억까지 쓸 수 있었지만 17억 정도만 입찰가를 정했는데 대출 받는 것에 무리를 주지 않으려 했을 것이다.

2012 타경 2702 · 광주지방법원 순천지원 · 매각기일 : 2014.02.03(월)(10:00) · 경매 4계(전화 : 061-729-5324)

소재지	전라남도 ○○군 ○○읍 ○○리 400. ○○코리아타운 101호외 22개호 도로명주소검색			

오늘조회 : 1   2주누적 : 1   2주평균 : 0   조회동향

물건종별	근린상가	감정가	3,880,849,000원

구분	입찰기일	최저매각가격	결과
1차	2012-10-29	3,880,849,000원	유찰
2차	2012-12-10	2,716,594,000원	유찰
3차	2013-01-21	2,173,275,000원	유찰
4차	2013-03-04	1,738,620,000원	유찰
5차	2013-04-15	1,390,896,000원	유찰
6차	2013-05-27	1,112,717,000원	유찰
	2013-07-08	890,174,000원	변경
	2013-08-19	890,174,000원	변경
	2013-09-30	890,174,000원	변경
7차	2013-11-11	890,174,000원	낙찰

대지권	2739㎡(828.548평)	최저가	(23%)890,174,000원

건물면적	3900.25㎡(1179.826평)	보증금	(10%)89,020,000원

매각물건	토지·건물 일괄매각	소유자	(주)○○○○

낙찰 1,050,000,000원(27.06%) / 4명 / 미납

8차	2014-02-03	890,174,000원	

낙찰 : 1,700,000,000원 (43.8%)

(입찰 : 5명, 낙찰 : 이○○)

매각결정기일 : 2014.02.10 - 매각허가결정

개시결정	2012-03-02	채무자	(주)○○○○

대금지급기한 : 2014.03.19

대금납부 2014.03.19 / 배당기일 2014.04.23

사건명	임의경매	채권자	○○○○은행

배당종결 2014.04.23

· 등기부현황 (채권액합계 : 3,600,000,000원)

NO	접수	권리종류	권리자	채권금액	비고	소멸여부
1	2006.02.21	소유권보존	(주)○○○○			
2	2006.07.31	근저당	○○○○은행 (○○지점)	1,800,000,000원	말소기준등기	소멸
3	2008.03.31	근저당	○○○○은행	1,800,000,000원		소멸
4	2011.11.04	압류	○○세무서			소멸
5	2012.03.02	임의경매	○○○○은행 (여신관리부)	청구금액 : 2,648,101,185원	2012타경2702	소멸
6	2012.07.13	압류	서울특별시			소멸
7	2012.09.06	압류	○○군			소멸

이 물건은 17억에 낙찰이 되었기 때문에 신용협동조합에서 대출채권 최고금액이 1,428,000,000원인 것으로 보아 대출원금이 11억 9천만 원으로 보이는 대출을 일으켰다. 낙찰자가 채권자이기 때문에 대출금은 모두 배당 받게 되고 지금까지 제비용과 등기 이전 비까지 지출된 자기 자본은 모두 회수할 수 있었을 것으로 보인다.

이후 아래의 등기부등본을 보면 2018년에 국민은행에서 4,238,400,000원이 채권 최고액인 것으로 보아 대출 원금이 35억 3200만 원으로 추정되는 대출을 일으켰다. 의료법인을 운영하면서 자기 자본 없이도 가능했을 것이고 낙찰가의 2배가 넘는 대출금을 일으킬 수 있었다.

일반적으로 이러한 대출을 일으키기는 대단히 어렵다. 이 물건이 나중에 다시 경매 시장에 나온다고 해도 조금도 이상할 것이 없다.

[건물] 전라남도 ○○군 ○○읍 ○○리 400 전라남도 ○○군 ○○읍 ○○리 400 의료시설

【 을 구 】	(소유권 이외의 권리에 관한 사항)			
순위번호	등 기 목 적	접 수	등 기 원 인	관리자 및 기타사항

+
(전-6)
	합병한 건물
	364.14m²에 대한
	어거
	근저당설정
		2014년3월19일
		제2860호
			2014년3월19일
			설정계약
				채권최고액 금1,428,000,000원
				채무자 아○○
				    서울특별시 ○○○구 ○○로8길 5, 102동
				    204호 (○○동, ○○○○팰리스3차)
				근저당권자 ○○신용협동조합 200141-0001488
				    광주광역시 ○구 ○○로 104(○○동)
				공동담보목록 제2014-40호

				합병으로 인하여 전라남도 ○○군 ○○읍 ○○리 400 ○○코리아타운 제비101호에서 이기 접수 2014년4월30일 제4554호
1-1				1번 근저당 등기는 합병후의 부동산 전부에 관한 것임 2014년4월30일 부기
1-2	1번근저당권변경	2015년2월10일 제1606호	2015년2월10일 계약인수	채무자 의료법인○○○의료재단 전라남도 ○○군 ○○읍 ○○로 59-2

24	소유권이전	2014년10월17일
		제10719호
			2014년8월18일
			출연
				소유자 의료법인○○○의료재단
				    205033-0004725
				    전라남도 ○○군 ○○읍 ○○로 59-2

25	가압류	2017년11월9일 제14537호	2017년11월9일 광주지방법원의 가압류 결정(2017카단 51889)	청구금액 금131,454,545원 채권자 주식회사 ○○종합건설 　　　130111-0068444 　　광주 ○○구 ○○로 430, 5층 (○○동)
8	근저당권설정	2015년11월27일 제13282호	2015년11월27일 설정계약	채권최고액 금480,000,000원 채무자 의료법인○○○의료재단 　　전라남도 ○○군 ○○읍 ○○로 59-2 근저당권자 ○○○○신용협동조합 　　　205041-0001071 　　전라남도 ○○군 ○○읍 ○○로 103 공동담보 토지 전라남도 ○○군 ○○읍 ○○리 400
8-1	8번근저당저당권공 동담보변경			공동담보 토지 전라남도 ○○군 ○○읍 ○○리 400 등기거록 과터로 인하여 부동산등기법 제33조의 규정에 의하여 2016년6월13일
9	근저당권설정	2018년10월31일 제12542호	2018년10월31일 설정계약	채권최고액 금4,238,400,000원 채무자 의료법인○○○의료재단 　　전라남도 ○○군 ○○읍 ○○로 59-2 근저당권자 주식회사국민은행 110111-2365321

4) 부실채권을 통한 토지개발

토지개발에 있어서 개발에 대한 정보가 있거나 개발에 자신이 있는 경우에 부실채권이 좋은 방법이 될 수 있다.

기본적으로 토지개발 투자는 실수요자 투자인데 막대한 개발에 따른 자금부담 때문에 토지 매입과 개발비에 부실채권을 활용할 수 있다. 채권자가 채권을 양도하는 것은 낙찰이 되어도 실수요자가 아니면 높은 가격으로 낙찰되기 어렵기 때문에 차라리 채권 자체를 매각하는 것이다.

만일 실수요자라면 그냥 입찰을 봐도 되겠지만 다른 경쟁자들과 다툴 필요도 없고 금융권 대출을 극대화하여 레버리지 효과를 최대한 얻을 수 있는 부실채권 투자를 마다할 이유가 없다.

2015 타경 25774(1) · 의정부지법 고양지원 · **매각기일 : 2016.09.27(화)(10:00)** · 경매 8계**(전화 : 031-920-6318)**

소재지	경기도 ○○시 ○○면 ○○리 567-7외 3필지 도로명주소검색							
물건종별	농가관련시설	감정가	3,009,162,120원	오늘조회 : 1 2주누적 : 0 2주평균 : 0 조회동향				
				구분	입찰기일	최저매각가격		결과
토지면적	9409m²(2846.223평)	최저가	(70%)2,106,413,000원	1차	2016-05-03	3,009,162,120원		유찰
					2016-06-07	2,106,413,000원		변경
건물면적	728.97m²(220.513평)	보증금	(10%)210,650,000원	2차	2016-09-27	2,106,413,000원		
				낙찰 : 2,424,200,000원 (80.56%)				
매각물건	토지·건물 일괄매각	소유자	김○○외 1명	(입찰1명, 낙찰 : 인천 ○○구 박○○ 외 1)				
				매각결정기일 : 2016.10.04 - 매각허가결정				
개시결정	2015-11-02	채무자	김○○	대금지급기한 : 2016.11.10				
사건명	임의경매	채권자	○○자산관리회사	대금납부 2016.11.10 / 배당기일 2016.12.01				
				배당종결 2016.12.01				

· 매각토지.건물현황 (감정원 : ○○감정평가 / 가격시점 : 2015.11.10)

목록		지번	용도/구조/면적/토지이용계획		m²당 단가 (공시시가) ➕	감정가	비고
토지	1	○○리 567-7	계획관리지역, 제한보호구역 (전방지역 : 25km)임	잡종지 414m² (125.235평)	398,000원 (281,100원)	164,772,000원	
	2	○○리 567-4	계획관리지역, 제한보호구역 (전방지역 : 25km)임	잡종지 5295m² (1601.738평)	378,000원 (281,100원)	2,001,510,000원	
	3	○○리 산46-7	계획관리지역, 제한보호구역 (전방지역 : 25km), 건축법 제2조제1항제11... ⌄	임야 3570m² (1079.925평)	210,000원 (79,500원)	749,700,000원	
	4	○○리 811-21	계획관리지역, 제한보호구역 (전방지역 : 25km), 건축법 제2조제1항제11... ⌄	임야 130m² (39.325평)	147,000원 (79,500원)	19,110,000원	
			면적소계 9409m²(2846.223평)			소계 2,935,092,000원	
건물	1	위전리 567-7 연와조 시멘트 기와지분 등	1층	주택(현황 공실) 77.67m²(23.495평)	266,000원	20,660,220원	
	2		지하	주택(현황 공실) 67.32m²(20.36평)	177,000원	11,915,640원	*공부상 36.54m² *공부상 창고
	3	위전리 567-4 목조스레트지붕	단층	축사 232m²(70.18평)	77,000원	17,864,000원	
	4		단층	축사 223.38m²(67.572평)	77,000원	17,200,260원	
			면적소계 600.37m²(181.612평)			소계 67,640,120원	
제시외건물	1	위전리 567-4 목조 및 블록조 스레트지붕 등	단층	축사(폐가상태) 123.2m²(37.268평)	50,000원	6,160,000원	매각포함 *567-4 위지상 소재
	2		단층	화장실 504m²(1.634평)	50,000원	270,000원	매각포함 *567-4 위지상 소재
		제시외건물 포함 일괄매각	면적소계 128.6m²(38.902평)			소계 6,430,000원	

감정가	토지 : 9409m²(2846.223평) / 건물 : 728.97m²(220.513평)		합계	3,009,162,120원	일괄매각

현황 위치

*" ○○면사무소" 남동측 근거리에 위치하고, 인근은 농경지, 임야, 농가주택 및 공장 등이 혼재하는 지역으로서 주변여건 무난함

* 1, 2) : 본건 인근까지 차량의 접근이 가능하고, 북동측 근거리에 경의선 ○○역이 위치하며, 인근 도로변에서 버스정류장이 소재하는 등 대중교통 여건은 보통임 3, 4) : 본건까지 제반 차량의 접근이 가능하고, 북동측 근거리에 경의선 ○○역이 위치하며, 인근 도로변에 버스정류장이 소재하는 등 대중교통 여건은 보통임

* 1) : 인접필지 대비 등고평탄한 부정형 토지로서, 주거용 건부지로 이용중임 2) : 인접필지 대비 등고평찬한 부정형 토지로서, 주거기타(축사)로 이용중임 3, 4) : 부정형의 완경사지로서, 자연림임

* 1, 2) : 지적상 맹지이며, 인접필지를 통하여 접근이 가능함 3) : 지적상 맹지이며, 인접필지 4)를 통하여 접근이 가능함 4) : 서측으로 노폭 약 3m의 포장도로에 접합

참고 사항

* 일부 목조 함석지붕 단층축사 55.35m² 와 목조 스레트지붕 단층축사 15.65m² 는 각각 멸실함
* 제시외 건물 포함

• 건물등기부 (채권액합계 : 2,500,000,000원)

NO	접수	권리종류	권리자	채권금액	비고	소멸여부
1(갑2)	2010.12.29	소유권이전(매매)	김○○			
2(을1)	2010.12.29	근저당	○○자산관리회사	2,500,000,000원	말소기준등기	소멸
3(갑5)	2015.08.04	압류	○○시			소멸
4(갑5)	2015.10.08	공매공고	○○시		한국자산관리공사 2015-07605-001	소멸
5(갑6)	2015.11.02	임의경매	○○자산관리회사	청구금액 : 2,500,000,000원	2015타경25774	소멸

• 토지등기부 (채권액합계 : 2,770,776,254원)

NO	접수	권리종류	권리자	채권금액	비고	소멸여부
1(갑2)	2010.12.29	소유권이전(매매)	김○○			
2(을1)	2010.12.29	근저당	○○자산관리회사	2,500,000,000원	말소기준등기	소멸
3(을2)	2010.12.29	지상권(토지의전부)	○○자산관리회사		존속기간 : 2010.12.29~2040.12.29 만 30년	소멸
4(갑3)	2013.01.03	압류	○○시			소멸
5(갑6)	2014.08.01	가압류	○○○	270,776,254원	2014카단30446	소멸
6(갑3)	2015.10.08	공매공고	○○시		한국자산관리공사 2015-07605-001	소멸
7(갑7)	2015.11.02	임의경매	○○자산관리회사	청구금액 : 2,500,000,000원	2015타경25774	소멸

기타사항	☞ ○○리 567-4 토지, 건물 등기부상

이 경우는 주택이 있는 토지인데 1,725평 정도가 잡종지로 되어 있고 계획관리지역이므로 개발 가능성이 높은 물건이다.

농협자산관리회사의 채권을 양도 받아 안전하게 단독으로 낙찰 되었다. 물건번호 2번 포함하여 총 26억 8천에 낙찰 되었다.

7. 부동산 경매 시장에서의 부실채권 영향

경매 시장에 있어서 부실채권을 매입한 채권자가 있는 경우에는 낙찰 가격이 일반적이지 않는 경우들이 많다. 채권을 매입한 원가가 있기 때문에 그 이하로 낙찰된다면 부실채권을 매입한 채권자는 손실을 보게 된다.

채권자는 이를 방지하려고 최소한 손실을 보지 않을 가격으로 입찰을 하게 되는데 이를 방어입찰이라고 한다. 이때 투자자는 입찰에 참여하기 전에 채권자의 방어입찰가격을 산정해 보고 그 가격 이상으로 입찰가를 쓸 수 없을 때에는 입찰에 참여하는 것이 무의미하다.

부실채권 매도자는 대개 전차수의 최저가를 기준으로 판매하려고 하기 때문에 조금만 관심 갖고 분석해 보면 금방 알 수 있다. 또한 법원의 송달 내역에 채권자 변경이 이루어져 있으므로 거래 확인은 비교적 쉽다.

가끔 엉뚱한 가격으로 낙찰이 되는 경우가 있는데 이는 채권자가 입찰한 경우이다. 어차피 본인이 채권자로서 배당이 되는 것이므로 시세와 상관없이 최고가로 낙찰받는 것이다. 이러한 경우에는 입찰자는 황당한 경험을 하게 되는데 이는 부실채권을 가진 채권자의 입찰을 예상하지 못했기 때문이다.

아래의 경우는 입찰자가 채권자 방어입찰 금액을 예상하지 못해서 적게 쓰는 바람에 채권자가 낙찰받은 경우이다. 결과적으로 방어입찰이 오히려 도움이 된 사례이다.

2013 타경 5030　　• 서울중앙지방법원 본원　• 매각기일 : 2013.10.29(화)(10:00)　• 경매 5계(전화 : 02-530-1817)

소재지	서울특별시 ○○구 ○○동 1667-59 도로명주소검색							
물건종별	주택	감정가	402,568,400원	오늘조회 : 1　2주누적 : 0　2주평균 : 0 조회동향				
				구분	입찰기일	최저매각가격	결과	
토지면적	99.8㎡(30.19평)	최저가	(64%)257,644,000원	1차	2013-06-04	402,568,400원	유찰	
				2차	2013-07-09	322,055,000원	유찰	
					2013-08-13	257,644,000원	변경	
건물면적	98.78㎡(29.881평)	보증금	(10%)25,770,000원		2013-09-24	257,644,000원	변경	
				3차	2013-10-29	257,644,000원		
매각물건	토지·건물 일괄매각	소유자	송○○	낙찰 : 273,000,000원 (67.81%)				
				(입찰2명, 낙찰 : ○○구 문○○ / 차순위금액 272,000,000원)				
개시결정	2013-02-08	채무자	송○○	매각결정기일 : 2013.11.05 - 매각허가결정				
				대금지급기한 : 2014.01.22				
사건명	임의경매	채권자	○○중앙새마을금고	대금납부 2014.01.21 / 배당기일 2014.02.25				
				배당종결 2014.02.25				

• 임차인현황 (말소기준권리 : 2009.07.24 / 배당요구종기일 : 2013.05.03)

임차인	점유부분	전입/확정/배당	보증금/차임	대항력	배당예상금액	기타
고○○, 우○○	주거용 2층 전체	전 입 일 : 2011.08.04 확 정 일 : 2011.08.04 배당요구일 : 2013.04.16	보82,000,000원	없음	배당순위있음	
유○○	주거용 2층	전 입 일 : 2012.07.11 확 정 일 : 미상 배당요구일 : 없음	미상	없음	배당금없음	
기타사항	임차인수 : 2명, 임차보증금합계 : 82,000,000원 ☞ 조사외 소유자 점유 ☞ 본건 부동산 1층에는 소유자 가족이 살고 있다고 함(소유자의 아들과 면담) ☞ 본건 부동산 2층에는 별지기재와 같이 3회 방문하였으나 폐문부재이고, 방문한 취지 및 연락처를 남겼으나 아무런 연락이 없으므로 주민등록 전입된 세대만 임차인으로 보고함					

• 건물등기부 (채권액합계 : 202,000,000원)

NO	접수	권리종류	권리자	채권금액	비고	소멸여부
1	2008.04.08	소유권이전(매매)	송○○		2008년5월19일 가등기에 기한 본등기이행	
2	2009.07.24	근저당	○○○○새마을금고	104,000,000원	말소기준등기	소멸
3	2009.10.05	근저당	○○○○새마을금고	39,000,000원		소멸
4	2010.08.24	근저당	○○○○새마을금고	26,000,000원		소멸
5	2011.08.26	근저당	허○○	18,000,000원		소멸
6	2011.09.21	근저당	고○○	15,000,000원		소멸
7	2012.02.15	압류	○○세무서			소멸
8	2013.02.12	임의경매	○○○○새마을금고	청구금액 : 137,893,900원	2013타경5030	소멸

• 토지등기부 (채권액합계 : 202,000,000원)

NO	접수	권리종류	권리자	채권금액	비고	소멸여부
1	2008.04.08	소유권이전(매매)	송○○		2008년5월19일 가등기에 기한 본등기이행	
2	2009.07.24	근저당	○○○○새마을금고	104,000,000원	말소기준등기	소멸
3	2009.10.05	근저당	○○○○새마을금고	39,000,000원		소멸
4	2010.08.24	근저당	○○○○새마을금고	26,000,000원		소멸
5	2011.08.26	근저당	허○○	18,000,000원		소멸
6	2011.09.21	근저당	고○○	15,000,000원		소멸
7	2012.02.15	압류	○○세무서			소멸
8	2013.02.12	임의경매	○○○○새마을금고	청구금액 : 137,893,900원	2013타경5030	소멸

이 물건은 후순위 채권자인 허○○ 채권을 매수한 경우인데 1,800만 원짜리 저당권을 1,400만 원에 매수한 것이다.

이 당시 서울 봉천동 단독주택의 토지가가 무조건 1천만 원은 넘는 것으로 보아 단기간에 400만 원의 수익이 날것으로 판단하여 매입하였다.

선순위 저당권이 1억 6천 9백만 원이고 선순위임차인이 8천 2백만 원이니 선순위 채권금액은 2억 5천 1백만 원이고 원금이 1,400만 원 경매비용과 세금을 500만 원으로 보면 방어입찰가는 2억 7천만 원인데 약간 여유를 두어 2억 7천 3백만 원을 적었는데 덜컥 낙찰이 되었다.

전혀 예상하지 못한 경우인데 400만 원 이익을 얻으려다 2억 7천을 투자하게 된 것이다. 이 물건은 다행히 앞집에게 3억 4천만 원에 매매를 할 수 있어서 오히려 많은 수익이 났지만 이는 실력이 아니라 운이 좋았다고 할 수 있을 것이다.

8. 부실채권의 위험성

부실채권 투자에는 많은 위험이 따른다. 기본적으로 매도자가 매각을 하고자 할 때에는 이유가 있기 때문이다. 따라서 정보가 부족한 매수자는 자칫하면 골치 아픈 문제를 대신 떠안게 될 수 있다.

매수인이 실수요자라면 거래 가능성이 높다. 그렇지 않고 배당투자를 목적으로 한다면 매도자가 왜 기다리지 않고 매각을 결심했는가를 반드시 이해해야 한다.

부실채권이 거래가 가능한 것은 낙찰가에 대한 의견차이라고도 할 수 있다.

본인이 필요에 의해서 낙찰 받고자 한다면 부실채권을 매입하여 안전하게 매입하거나 대출을 최대한 이용하여 유리한 입장에서 입찰할 수 있겠지만 대개 이런 경우에는 배당투자를 목적으로 투자하게 되므로 시세에 대한 정밀한 조사가 이루어져야 한다.

기본적인 가격에 대한 의견차이 말고도 다음과 같은 여러 가지 문제점이 발생할 수 있다.

1) 서류의 하자

이는 매도 채권자의 서류미비를 모르고 인수할 때 발생한다.

금전소비대차 약정서가 잘못 기재되어 있든가 아니면 자필 서명이 안 되어 있는 경우 이다. 특히 물상보증인인 경우 반드시 확인해야 한다.

2) 대항력이 발생하는 경우

임차인이 동거인으로 표시된 경우 판례에서는 확고하게 대항력을 인정하기 때문에 선순위임차인으로 봐야 한다.

주민등록에 대한 착오가 있을 때 발생하며, 이러한 착오를 발견했을 때 저당권 매각에 나서게 된다. 또한 무상거주확인서를 갖고 있는 채권이라고 해도 전입자가 갑자기 배당요구를 하게 되면 선순위임차인으로 둔갑하게 되어 막대한 피해가 발생할 것이다.

이에 대한 많은 논란이 있으나 무상임차확인서가 있는 경우 현황조사서에 임차인이 기재되어 있거나 임차인이 경매절차에 참여하여 배당요구를 했다면 낙찰자가 책임져야 하는 선순위임차인으로 인정해야 한다.

이러한 경우 낙찰가가 현저하게 낮아지게 되기 때문에 결국은 채권자가 피해를 보게 된다. 또 아래의 경우처럼 어머니의 등본 상에 동일세대로 전입되어 있다가 나중에 세대 분리하여 임차인을 주장할 수도 있다. 세대합가를 통해 동일 세대원을 구성한 후 나중에 세대 분리를 하여 임차인을 주장하면 얼핏 보면 임차인으로 보이지만 대출 당시에 동일 세대원이었고 직계가족이기 때문에 임차인으로 인정받기는 어렵다.

그러나 이러한 사실을 입찰자들이 모두 알 수는 없으므로 낙찰가가 떨어지고 부실채권 투자자는 위험을 감수하게 된다.

2018 타경 1563 ・부산지방법원 동부지원 ・매각기일 : 2019.01.17(목)(10:00) ・경매 4계(전화 : 051-780-1424)

소재지	부산광역시 ○○구 ○○동 183, ○○○○맨션 1동 10층 1007호 도로명주소검색							
새주소	부산광역시 ○○구 ○○로 408번길 54, ○○○○맨션 1동 10층 1007호							
물건종별	아파트	감정가	540,000,000원	오늘조회 : 1 2주누적 : 1 2주평균 : 0 조회동향				
				구분	입찰기일	최저매각가격		결과
대지권	68.46m²(20,709평)	최저가	(64%)345,600,000원	1차	2018-11-08	540,000,000원		유찰
				2차	2018-12-13	432,000,000원		유찰
건물면적	192.53m²(58.24평)	보증금	(10%)34,560,000원	3차	2019-01-17	345,600,000원		
				낙찰 : 459,000,000원 (85%)				
매각물건	토지・건물 일괄매각	소유자	차○○	(입찰4명, 낙찰 : ○○도 ○○시 이○○ / 차순위금액 410,500,000원)				
개시결정	2018-03-06	채무자	차○○	매각결정기일 : 2019.01.24 – 매각허가결정				
				대금지급기한 : 2019.02.19				
사건명	임의경매	채권자	(주)○○○대부자산관리	대금납부 2019.02.19 / 배당기일 2019.04.02				
				배당종결 2019.04.02				

• 임차인현황 (말소기준권리 : 2017.09.20 / 배당요구종기일 : 2018.05.18)

임차인	점유부분	전입/확정/배당	보증금/차임	대항력	배당예상금액	기타
(주)ㅇㅇㅇ대부 자산관리	주거용 전부	전 입 일 : 미상 확 정 일 : 2017.09.20 배당요구일 : 2018.03.06	보5,000,000원		배당순위있음	전세권등기자, 경매신청인. 점유 : 2017.09.20
임ㅇㅇ	주거용	전 입 일 : 2011.07.25 확 정 일 : 미상 배당요구일 : 없음	미상		배당금없음	현황서상 임차인
차ㅇㅇ	주거용 방 3칸	전 입 일 : 2011.07.25 확 정 일 : 2011.07.25 배당요구일 : 2018.03.15	보120,000,000원	있음	배당순위있음	
차ㅇㅇ	주거용	전 입 일 : 2011.06.20 확 정 일 : 미상 배당요구일 : 없음	미상		배당금없음	현황서상 임차인
임차인 분석	임차인수 : 4명, 임차보증금합계 : 125,000,000원 ☞ 본건 목적물에서 만난 소유자의 부 ㅇㅇ이 소유자세대 외 별도 차ㅇㅇ세대(소유자의 자매)가 임차인으로 점유중이라고 진술 　　하여 관련서류 제출할것을 고지함 ☞ 제출기한내 관계서류 제출치 않아 주민센터 전입세대 열람한바, 소유자의 모 임ㅇㅇ세대 및 차ㅇㅇ세대 각 등재되어 있었음 ☞ 주식회사ㅇㅇ대부자산관리 : 전세권자로서 전세권설정등기일은 2017.09.20임 ☞ 차ㅇㅇ : 현황조사보고서상 임대차관계조사서의 임ㅇㅇ은 본건 채무자 및 소유자 차ㅇㅇ와 임대차계약서를 작성한 임차인 　　차ㅇㅇ의 모로서 2011.07.25 임ㅇㅇ, 차ㅇㅇ, 차ㅇㅇ이 동일세대 전입하였음 ▶ 매수인에게 대항할 수 있는 임차인이 있으며, 보증금이 전액 변제되지 아니하면 잔액을 매수인이 인수함					

• 등기부현황 (채권액합계 : 696,409,626원)

NO	접수	권리종류	권리자	채권금액	비고	소멸여부
1(갑4)	2011.06.15	소유권이전(매매)	차ㅇㅇ		거래가액 : 368,000,000	
2(을21)	2017.09.20	근저당	(주)ㅇㅇㅇ대부자산관리	630,000,000원	말소기준등기	소멸
3(을22)	2017.09.20	전세권(전부)	(주)ㅇㅇㅇ대부자산관리	5,000,000원	존속기간 : 2017.09.20~2020.09.19	소멸
4(갑5)	2018.02.26	가압류	ㅇㅇ카드(주)	7,412,758원	2018카단311	소멸
5(갑6)	2018.03.06	임의경매	(주)ㅇㅇㅇ대부자산관리	청구금액 : 630,000,000원	2018타경1563	소멸
6(갑7)	2018.03.15	가압류	(주)ㅇㅇㅇ캐피탈	18,871,878원	2018카단100534	소멸
7(갑8)	2018.05.17	가압류	ㅇㅇㅇㅇ캐피탈(주)	35,124,990원	2018카단2186	소멸

3) 채무의 변제

채무를 변제 받고서도 저당권을 말소하지 않은 경우이다. 피담보채권이 변제 등의 사유로 소멸하면 저당권은 부종성에 의해서 소멸하게 되며, 설사 말소등기를 하지 않았다고 하더라도 그 저당권은 효력이 없게 되며, 그러한 저당권에 기초하여 진행된 경매 절차 역시 무효가 된다. 자금이 급한 나머지 대출금을 돌려받았음에도 불구하고 매각 후 나중에 돌려준다는 배짱으로 매각을 하는 것이다.

이런 위험을 줄이기 위해서는 부실채권을 인수하는 과정 중 채권자 변경 통보 절차가 있는데 이 단계에서 확인해야 한다. 채권자 변경 통보는 채무자에게 채권자가 바뀌었으니 바뀐 채권자에게 채무를 변제하라는 통보인데 이때 대개 우편으로 통보하게 된다.

그러나 아무리 귀찮아도 채무자와 직접 만나거나 최소한 통화를 하여 채무 변제 의사를 확인하여야 한다. 실제로 부실채권을 매각한다고 먼저 제의하는 경우 모랄 헤저드 즉, 도덕적 해이로 인한 위험이 있다.

매각자는 모든 정보를 알고 있기 때문에 채권 회수가 여의치 않을 때 채권을 매각하려는 유혹을 갖게 되고 매각을 서두르는데 이를 심사하는 것은 오로지 매수인의 몫이다. 따라서 정해진 매수 절차를 충실히 따르고 이해관계자의 입장을 일일이 확인하여 매도인의 입장도 납득할 수 있어야 한다.

4) 이의신청의 발생

경매개시 결정에 대한 이의나 매각허가결정에 대한 이의신청이 이루어지고 소송으로 진행된다면 언제 끝날지 모르는 상황이 된다.

특히 후순위 채권의 경우에는 다른 사람들의 결과만을 기다려야 하고 자신이 할 수 있는 일이 별로 없기 때문에 이자에 대한 부담만 늘 뿐이다. 배당 이의신청이 받아들여져도 골치 아픈 것은 마찬가지이다.

따라서 기본적으로 매각허가결정 후 매각허가결정에 대한 즉시항고 기간이 끝난 다음에 매입하는 것이 안전하다. 아래 사례는 매각허가결정 후 채권을 매입하였으나 이의신청기간에 이의가 받아 들여 지고 후순위 가처분권자가 가처분보다 앞선 저당권을 말소하고 소유권이전 소송을 한 경우이다.

대법원까지 2번이나 소송을 하였으며 7년 동안 시간을 끌며 막대한 피해를 입었다.

2011 타경 381

• 수원지방법원 본원　• 매각기일 : 2018.12.06(목)(10:00)　• 경매 3계(전화 : 031-210-1263)

소재지	경기도 ○○시 ○○면 ○○리 4-1　도로명주소검색						

오늘조회 : 3　2주누적 : 3　2주평균 : 0　조회동향

물건종별	임야	감정가	2,483,368,000원
토지면적	15618.67㎡(4724.648평)	최저가	(34%)851,796,000원
건물면적		보증금	(30%)255,540,000원
매각물건	토지만 매각이며, 지분매각임	소유자	홍○○
개시결정	2011-01-06	채무자	홍○○
사건명	강제경매	채권자	최○○ 외 4명

구분	입찰기일	최저매각가격	결과
	2011-06-15	3,725,052,000원	변경
1차	2011-07-12	3,725,052,000원	낙찰
낙찰 8,000,000,000원(322.14%) / 2명 / 미납 (차순위금액 : 3,823,000,000원			
	2011-09-30	3,725,052,000원	변경
2차	2011-11-24	3,725,052,000원	유찰
3차	2011-12-21	2,980,042,000원	낙찰
낙찰 3,851,000,000원(155.07%) / 3명 / 불허가			
4차	2012-01-19	3,725,052,000원	낙찰
낙찰 3,888,899,880원(156.6%) / 2명 / 불허가 (차순위금액 : 3,860,000,000원			
5차	2016-05-04	3,725,052,000원	유찰
6차	2016-06-09	2,607,536,000원	유찰
7차	2016-07-14	1,825,275,000원	유찰
	2016-08-31	1,277,693,000원	변경
8차	2018-08-23	2,483,368,000원	유찰
9차	2018-09-28	1,738,358,000원	유찰
10차	2018-11-06	1,216,851,000원	유찰
11차	2018-12-06	851,796,000원	
낙찰 : 1,011,000,000원 (40.71%)			
(입찰 1명, 낙찰 : 인천 권○○ 외 1)			
매각결정기일 : 2018.12.13 - 매각허가결정			
대금지급기한 : 2019.01.21 - 기한후납부			

• 임차인현황 (말소기준권리 : 2006.04.17 / 배당요구종기일 : 2011.03.23)

••••• 임차인이 없으며 전부를 소유자가 점유 사용합니다. •••••

• 토지등기부 (채권액합계 : 2,084,202,191원)

NO	접수	권리종류	권리자	채권금액	비고	소멸여부
1(갑1)	1992.05.19	소유권이전(상속)	홍○○		협의분할로 인한 재산상속	
2(을3)	2006.04.17	갑구1번홍○○, 16번 최○○ 지분전부근저당	최○○	160,000,000원	말소기준등기	소멸

3(을3)	2006.04.17	갑구1번홍ㅇㅇ, 16번 최ㅇㅇ 지분전부근저당	서ㅇㅇ	160,000,000원		소멸
4(을3)	2006.04.17	갑구1번홍ㅇㅇ, 16번 최ㅇㅇ 지분전부근저당	남ㅇㅇ	130,000,000원		소멸
5(을3)	2006.04.17	갑구1번홍ㅇㅇ, 16번 최ㅇㅇ 지분전부근저당	ㅇㅇ철강(주)	88,000,000원		소멸
6(을5)	2008.03.21	갑구1번홍ㅇㅇ, 16번 최ㅇㅇ 지분전부근저당	박ㅇㅇ	120,000,000원		소멸
7(갑5)	2010.08.10	가압류	이ㅇㅇ 외 5명	1,240,000,000원	2010카단102303	소멸
8(을6)	2011.01.06	근저당	박ㅇㅇ	75,000,000원	확정채권양도전 : 김원선	소멸
9(갑8)	2011.01.06	갑구1번홍ㅇㅇ지분 강제경매	최ㅇㅇ 외 4명	청구금액 : 1,686,000,000원	2011타경381	소멸
10(갑13)	2012.07.27	갑구1번홍ㅇㅇ, 16번 최ㅇㅇ 지분가압류	ㅇㅇ철강(주), 홍ㅇㅇ	111,202,191원	2012카합1259	소멸
11(갑14)	2015.05.01	갑구1번홍ㅇㅇ, 16번 최ㅇㅇ 지분가압류	ㅇㅇ시			소멸
12(갑15)	2016.04.25	소유권일부이전	이ㅇㅇ		매매, 1/21	
13(갑17)	2016.08.18	갑구1번홍ㅇㅇ지분중 일부이전	권ㅇㅇ		매매, 1/9	
14(갑18)	2017.10.11	갑구1번홍ㅇㅇ지분중 일부이전	권ㅇㅇ		매매, 7/63	
15(갑20)	2017.12.26	갑구1번홍ㅇㅇ지분중 일부이전	이ㅇㅇ, 이ㅇㅇ		매매, 각 2/63	
16(갑26)	2018.12.18	갑구1번홍ㅇㅇ, 16번 최ㅇㅇ 지분압류	ㅇㅇ세무서			소멸
17(갑27)	2019.01.28	갑구1번홍ㅇㅇ지분중 일부이전	안ㅇㅇ		매매, 7/63	
18(갑28)	2019.01.28	갑구1번홍ㅇㅇ지분중 일부이전	이ㅇㅇ		매매, 1697.68/23428	
19(갑29)	2019.01.28	갑구1번홍ㅇㅇ지분중 일부이전	이ㅇㅇ		매매, 905.43/23428	
20(갑30)	2019.01.28	갑구1번홍ㅇㅇ지분중 일부이전	박ㅇㅇ		매매, 697.07/23428	
21(갑31)	2019.01.28	갑구1번홍ㅇㅇ지분중 일부이전	박ㅇㅇ		매매, 1924.04/23428	

관련정보	【관련사건】 경매개시결정에 대한 이의-수원지방법원 2017타기110 개시결정이의 내용보기 사건검색 【관련사건】 경매개시결정에 대한 이의-수원지방법원 2011타기1015 기타 내용보기 사건검색
주의사항	▶ 매각으로 말소되지 않은 최선순위 가처분등기가 있으며 일부 가처분권자가 소유권이전등기소송(수원지방법원 2012가합 18673, 서울고등법원 2014나9740, 대법원 2015다54707)을 제기하여 일부 승소, 확정됨 판결에서 인용된 지분 – 권ㅇㅇ, 안ㅇㅇ 각 1/9지분, 이ㅇㅇ 23,428분의 1,697.68 지분, 박ㅇㅇ 23,428분의 679.07비분, 권ㅇㅇ에게 1/9지분, 이ㅇㅇ 1/21지분, 이ㅇㅇ 2/63지분, 이ㅇㅇ 2/63지분이 있으니 입찰시 유의할것. 일부 가처분권자가 소유권이전등기소송(수원지방법원 2016 가합70242, 서울고등법원 2016나2087641)을 제기하여 승소, 확정됨 판결에서 인용된지분 – 권ㅇㅇ, 권ㅇㅇ, 김ㅇㅇ에 각 1/9지분, 이ㅇㅇ905.43/23,428지분, 박ㅇㅇ 1924.04/23,428지분이 있으니 입찰시 유의할것. 본안에서 승소한 위 가처분권자들에 의한 소유권이전 등

5) 방어입찰의 위험성

채권을 매입할 경우 선순위 채권자들과 자신의 채권합계액을 더하여 일정가격,이상으로 낙찰이 되어야 손해를 막을 수 있다. 손실이 발생하는 것을 막으려면 결국 채권자가 입찰에 참여하여야 한다.

이때 환금성이 떨어지는 물건을 방어입찰하게 되면 자연히 자금이 묶이게 된다. 특히 토지의 경우에는 여러 가지 공법상 제약이 따르고 매수자가 쉽게 나타나지 않으므로 채권을 매입하는 단계에서 정확한 판단이 요구된다.

공장이나 모텔처럼 고객층이 두텁지 않은 물건도 조심해야 한다. 일반적으로 소형 아파트나 빌라처럼 선호도가 높은 물건들은 다소 수익이 적을지라도 투자할 만할 물건이다.

아래 물건의 경우에 최저가 3억 2천에 입찰에 참가 하였으면 전 차수 기준으로 4억 정도에 매수할 수 있었을 것이다.

본인이 10억에 낙찰이 되어도 대출을 일으키지 못하였을 것이고 다른 입찰자들은 전 차수 밑으로 입찰가를 적었을 것이다. 결국 경매를 취하하였다.

2012 타경 33870(2)　　• 의정부지법 본원　• 매각기일 : 2014.04.01(화)(10:00)　• 경매 5계(전화 : 031-828-0361)

소재지	경기도 ○○군 ○○면 ○○리 1048-10 외 2필지 도로명주소검색						
				오늘조회 : 2　2주누적 : 1　2주평균 : 0 조회동향			
물건종별	임야	감정가	1,535,513,000원	구분	입찰기일	최저매각가격	결과
				1차	2012-11-27	1,535,513,000원	유찰
				2차	2013-01-02	1,228,410,000원	유찰
토지면적	25659m²(7761.848평)	최저가	(21%)322,021,000원	3차	2013-02-05	982,728,000원	유찰
				4차	2013-03-12	786,182,000원	유찰
				5차	2013-04-16	628,946,000원	유찰
건물면적		보증금	(20%)64,410,000원	6차	2013-05-21	503,946,000원	유찰
				7차	2013-06-25	402,526,000원	유찰
				8차	2013-07-30	322,021,000원	낙찰
매각물건	토지매각	소유자	정○○ 외 2명	낙찰 : 1,000,000,000원 (65.12%) / 5명 / 미납			
					2013-10-08	322,021,000원	변경
개시결정	2012-07-25	채무자	엄○○		2013-11-12	322,021,000원	변경
				9차	2014-01-21	322,021,000원	낙찰
사건명	임의경매	채권자	○○군농업협동조합의 양수인 농업협동조합 자산관리회사	낙찰 : 1,000,000,000원 (65.12%) / 4명 / 미납			
					2014-04-01	322,021,000원	취하
				본사건은 취하(으)로 경매절차가 종결되었습니다.			

참고사항	▶ 본건낙찰 2013.07.30 / 낙찰가 1,000,000,000원 / 박○○ / 5명 입찰 / 재금미납 ▶ 본건낙찰 2013.07.30 / 낙찰가 1,000,000,000원 / 주.○○기업 / 4명 입찰 / 재금미납 * ○○리 산448-8 : 수목은 벌채되고 도로로 형성된 토지. ○○리 1048-10, 산448-13 : 수목은 벌채되고 택지개발이 진행된 토지.

• 임차인현황 (말소기준권리 : 2007.09.05 / 배당요구종기일 : 2012.10.15)

····· 조사된 임차내역 없음 ·····

기타사항	☞ 현지 출장시 아무도 만나지 못하여 점유관계를 알 수 없음

• 토지등기부 (채권액합계 : 202,000,000원)

NO	접수	권리종류	권리자	채권금액	비고	소멸여부
1	2006.02.07	정○○외 4명 지분중 일부이전	정○○		공유물분할. 지분 9900/12734	
2	2006.02.07	정○○를 제외한 공유자 전원지분 전부이전	조○○		공유물분할. 지분 2834/12734	
3	2007.09.05	근저당	박○○	168,000,000원	말소기준등기	소멸
4	2007.09.05	지상권(토지의 전부)	○○자산관리회사		존속기간 : 2007.09.05~2037.09.05 30년	소멸
5	2007.11.23	근저당	박○○	364,000,000원		소멸
6	2009.12.24	근저당	박○○	140,000,000원		소멸
7	2012.07.25	임의경매	박○○	청구금액 : 1,030,039,172원	2012타경33870, 양도전 : ○○군농협	소멸

기타사항	☞ ○○리 산448-13 토지 등기 부상 ☞ 등기부상 최초설정일 : ○○리1048-10) 2011.01.07 근저당권. ○○리 산448-8) 2006.03.31 근저당권

SPECIAL AUCTION
chapter 04

유치권이 있는 물건에 대한
경매투자

S P E C I A L
AUCTION chapter 04. 유치권이 있는 물건에 대한 경매투자

1. 유치권의 이해

1) 유치권 공부의 필요성

하자 있는 물건 중 특히 유치권은 유치권자 입장에선 그 신고가 쉽고 용이하지만, 반대로 입찰자 입장에선 주어진 정보의 부족으로 인해 유치권에 대한 권리 분석이 쉽지 않다. 또한 유치권은 민사집행법 제91조 제5항에 의해 낙찰자에게 인수되는 권리이다.

이러한 권리 분석의 어려움과 유치권의 부담은 낙찰자에게 인수된다는 이유로, 유치권이 신고된 물건은 낙찰가율이 하락하는게 일반적이다. 만약 유치권에 대한 철저한 분석을 통해 유치권의 불성립을 입증해낼 수 있다면 낙찰자는 하락한 낙찰가 만큼의 수익률을 얻게 되는 것이다.

우리가 부동산 경매에 시간과 자본을 투자하는 이유는 궁극적으로 그 수익성 때문이며, 제대로 된 공부를 통해 그 수익성을 높일 수 있다면 기꺼이 시간과 노력을 투자해야 하는 것이 부동산 경매라는 경쟁시장에 뛰어든 참여자의 기본적인 마인드일 것이다.

그렇다면 우리는 법률이론과 사례를 통해 부동산 경매에서의 유치권과 그 분석방법을 철저히 학습하고 이를 통해 실무에서의 대처능력을 기를 필요가 있을 것이다.

2) 유치권이란 무엇인가?

유치권이란 타인의 물건 또는 유가증권을 점유한 자가 그 물건이나 유가증권에 관하여 생긴 채권을 가지는 경우에, 그 채권의 변제를 받을 때까지 그 물건 또는 유가증권을 점유함으로써, 채무자의 변제를 간접적으로 강제하는 법정담보물권이다.

유치권자는 당사자의 의사와는 관계없이 일정한 법정요건만 갖추면 채무자뿐만 아니라 다른 채권자나 경매 절차의 매수인에게도 피담보채권의 변제를 받을 때까지 유치물을 계속 점유하고 인도를 거절함으로써 사실상의 우선변제를 받게 된다. 즉 유치권을 가진 채권자는 이처럼 인도 거절을 통해 채권자 평등의 원칙을 깨트리게 되는 것이다.

법률이 위와 같은 권리를 인정하는 이유는 타인의 물건이나 유가증권의 점유자가 그 물건이나 유가증권에 관하여 생긴 채권을 가지는 경우 그 채권의 변제를 받기 전에 먼저 그 물건이나 유가증권의 점유를 상대방에게 이전한다면 채권의 추심이 어렵게 되어 불공평한 결과를 초래하게 되기 때문이다. 이러한 불공평을 방지하기 위하여 유치권을 규정함으로써 목적물을 점유하는 채권자를 특별히 보호하고자 하는 것이다.

3) 유치권이 왜 어려운가?

a) 유치권 신고는 매우 간단하다.

유치권 신고는 법원에 비치된 신고서를 작성하여 제출만 하면 된다.

증거 자료를 내야 하는 것도 아니고 입증할 필요도 없다. 경매절차에서 이러한 신고서가 접수 되었다고 표시만 할 뿐이다. 따라서 법원은 아무런 책임도 지지 않고 낙찰자가 알아서 해결해야 한다.

b) 서류를 열람하거나 확인할 수 없다.

유치권 신고가 되어 있다는 것만 확인이 된 것이라서 실제 유치권의 존재 사실의 유무를 확인 없이 입찰하여야 한다. 입찰자는 이해관계자가 아니므로 서류 열람권이 없어 이해관계인의 도움 없이는 입찰하는 것이 쉽지 않다.

c) 등기부등본에 표시되지 않으므로 확인이 안된다.

언제 공사를 했는지 언제 끝났는지 등기부등본에 표시되는 것이 아니므로 언제나 조작이 가능하다. 객관적 자료가 없다는 뜻이다.

전입일을 가지고 대항력을 다투는 임차인도 등기부등본에는 표시되지 않으나 주민등록으로 확인할 수 있기 때문에 객관적 입증은 가능하다. 공부상 그 존재가 드러나지 않으면서도 경매 신청된 물건을 가지고 낙찰자에게 대항할 수 있는 유일한 권리가 유치권밖에 없는 것은 등기부등본으로 유치권의 확인이 불가능하기 때문이다.

d) 유치권 신고를 하지 않아도 유치권이 인정된다.

유치권을 인정받기 위해 법원에 반드시 신고할 필요가 없다. 다만 경매물건이 있는 현장에 유치권이 있다고 표시만 하면 된다.

경매절차가 유치권 행사에 영향을 주지 않는다는 뜻이다.

e) 유치권이 있는 물건은 대출이 안된다.

터무니없이 신고 된 유치권이면 몰라도 웬만한 유치권이 신고 된 물건은 금융기관에서 대출을 꺼린다. 금액이 큰 물건의 경우에는 한 달 밖에 안 되는 짧은 기간에 거액을 빌린다는 것이 쉽지 않으므로 입찰보증금을 날리는 경우도 발생하게 된다. 따라서 지렛대 효과를 기대할 수 없어 입찰자 입장에서는 자금 부담의 압박을 받게 되어 함부로 입찰할 수 없게 된다.

f) 유치권은 인도명령 대상이 아니라 인도소송 대상이다.

1주일이면 끝나는 인도명령 대상이 아니라 인도소송을 해야 하므로 짧아도 몇 개월이 필요하고 상대방의 지연전술에 말리면 소송기간이 한없이 늘어날 수 있다. 또한 정당하게 성립한 유치권은 인도소송을 제기하더라도 그 피담보채권을 변제하지 않는 한은 인도소송에서 승소할 수 없다.

낙찰자의 입장에서는 대출이자와 기회비용을 생각하면 수익성 악화의 큰 원인으로 작용하게 된다.

권 리 신 고 서

채 권 자 : 주식회사 ㅇㅇㅇㅇ은행
채 무 자 : 주식회사 ㅇㅇㅇㅇ시멘트
소 유 자 : ㅇㅇㅇ

권리신고액 : 육백사십만원정(개보수비용)

위 당사자 간의 귀원 2020타경 ㅇㅇ호 부동산담보권실행경매사건에 관하여 권리신
고인은 위 경매목적부동산에 임차인으로 거주하면서 위 권리신고액에 상당하는 개보
수비용을 지불하여 임대인(ㅇㅇㅇ)을 채무자로 하는 개보수비용의 상환청구채권을
가지고 있는 바, 위 개보수비용 전액의 변제수령시까지 본건 목적부동산을 점유하는
유치권을 행사하고자 아래 증빙서류를 첨부하여 유치권자로서의 권리를 신고합니다.

첨 부 서 류

1. 내부공사 계약서(공급자 ㅇㅇㅇ) 사본   각1부(총2부)
1. 내부공사도면 사본   1부
1. 공사대금 지불영수증 사본   각1부(총4부)
1. 내부공사 견적서(공급자 ㅇㅇㅇ주택) 사본   1부
1. 공사대금 지불영수증 사본   1부
1. 공사대금 지불영수증(공급자 ㅇㅇㅇ수리센터) 사본   각1부
1. 임대인 동의서 사본   1부

20   년   월   일

2. 유치권이 신고 된 물건의 특징

1) 유치권을 신고한 목적

a) 실제 유치권

공사를 해주고 공사대금을 못 받아서 신고한 진짜 유치권. 그러나 공사비를 부풀리거나 완공되지 않아도 완공 시까지의 공사비를 청구한 경우가 많다.

b) 입찰 참여

유치권으로 다른 입찰자들을 배제시켜 저가로 낙찰 받기 위하여 유치권 신고를 하는 경우이다. 대부분 이 경우에 해당된다.

처음에는 막연히 경매물건을 지키려고 시작했다가 나중에 경매 전문가의 도움을 받아 본격적으로 뛰어 들게 된다.

c) 경매 지연

유치권자는 경매 절차에서 이해관계인으로 인정되므로 다른 이해관계인이 하지 않는 각종 이의신청을 남발하여 결과적으로 경매 진행을 방해 하게 된다.

이런 방법으로 경매 절차가 지연 될 수 있는데 채무를 변제할 시간을 끌 목적으로 유치권 신고를 하는 것이다.

d) 이사비 협상

통상적인 명도 보다 유치권 명도가 어려우므로 이사비용을 많이 요구할 수 있다고 생각한 것이다.

낙찰자의 입장에서는 장기간 시간이 필요하고 대출 이자 등 비용이 많이 발생하는 인도 소송 보다는 합의를 선호하므로 적극적으로 협상에 임하게 된다. 결국 이사비가 목적이므로 대부분의 유치권은 이렇게 타협하며 끝난다.

2) 유치권이 신고 된 물건은 기회가 주어진 물건이다.

a) 유치권 신고가 된 물건의 대부분은 유치권으로 인정받기 어렵다.

유치권으로 인정받기 위해서는 피담보채권이 그 물건에 관하여 발생하여야 하고 공사비, 필요비, 유익비 밖에 없기 때문에 유치권이 성립되기 쉽지 않음에도 불구하고 무조건 유치권 신고를 하는 경우도 있다.

b) 허위유치권의 비중이 높다.

경매로 넘어간 물건을 소유자 입장에서는 어떻게 해서든 다시 되찾아야 한다는 생각으로 불법도 불사하게 된다. 허위유치권은 대부분 소유자가 가공의 유치권자를 만들고 서류를 꾸민다.

소유자 입장에서는 자신의 부동산을 다시 되찾을 수 있는 유일한 방법이기 때문이다. 이런 이유로 이곳저곳 경매에 대하여 상담하다보면 결국은 허위유치권 설정으로 돌아오게 된다.

c) 유치권 신청된 물건이 적지 않다.

요즘은 유치권 신청된 물건이 많이 줄었지만 여전히 적지 않은 수의 물건에 유치권 신고를 한다. 특수물건의 비중 중 가장 높은 것이 유치권이다.

따라서 유치권을 통하지 않고 경매전문가가 될 수 없고 높은 수익을 올리는데 유치권을 빼 놓을 수 없다.

d) 다른 특수물건에 비해 수익이 높다.

일반적인 물건보다 낙찰자가 인수해야 하는 부담 때문에 유치권이 설정된 물건은 경쟁률이 심하지 않고 저가로 낙찰 받을 수 있다.

따라서 유치권을 해결할 수만 있다면 저가로 낙찰이 가능하고 이로 인해 높은 수익을 올릴 수 있다.

3) 허위유치권의 수준

소유자가 경매 상황이라는 최악의 상황에서는 이성적 판단을 내리기 어렵다. 경제적으로 어렵고 더 이상 물러날 곳이 없다는 생각으로 못할 것이 없다고 판단하게 된다. 부동산과 관련된 모든 사람들과 상담하면서 해결 방안을 찾는다.

이때 상담하는 사람들의 수준에 따라 유치권 설정 형태가 차이가 난다. 채무자가 경매를 당하는 어려운 처지이므로 무료로 상담하고 자신이 알아서 설정하는 경우이다. 가까운 공사업자나 인테리어업자의 이름만 빌려 대충하는 것이다. 이런 경우에는 유치권을 잘 모르기 때문에 허술하게 만들어져 있고 해결하는 것도 어렵지 않다. 그러나 부동산의 가격이 비싸져서 어느 정도 수준에 이르면 점점 더 허위유치권 전문가들을 만나게 된다.

이들은 경매에 넘어간 물건 중 어느 정도 규모가 있는 물건을 찾아서 접근한다. 직접 방문을 하든지 아니면 등기부등본상의 소유주를 찾아 직접 만난다.

유치권에 대하여 설명 해주고 싸게 다시 낙찰 받게 해준다고 금품을 요구한다. 이때 소유자가 자금이 없다고 버티면 외상으로도 가능하다고 하고 나중에 일이 잘 되었을 때 약정된 금액을 달라고 한다. 소유자 입장에서는 어차피 손 털고 나갈 판 인데 실낱같은 희망이 생겼으니 지푸라기라도 잡는 심정으로 거래를 한다.

이들은 전문가이므로 공사계약서는 물론이고 소유자가 송금한 송금 내역을 공사비로 일부 하청업체가 받은 것처럼 꾸미고 건물 외벽에 유치권이 있음을 일반 입찰자가 단념할 정도로 극렬하게 써서 붙인다.

이러한 유치권 전문가들이 입찰을 방해한다 해도 너무 싼 값에 떨어지면 수익이 보장되므로 수많은 유치권 전문가들의 관심을 받게 되고 소유자는 보증금이나 잔금 낼 입장이 안되므로 다른 사람이 낙찰 받게 된다.

낙찰자는 명도에 나서고 허위유치권자와 담판을 짓게 된다. 소유자는 이미 허위유치권자에게 점유를 이전한 상태이므로 이 담판에서 소외 된다.

이러한 허위유치권자는 대개 지킬 것이 없는 사람들이므로 거액의 이사비를 받고 명도 해준다. 그리고는 소유자와 연락을 끊고 사라진다. 소유자는 어떠한 이익도 없고 뒤치다꺼리만 남게 된다. 허위로 무엇인가를 하고자 하는 사람과 거래하려는 생각 자체가 무리인 것이다.

아직도 우리나라에는 허위유치권을 전문으로 하는 사람들이 많은 것 같다. 경매 넘어가기 전부터 소송을 통해 판결문을 받아 놓고 입찰자들에게 경고하기도 하고 판례의 허점을 연구하여 만들기도 한다. 그러나 아무리 완벽한 허위유치권 전문가라고 해도 반드시 약점은 존재한다. 그리고 이러한 약점 때문에 본인과 같이 일하는 사람들의 배신을 보게 되고 언젠가는 형사적 책임도 지게 된다.

길이 아니면 가서는 안 된다는 것이 그동안 유치권을 통해서 알게 된 사실이다.

3. 법적 대응을 위한 증거 확보 방안

모든 분쟁은 결국 법으로 가게 되고 민사든 형사든 법 앞에서는 증거가 가장 중요하다. 소위 심증은 가지만 물증이 없는 경우에는 많은 어려움이 있는데 유치권이 존재하지 않는다는 것은 낙찰자의 몫으로 입증책임은 낙찰자에게 있기 때문이다. 유치권이 성립될 가능성이 있는 물건은 입찰 단계부터 증거 확보에 모든 노력을 기울여야 한다. 만일 객관적증거가 없다면 차라리 포기하는 것이 낫다.

증거의 가치는 아무도 모른다. 일단 모을 수 있는 데까지 최대한 모아야 한다.

우리가 흔히 듣기로 정식으로 작성된 문서가 아니면 증거로서 쓸모가 없는 것처럼 말하나, 재판에서는 자유심증주의에 의해 재판관이 여러 가지 증거를 통해 자유롭게 심증을 형성할 수 있으므로 그 증거 가치의 경중은 재판관만이 판단하는 것이다.

따라서 성실히 증거 자료를 모으고 진실을 향해 최선을 다 해야 한다. 상대방은 법 앞에 나오면 모든 것을 부인한다는 것을 전제로 준비해야 하며 확보된 증거가 어떤 가치가 있는가는 나중에 평가할 일이다. 증거의 종류와 확보하는 방법은 다음과 같다.

1) 사진 찍기

사진만큼 증명력을 높이는 것은 없다. 특히 사실적 점유의 유무판단에 유력한 자료로 사용될 수 있기 때문에 현장 방문할 때 마다 찍어두는 것이 유리하다.

유치권을 주장하려면 법원에 신고는 안 해도 현장에는 반드시 유치권이 있음을 알려야 하기 때문에 유치권을 알리는 현수막이나 안내문이 존재하는지 확인해야하고 만일 없으면 없는 것을 사진에 담아야 한다.

또 일시적으로 훼손되었음을 주장하는 것을 막기 위해 1주일 정도 시차를 두고 사진촬영을 하는 것이 사진을 통한 증거 능력 확보에 도움이 된다.

2) 녹음하기

서로 대화하면서 비밀리에 녹음하는 것은 문제가 되지 않으므로 결정적 자료가 될 수 있다. 비록 직접 증거는 아니지만 간접증거로서 중요한 가치를 지닌다.

반대로 상대방이 녹음을 할 수도 있기 때문에 유치권자와 통화할 때에는 불리한 이야기를 하지 않도록 조심해야 한다.

3) 증인확보

민사나 형사재판에서 낙찰자에게 도움이 될 만한 사람들은 미리 확보하는 것이 필요하다. 증인의 범위는 한계가 없는데 주로 점유의 시점을 확인해 줄 경비원이나 인근 슈퍼주인, 식당 주인, 인근의 부동산중개업소 대표, 가압류권자나 임차인 등 사실 확인을 위한 증인의 범위는 다양하다.

또한 증인을 확보했을 때에는 재판에까지 오게 할 필요 없이 진술서나 사실확인서만 제출해도 도움이 되는데 미리 작성하여 서명만 받는 방법이 조금 쉬운 방법이다.

사실확인서를 작성할 때에는 작성자의 인감을 찍고 인감증명서를 첨부하여야만 증거로서 가치를 가진다.

4) 서류받기

허위유치권을 해결하는데 도움이 되는 서류의 종류는 어떠한 것도 모두 수집해야 한다. 낙찰자로서 경매관련 서류를 열람하여 미리미리 준비해야 한다. 나중에 시간이 지나서 열람하려고 하면 복잡하고 제대로 열람하기 어렵다.

경매신청서부터 소유자·채무자의 주민등록등본, 임대차계약서, 금전소비대차약정서 등 가급적 경매신청과 관련된 서류 일체를 복사해 준비한다. 우편함에 있는 점유자의 우편물이나 유선방송국 계약서, 휴대폰의 요금청구서 등도 간접 증거로 가치가있다.

5) 이해관계인들의 참고자료 확보

채무자와 이해관계인들과의 판결문이나 관련 소송 기록을 확인한다. 가압류권자, 임차인, 동업자, 공동 소유자 등 채무자와 소유자간에 채권 채무로 얽혀있는 경우에는 이와 관련된 서류를 확보하여 실체를 확인할 수 있다.

임차인의 경우에도 임대차계약서를 확보하여 유치권을 부정하는 문구가 있는지도 확인한다.

6) 행정기관의 정보공개청구

경매물건에 대해서는 건축도면까지도 정보공개청구 제도를 통해 도면을 확인할 수 있고 건물에 전입세대 열람이나 사업자등록 열람도 가능하다.

가능한 모든 제도를 활용하는 것이 유리하다.

7) 112 신고

낙찰자가 점유자에게 퇴거를 요청하였는데 거절한 경우 112 신고를 하여 퇴거를 요청한다. 상대방은 유치권을 이유로 불응을 할 것이며 출동 경찰은 경찰서로 직접 형사적으로 고소할 것을 제안하고 철수하게 되는데, 이 때 경찰이 출동한 것을 확인하기 위해 112신고 확인서를 발급받아 둔다.

정보공개청구를 통해 발급 받으며 신고인이 직접신분증을 가지고 가까운 경찰서나 인터넷 사이트를 통해 발급 받는다. 나중에 퇴거 요청 사실을 부인하는 경우에 활용할 수 있다.

8) 기타 증거

사실이 있는 곳에 증거가 있을 수밖에 없다. 유치권 설정된 물건 현장 주변에 발품을 팔다 보면 뜻밖의 증거를 확보할 수도 있다.

4. 유치권의 민사적 대응 전략

1) 인도명령 신청

낙찰 후 매각대금을 완납한 후에는 곧바로 부동산인도명령을 신청해야 한다. 비용도 거의 안들고 즉시 결론이 나기 때문에 가장 신속한 방법이다. 인도명령 신청은 매각대금을 낸 후 6개월 이내에 신청해야만 하며 6개월이 지난 후에는 점유자를 상대로 소유권에 기한 인도소송을 제기하는 수밖에 없다.

부동산인도명령을 신청한다고 하더라도 유치권이 존재하는 경우 이 인도명령이 받아들여지지 않는 경우가 대부분이지만, 그래도 유치권이 성립하지 않는다는 판단이 들면, 심문기일을 통해 조사해 보고 인도명령을 내주는 경우도 많이 생기고 있다.

2) 이해관계인들에게 협조를 구해 본다.

유치권으로 가장 피해를 보는 것은 채권자이다. 유치권으로 인해 입찰자가 없거나 낙찰가가 저가로 떨어지면 채권 회수가 어렵기 때문이다.

입찰 전에 미리 채권자를 만나서 물건에 대한 정보를 확인하다 보면 뜻밖의 소득을 올릴 수도 있다. 유치권 주장을 무력화할 수 있는 증거를 갖고 있는 경우도 있고 소유자와 유치권자에 대한 정보도 얻을 수 있다. 하수급업체도 도급업체에 대한 불만이 많이 있을 가능성이 높다. 하수급업체와 서로 한통속이 아닌 이상 공사 후 공사대금을 지급받지 못한 경우가 대부분이기 때문에 감정적으로 좋은 입장이 아니다. 자주 만나다 보면 낙찰자가 꼭 필요한 증거나 정보를 얻을 수도 있다.

3) 증거물들을 종합적으로 확인한다.

입찰하기 전부터 확보한 서류부터 낙찰 후 확인한 서류 및 증거들을 종합적으로 정리하여 유치권자의 실수나 취약점 등을 확인한다.

허위의 유치권을 만들면서 모든 것을 완벽하게 하기는 쉬운 일이 아니다. 하나의 거짓을 합리화시키기 위해서는 수십 개의 거짓을 완벽하게 해야 하기 때문이다. 어딘가 거짓이 발견된다면 그 하나의 거짓에 대한 증거로 해결할 수 있다.

4) 유치권자와 협상을 해본다.

어떠한 갈등도 대화가 가장 최선이다. 유치권자의 사정을 들어보고 유치권자의 요구사항을 파악해 본다. 가지고 있는 증거들을 제시하여 유치권 포기를 요구하고 형사건으로도 갈 수 있음을 경고한다.

시간이 경과하여 손해가 발생되면 손해배상청구도 할 수 있음도 고지한다.

5) 점유이전 가처분을 한다.

유치권자와 대화가 안 될 경우 명도소송 전 점유이전금지가처분을 통해 상대방을 특정 시켜야 한다. 하도급업체를 내세우거나 점유를 이전시켜 소송을 무력화시키기 때문이다. 일단 점유자가 확정되면 그 자체로도 상대방에게 압박의 효과가 있다.

6) 인도소송 접수를 한다.

채권자가 하는 것은 유치권 부존재확인 소송이고 낙찰자가 하는 것은 인도소송이다. 인도소송을 진행하면 상대방이 유치권을 주장하기 위하여 유치권 입증책임을 지게 되어 소송에서 유리하게 진행할 수 있다. 유치권자의 요구가 지나치다 해도 감정적으로 대해서는 안 된다. 끝까지 평정심을 잃지 않고 대화하는 자세를 유지하여야 한다.

7) 변호사를 선임하든 아니면 직접 재판에 참여하든 준비서면 제출 시 증거물들을 제출하여 승소에 최선을 다한다.

유능한 변호사를 만난다 해도 증거가 불충분하면 승소하기 어렵다. 상대방도 준비를 하고 나오기 때문에 일단 타협이 안 된다면 상대방이 준비가 안 된 부분을 찾아서 결정적 증거를 제시하는 것이 가장 바람직하다.

5. 유치권 민사 소송을 위한 판례의 정리

1) 민법 320조 타인 소유의 물건에 대한 판례

a) 직접 점유자나 점유보조자가 채무자인 경우 성립 안된다.

b) 건축허가명의자는 유치권자가 될 수 없다.

건축허가신청자가 공사업자라면 건물에 대한 소유권을 공사업자가 갖고 있기 때문에 유치권이 성립될 수 없다.

만일 시행사가 따로 있고 시행사 명의로 건축허가를 받아 소유권보존등기를 하기로 하는 등 건물의 소유권을 시행사에게 귀속시키기로 합의한 것으로 보여 질 경우에는 그 건물의 소유권은 시행사에게 귀속되므로 공사업자는 유치권을 주장할 수 있다.

c) 증여 받은 사람은 유치권자가 아니다.

건물을 증여 받은 자가 건물을 인도 받은 후 그 등기 전에 수리비를 지출하고 증여한 자 명의로 소유권이전등기를 마친 후 경매로 소유권이 이전된 경우 증여 받은 자는 유치권 행사를 못한다.

대법원 1959.5.14. 선고 4291민상302 판결 【가옥명도】

【판시사항】

저당물건인 가옥에 관하여 물상보증인과 동일한 사정에 있는 자의 가옥수리비청구권과 유치권

【판결요지】

건물을 증여받은 자가 증여자로 하여금 그 앞으로 소유권이전등기를 경료하여 제3자에게 근저당권을 설정케 하고 그후 제3자가 그 건물을 경매취득한 경우에는 증여받은 자는 경매신청전에 가옥을 수리하는데 비용을 지출하였다 하여도 이로써 유치권은 행사할 수 없다.

d) 유치권을 주장하는 자의 점유가 불법점유이면 유치권은 성립하지 않는다.

유치권자의 점유는 적법한 점유이어야 한다. 건물 철거 의무가 있는 건물점유자가 건물의 원시취득자에게 그 건물에 관한 유치권이 있다고 하더라도 그 건물의 존재와 점유가 토지소유자에게 불법행위가 되고 있다면 유치권으로 토지소유자에게 대항 못한다.

[대법원 1989.2.14, 선고, 87다카 3073 판결]

【판시사항】

가. 등기를 갖추지 아니한 건물의 양수인에 대한 대지소유자의 건물철거 청구권이나 제3자에게 가지는 건물에 관한 유치권으로 건물철거청구권을 갖는 대지소유자에게 대항할 수 있는지 여부(소극)

【판결요지】

가. 건물철거는 그 소유권의 종국적 처분에 해당하는 사실행위이므로 원칙으로는 그 소유자에게만 그 철거처분권이 있으나 미등기건물을 그 소유권의 원시취득자로부터 양도받아 점유중에 있는 자는 비록 소유권취득등기를 하지 못하였다고 하더라도 그 권리의 범위내에서는 점유중인 건물을 법률상 또는 사실상 처분할 수 있는 지위에 있으므로 그 건물의 존재로 불법점유를 당하고 있는 토지소유자는 위와 같은 건물점유자에게 그 철거를 구할 수 있다.

나. 가.항의 건물점유자가 건물의 원시취득자에게 그 건물에 관한 유치권이 있다고 하더라도 그 건물의 존재와 점유가 토지소유자에게 불법행위가 되고 있다면 그 유치권으로 토지소유자에게 대항할 수 없다.

---

e) 소유자가 가등기를 해주면 유치권자가 될 수 있다.

가등기가 되어 있는 부동산의 소유권을 이전 받은 소유자가 비용 지출 후 가등기의 본
등기 경료로 소유권이 말소된 경우에는 타인의 물건에 대하여 비용을 투입한 것이 되
어 유치권 성립 될 수 있다.

대법원 1976.10.26. 선고 76다2079 판결 【임야인도】

【판시사항】

가등기가 되어있는 부동산 소유자가 필요비나 유익비를 지출한 것이 가등기에 의한 본등기가 된
경우에는 타인의 물건에 대하여 비용을 투입한 것이 되는지 여부

【판결요지】

가등기가 되어있는 부동산 소유권을 이전받은 " 갑" 이 그 부동산에 대하여 필요비나 유익비를 지
출한 것은 가등기에 의한 본등기가 경유됨으로써 가등기 이후의 저촉되는 등기라 하여 직권으로
말소를 당한 소유권이전등기의 명의자 " 갑" 과 본등기 명의자인 " 을" 내지 그 특별승계인인 " 병"
과의 법률관계는 결과적으로 타인의 물건에 대하여 " 갑" 이 그 점유기간내에 비용을 투입한 것이
된다고 보는 것이 상당하다.

---

2) 유치권을 주장할 수 있는 물건에 대한 판례

a) 부합물도 유치권 행사가 안된다.

사회통념상 독립된 건물로 볼 수 없는 정착물을 토지에 설치한 상태에서 그 정착물에
대한 유치권 주장은 정착물이 토지의 부합물에 불과하기 때문에 유치권을 행사할 수 없
는 것이고, 그 피담보채권이 토지에 생긴것이 아니므로 토지에 대하여서도 유치권 행사
를 하지 못한다.

대법원 2008.5.30. 자 2007마98 결정 【경락부동산인도명령】

【판시사항】

건물신축공사를 도급받은 수급인이 사회통념상 독립한 건물이 되지 못한 정착물을 토지에 설치한 상태에서 공사가 중단된 경우, 위 정착물 또는 토지에 대하여 유치권을 행사할 수 있는지 여부 (소극)

【판결요지】

재항고이유를 판단한다.

1. 유치권의 성립을 주장하는 재항고이유에 대하여

건물의 신축공사를 한 수급인이 그 건물을 점유하고 있고 또 그 건물에 관하여 생긴 공사금 채권이 있다면, 수급인은 그 채권을 변제받을 때까지 건물을 유치할 권리가 있는 것이지만(대법원 1995. 9. 15. 선고 95다16202, 16219 판결 등 참조), 건물의 신축공사를 도급받은 수급인이 사회통념상 독립한 건물이라고 볼 수 없는 정착물을 토지에 설치한 상태에서 공사가 중단된 경우에 위 정착물은 토지의 부합물에 불과하여 이러한 정착물에 대하여 유치권을 행사할 수 없는 것이고, 또한 공사중단시까지 발생한 공사금 채권은 토지에 관하여 생긴 것이 아니므로 위 공사금 채권에 기하여 토지에 대하여 유치권을 행사할 수도 없는 것이다.

기록에 의하면, 재항고인은 토지소유자와의 사이에 이 사건 토지 위에 공장을 신축하기로 하는 내용의 도급계약을 체결하고 기초공사를 진행하면서 사회통념상 독립한 건물이라고 볼 수 없는 구조물을 설치한 상태에서 이 사건 토지에 대한 경매절차가 진행됨으로 인하여 공사가 중단되었음을 알 수 있는바, 이러한 경우 위 구조물은 토지의 부합물에 불과하여 이에 대하여 유치권을 행사할 수 없다고 할 것이고, 공사중단시까지 토지소유자에 대하여 발생한 공사금 채권은 공장 건물의 신축에 관하여 발생한 것일 뿐, 위 토지에 관하여 생긴 것이 아니므로 위 공사금 채권에 기하여 이 사건 토지에 대하여 유치권을 행사할 수도 없다고 할 것이다. 따라서 같은 취지에서 재항고인의 이 사건 토지에 관한 유치권 주장을 배척하고 이 사건 인도명령을 유지한 원심결정은 정당하고, 거기에 재판에 영향을 미친 헌법·법률·명령 또는 규칙의 위반이 없다.

2. 상사유치권의 성립을 주장하는 재항고 이유에 대하여

상법 제58조는 "상인간의 상행위로 인한 채권이 변제기에 있는 때에는 채권자는 변제를 받을 때까지 그 채무자에 대한 상행위로 인하여 자기가 점유하고 있는 채무자 소유의 물건 또는 유가증권을 유치할 수 있다."고 규정하고 있으므로, 채권자가 채무자와의 상행위가 아닌 다른 원인으로 목적물의 점유를 취득한 경우에는 상사유치권이 성립할 수 없는 것이다.

기록에 의하면, 재항고인은 공장건물의 신축공사가 이 사건 경매로 중단된 후에 공사현장을 점거하면서 타인의 지배를 배제하고 이 사건 토지에 대한 점유를 사실상 개시한 것으로 보일 뿐, 재항고인이 토지소유자와 '이 사건 토지에 관한 상행위'를 원인으로 이 사건 토지에 대한 점유를 취득하였다고 보기 어려우므로, 재항고인이 이 사건 토지에 관하여 상사유치권을 행사할 수 없다고 할 것이어서, 이와 다른 전제에 서 있는 재항고 이유는 더 나아가 살펴볼 필요 없이 이유 없다.

3. 결 론

그러므로 재항고를 기각하기로 하고, 재항고비용은 패소자가 부담하도록 하여 관여 법관의 일치된 의견으로 주문과 같이 결정한다.

b) 건물의 부속물은 유치권 대상이 아니다.

방과 부엌, 복도의 칸막이와 다다미 등은 건물의 부속물로 보아야 할 것이고 부속물 설치에 소요된 공사비 채권은 건물에 관하여 생긴 채권이 아니므로 부속물 설치비용 상환 청구권에 기하여 건물을 유치할 권리가 없다.

서울고등법원 1973. 5. 31. 선고 72나2595,2596 제7민사부판결
[가옥명도등청구사건]확정

【판시사항】
건물의 부속물 설치에 소요된 공사비 채권으로서 건물에 대한 유치권을 행사할 수 있는지 여부

【판결요지】
방과 부엌 복도의 칸막이와 다다미등은 건물의 부속물로 보아야 할 것이고 부속물 설치에 소요된 공사비 채권은 건물에 관하여 생긴 채권이 아니므로 이에 기하여 건물을 유치할 수 없다.

---

c) 문화재에는 유치권이 성립하지 않는다.

국유지정 문화재는 그 성질상 사권의 설정 대상이 될 수 없으므로 유치권을 주장할 수 있는 물건이 아니다.

광주고등법원 1967. 4.21 선고 66나325【토지인도청구사건】
[고집1967민,321]

【판시사항】
[1] 구 황실재산법상의 영구보존 재산의 성질
[2] 위 국유문화재에 대한 유치권 항변건물의 부속물 설치에 소요된 공사비 채권으로서 건물에 대한 유치권을 행사할 수 있는지 여부

【재판요지】

[1] 구 황실재산법에 의하여 영구보존 재산으로 지정된 임야는 동법이 폐지되고 문화재보호법이 개정됨에 따라 동법 부칙에 의하여 국유문화재로 규정된 임야인바, 원칙적으로 이에는 사권의 설정대상이 될 수 없다.

[2] 국유문화재에 대하여 국가가 일시 잠정적으로 사용 승인한 결과 피고들이 일정한 시설을 하여 이를 인도함으로써 손해를 입는 경우라 할지라도 원고에 대하여 그 보상을 청구함은 모르거니와 영구보존할 국유문화재의 성질상 유치권 항변은 할 수 없다.

방과 부엌 복도의 칸막이와 다다미등은 건물의 부속물로 보아야 할 것이고 부속물 설치에 소요된 공사비 채권은 건물에 관하여 생긴 채권이 아니므로 이에 기하여 건물을 유치할 수 없다.

d) 토지위에 설치한 구조물의 비용으로 토지에 대한 유치권을 행사할 수 없다.

콘크리트 지반 위에 볼트조립방식으로 철제 파이프 또는 철골 기둥을 세우고 지붕을 덮은 후 삼면에 천막이나 유리를 설치한 세차장 구조물은 건물이 아니며, 위 구조물에 대한 비용도 토지에 관한 것이 아니므로 토지에 대한 유치권을 행사할 수 없다.

3) 피담보채권에 관한 판례

a) 피담보채권은 점유하기 전에 생긴 채권도 가능하다.

점유를 침탈당했다고 하더라도 유치권에 해당되는 채권은 점유보호청구권에 기하여 다시 점유를 한다면 유치권은 소멸하지 않는다.

b) 피담보채권이 양도되어야 한다.

건물에 대한 점유를 승계한 사실이 있다 하더라도 피담보채권이 양도되지 아니하였다면 전점유자를 대위하여 혹은 이를 원용하여 유치권을 주장할 수는 없다.

c) 대물 변제로 유치권은 소멸한다.

대물변제로 채권변제가 되어 피담보채권이 소멸되었다면 유치권이 성립할 수 없다.

d) 공유물은 과반수이상의 동의가 필요하다.

공유물의 경우 지분의 과반수가 넘어야 공사를 시작할 수 있는데 이는 지분의 관리를 넘어 처분의 행위에 해당되기 때문이다.

즉 재산의 처분 등에 대하여 동의가 필요한 경우 적법한 절차를 거쳐야 피담보채권이 될 수 있다.

e) 점유자가 유치물을 사용하면 필요비 지출은 유치권 대상이 아니다.

점유자는 선량한 관리자로 관리를 해야지 유치물을 사용하면 임대료만큼 공사비에서 상계된다. 따라서 지출한 필요비는 유치권 대상이 아니다. 환매도 같고 사용대차인 경우에는 차주가 필요비를 부담해야 한다.

f) 공과금은 필요비가 아니다.

전기료, 수도료 등과 같은 임차물에 대하여 일상적으로 임차인의 이익만을 위해 지출되는 비용은 필요비로 인정 안된다.

g) 임야는 유치권 대상이 아니다.

임야는 원시 토지이기 때문에 임야를 사설묘지 조성을 위해 지출한 비용은 임야에 대한 필요비 또는 유익비가 되지 않는다.

대법원 1978.7.25. 선고 78다417 판결 【임야인도】

【판시사항】
사설묘지를 조성하기 위하여 임야의 시설비로 지출한 비용이 임야에 대한 필요비 또는 유익비가 되는지 여부

【판결요지】
임야를 사설묘지로 사용하기 위하여 석축을 쌓고 나무를 심고 잔디를 입히는 등 그 시설에 들인 비용은 임야 소유자가 임야를 보존하는데 필요한 비용은 아니라 할 것이고 또한 그 시설비가 사설묘지설치허가 없는 임야 소유자에 대하여는 임야의 가치를 증가시킨 유익비라고 할 수 없다.

---

h) 시설비는 유치권 대상이다.

자본적 지출에 해당되는 방의 보일러시설, 수도공사비는 유익비이고 주거용 방의 도배 공사비는 필요비라고 볼 수 있다.

i) 적법한 점유의 유익비나 필요비는 유치권이 인정된다.

무권리자로부터 점유를 승계 받았다고 하더라도 그 비용 지출시 고의 또는 중대한 과실이 없으면 불법점유가 아니므로 유익비나 필요비를 피담보채권으로 한 유치권이 인정된다.

j) 인테리어 관련 비용은 유치권 인정이 안된다.

임차인이 임차건물을 건물용도나 임차목적과 달리 자신의 사업을 경영하기 위하여 시설개수비용이나 부착한 물건의 비용을 지출한 경우에는 유익비에 해당하지 아니한다.

k) 형질변경 비용은 유치권 대상이다.

답을 대지 상태로 조성함에 들어간 토목설계비, 옹벽공사비, 대지포장비 등은 유익비에 해당된다.

l) 외부시설은 대체로 인정이 안된다.

유리출입문, 아치형 통로, 간판, 외벽장식, 건물과 건물 사이의 별도 지붕 및 통로, 바닥타일은 외부에 시설한 것이어서 유익비로 인정받지 못한다.

m) 동산이나 집기에 대한 채권도 부동산에 대한 채권이 아니므로 유치권 대상이 아니다.

식탁, 의자, 조명장치, 전열기, 모노륨, 민속장판, 카펫, 양변기, 세면기, 욕조 등 이동분리 가능한 것은 유치권 대상이 아니라 수거의 대상이다.

n) 유치권 배제 특약은 직접 기록해야 한다.

필요비, 유익비를 청구하지 않기로 한 약관이 계약서에 인쇄되어 있는 경우 소송 시 효력이 없을 수 있으니 특약란에 따로 기록하는 것이 안전하다.

o) 유치권 관련 비용도 유치권 대상이다.

공사대금 잔금채권이나 그 지연손해금청구권, 채무불이행에 의한 손해배상청구권은 모두 피담보채권으로 한 유치권이 인정된다.

p) 하청업체는 건물 전체에 유치권을 주장할 수 있다.

하청업체는 하도급업체에서 공사 수주를 하였으므로 하도급업체를 대위하여 집합건물 전체에 대하여 유치권을 주장할 수 있다.

4) 견련성과 관련된 판례

유치권이 성립하려면 채권이 해당 부동산과 관련이 있어야 한다. 다른 채권으로 해당 부동산에서 유치권을 주장하면 인정되지 않는다.

따라서 채권의 견련성이 인정되는 경우와 인정되지 않는 것을 확인한다.

a) 견련성이 인정된 경우

- 공사대금채권, 공사대금, 지연손해금채권
- 미지급분양수수료
- 분담금채권, 관리비, 등록세, 등기비용

b) 견련성이 부정되는 경우

- 설계, 감리 용역비용 등 사전공사대금
- 터파기, 흙막이 공사 등 건축공사비용 중 토지에 지출된 비용
- 조경공사, 포장공사, 싱크대, 신발장 등
- 임차인이 영업을 하기 위한 인테리어비용
- 권리금반환청구권, 보증금반환청구권, 위약금채권, 임대인의 임대목적물 시설미비로 인한 손해배상청구권
- 계약이 이행불능에 빠짐으로써 부담하는 원상회복의무는 그 목적물로 인해 생긴 채무라 볼 수 없어 유치권 불성립
- 이중매매에서 제1매수인이 매도인에 대하여 가지는 손해배상청구권은 견련성이 없다.

5) 피담보채권의 변제기 도래

a) 전세권은 기간 만료가 되어야 변제기가 된다.

지상물매수청구권이나 부속물매수청구권 또는 비용상환청구권 등은 모두 전세권의 존속기간이 만료되는 때에 발생하거나 변제기에 이르게 된다.

b) 법원이 기간을 주면 유치권은 주장할 수 없다.

유익비의 경우 법원이 상당한 기간을 허여하면 유치권은 깨진다. 즉 변제기가 지나도 나중에 매각 후 공사비를 받으라고 법원이 결정하면 유치권은 인정되지 않는다.

c) 공사가 끝나야 변제기가 된다.

특별히 공사비 지급에 대한 약정을 하지 않은 경우에는 공사가 끝나야 변제기가 된다. 따라서 아직 공사하지 않은 부분이 있는 경우에는 유치권이 성립되어도 공사비를 부담하는 것은 아니다.

6) 유치권자의 목적물 점유에 관한 판례

a) 점유의 의미

점유란 물건이 사회통념상 점유자의 사실적 지배에 속한다고 보이는 객관적 관계에 있는 것을 말한다.

사실상의 지배가 있다고 하기 위해서는 반드시 물건을 물리적으로나 현실적으로 지배하는 것만을 의미하는 것은 아니다. 물건과 사람과의 시간적·공간적 관계와 본권 관계, 타인지배의 배제가능성 등을 고려하여 사회의 통념에 따라 합목적적으로 판단하여야 하는 것이다.

b) 점유자의 자격에 대한 판례

- 점유는 직접점유이든 간접점유이든 관계없으나 직접점유자가 채무자여서는 안된다.
- 간접점유가 인정되려면 점유매개관계가 인정되고, 간접점유자가 직접점유자를 상대로 점유반환청구권을 행사할 수 있어야 한다.
- 경매개시결정기입등기 이후의 점유는 위 등기 사실을 알았는지 여부에 상관없이 유치권으로서 매수인에게 대항할 수 없다.(압류의 처분금지 효력에 저촉)
- 점유의 일시 상실도 다시 점유하게 된 경우에는 점유로 인정된다.

c) 점유가 인정받지 못하는 판례

- 점유가 불법행위로 인한 경우에는 유치권 불성립(민법 제320조 제2항)
- 건물점유자가 건물의 원시취득자에게 그 건물에 관한 유치권이 있다고 하더라도 그 건물의 존재와 점유가 그 승계인인 토지소유자에게 불법행위가 되고 있다면 그 유치권으로 토지소유자에게 대항할 수 없다.

- 불법행위는 채무자뿐 아니라 목적물을 점유하고 있는 제3자에 대하여 발생한 것이어도 상관없다.
- 임차인이 유익비 지출 당시에 임대인이 무권리자임을 알았거나 알 수 있었음에도 중대한 과실로 알지 못한 경우엔 불법점유가 된다.
- 원인무효인 보존등기를 경료하고 있는 자로부터 그 부동산을 임차한 사람은 정당한 소유자가 위 등기의 말소소송을 제기하여 승소 확정한 후 자기가 그 소유자임을 고지 받았다면 그 이후부터 불법점유자가 된다.
- 소유자의 동의 없이 유치권자로부터 유치권의 목적물을 임차한 자의 점유는 불법점유이다.
- 적법 점유 추정으로 인해 유치권주장자의 불법점유에 대한 입증책임은 모두 낙찰자에게 있다.

7) 유치권의 소멸을 인정한 판례

a) 유치권의 소멸 사유

① 목적물의 멸실

② 혼동

③ 토지수용

④ 피담보채권의 소멸

⑤ 선관주의 의무 위반에 따른 소멸청구

⑥ 점유상실

- 계약체결 당시 원상회복 특약이 있는 경우 유치권을 이미 포기한 것이다.
- 유치권자가 아무 조건 없이 유치목적물을 명도해 주기로 약정 하였다면 유치권을 포기한 것이다.
- 경매절차 개시 가능성 인식 후 대규모 공사대금 채권을 투입하였다면 유치권 인정 안된다.(신의칙 위반)
- 민법 제163조 3호에 의해 공사에 관한 채권은 3년의 단기소멸시효에 걸린다.(민법 제326조 : 유치권의 행사는 채권의 소멸시효의 진행에 영향을 미치지 아니한다.)

- 유치권자가 선관주의 의무를 위반하거나 채무자의 승낙 없이 유치물을 사용, 대여 또는 담보 제공한 경우에는 채무자 또는 소유자는 손해발생 여부를 묻지 아니하고 유치권의 소멸을 청구할 수 있다.
- 유치권자가 불법 임대하거나 부동산인도명령 후 점유이전을 받은 자는 유치권을 인정받을 수 없다.
- 유치권자가 점유를 침탈당하여 점유를 상실하더라도 유치권은 소멸하며, 점유회수의 소를 제기하여 승소판결을 받아 점유를 회복하면 유치권은 되살아난다.

대법원 2012.2.9. 선고 2011다72189 판결 【유치권확인】

【판시사항】

갑 주식회사가 건물신축 공사대금 일부를 지급받지 못하자 건물을 점유하면서 유치권을 행사해 왔는데, 그 후 을이 경매절차에서 건물 중 상가 부분을 매수하여 소유권이전등기를 마친 다음 갑 회사의 점유를 침탈하여 병에게 임대한 사안에서, 갑 회사의 유치권이 소멸하지 않았다고 본 원심판결에 법리오해의 위법이 있다고 한 사례

【판결요지】

갑 주식회사가 건물신축 공사대금 일부를 지급받지 못하자 건물을 점유하면서 유치권을 행사해 왔는데, 그 후 을이 경매절차에서 건물 중 일부 상가를 매수하여 소유권이전등기를 마친 다음 갑 회사의 점유를 침탈하여 병에게 임대한 사안에서, 을의 점유침탈로 갑 회사가 점유를 상실한 이상 유치권은 소멸하고, 갑 회사가 점유회수의 소를 제기하여 승소판결을 받아 점유를 회복하면 점유를 상실하지 않았던 것으로 되어 유치권이 되살아나지만, 위와 같은 방법으로 점유를 회복하기 전에는 유치권이 되살아나는 것이 아님에도, 갑 회사가 상가에 대한 점유를 회복하였는지를 심리하지 아니한 채 점유회수의 소를 제기하여 점유를 회복할 수 있다는 사정만으로 갑 회사의 유치권이 소멸하지 않았다고 본 원심판결에 점유상실로 인한 유치권 소멸에 관한 법리오해의 위법이 있다고 한 사례

6. 형사적 대응방안

1) 허위유치권은 형사적 범죄이다.

a) 유치권을 행사하는 자가 본인이 주장하는 유치권이 정당하지 않다는 사실을 알면서도 채무자와 공모하여 싼 가격에 낙찰을 받기 위하여 또는 경매절차에서 실제 피담보채권액 보다 과다한 채권을 주장하여 낙찰자를 압박하려는 행위는 모두 형법상 범죄의 구성요건을 충족한다.

b) 이러한 유치권의 허위·과장된 주장을 통해 타인의 권리행사를 방해하고 경매의 공정을 해하는 행위는 범죄이다.

낙찰자나 채권자들은 이에 대항하여 형사적 권리를 활용하여 그들의 피해를 바로 잡을 수 있을 것이다.

2) 유치권자를 압박하기 위한 유형별 대응 방법

a) 공무상비밀표시무효죄

점유이전 금지 가처분결정을 받아 점유자에게 이를 통지하고 가처분을 고시하여 둔 종이를 찢은 경우 - 공무상비밀표시무효죄(형법제140조)

> 형법 제140조 [공무상비밀표시무효]
>
> ① 공무원이 그 직무에 관하여 실시한 봉인 또는 압류 기타 강제처분의표시를 손상 또는 은닉하거나 기타 방법으로 그 효용을 해한 자는 5년 이하의 징역 또는 700만 원 이하의 벌금에 처한다.
>
> ② 공무원이 그 직무에 관하여 봉함 기타 비밀장치한 문서 또는 도화를 개봉한 자도 제1항의 형과 같다.
>
> ③ 공무원이 그 직무에 관하여 봉함 기타 비밀장치한 문서, 도화 또는 전자기록 등 특수매체기록을 기술적 수단을 이용하여 그 내용을 알아낸 자도 제1항의 형과 같다.

b) 부동산강제집행효용침해죄

강제집행으로 인도 받은 부동산에 다시 침입하여 매수인을 못 들어오게 하는 경우

- 부동산강제집행효용침해죄 (형법 제140조의2)

> **형법 제140조의 2 [부동산강제집행효용침해]**
>
> 강제집행으로 명도 또는 인도된 부동산에 침입하거나 기타 방법으로 강제집행의 효용을 해한 자는 5년 이하의 징역 또는 700만 원 이하의 벌금에 처한다.

c) 위증, 모해위증죄

유치권 관련 소송에서 점유개시일과 점유승계 부분에 대하여 허위로 위증하도록 교사하고 교사 받은 자가 실제로 위증한 경우 – 위증, 모해위증죄 (형법 제152조)

> **형법 제152조 [위증, 모해위증]**
>
> ① 법률에 의하여 선서한 증인이 허위의 진술을 한 때에는 5년 이하의 징역 또는 1천만 원 이하의 벌금에 처한다.
> ② 형사사건 또는 징계사건에 관하여 피고인, 피의자 또는 징계협의자를 모해할 목적으로 전항의 죄를 범한 때에는 10년 이하의 징역에 처한다.

d) 사문서등의 위조·변조 동행사죄

유치권을 증명하기 위하여 공사 계약서를 허위로 작성하여 제출한 경우

- 사문서등의 위조·변조 동행사죄 (형법 제231조, 제234조)

> **형법 제231조 [사문서등의 위조·변조]**
>
> 행사할 목적으로 권리·의무 또는 사실증명에 관한 타인의 문서 또는 도화를 위조 또는 변조한 자는 5년 이하의 징역 또는 1천만 원 이하의 벌금에 처한다.
>
> **형법 제234조 [위조사문서등의 행사]**
>
> 제231조 내지 제233조의 죄에 의하여 만들어진 문서, 도화 또는 전자기록 등 특수매체기록을 행사한 자는 그 각 죄에 정한 형에 처한다.

e) 자격모용에 의한 사문서의 작성죄

대표이사도 아니면서 회사의 대표이사 명의로 영수증을 발행하여 유치권 입증서류로 제출하도록 한 경우 – 자격모용에 의한 사문서의 작성죄 (형법 제232조)

> 형법 제232조 [자격모용에 의한 사문서의 작성]
>
> 행사할 목적으로 타인의 자격을 모용하여 권리·의무 또는 사실증명에 관한 문서 또는 도화를 작성한 자는 5년 이하의 징역 또는 1천만 원 이하의 벌금에 처한다.

f) 강제집행면탈죄

채무자와 통모하여 허위의 유치권을 신고한 경우 – 강제집행면탈죄 (형법 제327조)

> 형법 제327조 [강제집행면탈]
>
> 강제집행을 면할 목적으로 재산을 은닉, 손괴, 허위양도 또는 허위의 채무를 부담하여 채권자를 해한 자는 3년 이하의 징역 또는 1천만 원 이하의 벌금에 처한다.

g) 부당이득죄

경제적으로 궁박한 상태인 채무자에게 유치권을 가장하여 현저히 부당한 이득을 취한 경우 – 부당이득죄 (형법 제349조)

> 형법 제349조 [부당이득]
>
> ① 사람의 궁박한 상태를 이용하여 현저하게 부당한 이익을 취득한 자는 3년 이하의 징역 또는 1천만 원 이하의 벌금에 처한다.
> ② 전항의 방법으로 제삼자로 하여금 부당한 이익을 취득하게 한 때에도 전항의 형과 같다.

h) 공갈죄

피담보채권이 거의 없으면서 유치권을 행사하여 경매가 제값에 낙찰되지 못하게 하겠다고 위협하여 금품을 갈취한 경우 – 공갈죄(형법 제350조)

> 형법 제350조 [공갈]
>
> ① 사람을 공갈하여 재물의 교부를 받거나 재산상의 이익을 취득한 자는10년 이하의 징역 또는 2천만 원 이하의 벌금에 처한다.
> ② 전항의 방법으로 제삼자로 하여금 재물의 교부를 받게 하거나 재산상의 이익을 취득하게 한 때에도 전항의 형과 같다.

i) 사기죄

피담보채권도 없으면서 유치권자로 행세하여 매수인으로부터 돈을 받은 경우
- 사기(형법 제347조)

> 형법 제347조 [사기]
>
> ① 사람을 기망하여 재물의 교부를 받거나 재산상의 이익을 취득한 자는 10년 이하의 징역 또는 2천만 원 이하의 벌금에 처한다.
> ② 전항의 방법으로 제삼자로 하여금 재물의 교부를 받게 하거나 재산상의 이익을 취득하게 한 때에도 전항의 형과 같다.

j) 경매방해죄

허위의 유치권 신고를 통하여 법원의 경매의 공정을 해친 경우
- 경매방해(형법제315조)

> 형법 제315조 [경매, 입찰의 방해]
>
> 위계 또는 위력 기타 방법으로 경매 또는 입찰의 공정을 해한 자는 2년 이하의 징역 또는 700만 원 이하의 벌금에 처한다.

3) 유치권 관련 형사고소 시 주의사항

유치권자라고 주장하는 자가 위와 같은 범죄행위를 하였다면 고소를 통해 유치권자를 압박한 후 협상에서 유리한 고지를 점할 수 있다는 장점과 수사과정에서 숨겨진 사실들이 밝혀질 가능성이 커서 민사소송에 중요한 참고자료로 활용할 수도 있다.

그러나 상대방도 유치권에 대한 전문가이기 때문에 고소인도 약점이 노출되지 않도록 조심해야 한다.

a) 물증을 확보한다.

형사 고소를 하려면 합리적 의심이 없을 정도로 신중한 증명이 필요하다. 증거 없이 어설픈 고소는 무고죄로 역공 당할 수도 있다.

b) 고소장이나 진정서 제출

경매범죄에 관해 일선 경찰들이 경험하는 경우는 드물기 때문에 고소나 진정을 할 경우 정확히 죄명을 명시하고 구성요건에 대한 증거를 함께 제출하는 것이 유리하다.

c) 형사고소 협상 시 주의 사항

고소할 생각도 없으면서 고소로 협박하여 재산적인 양보나 포기를 요구할 경우 공갈죄가 성립할 수도 있다.

7. 유치권 해결 사례

유치권을 주장한다고 해도 일반적으로 법원에서 인정하지 않는 경우가 많고 형사적 책임까지 져야 하는 경우도 많아 예전에 비해 허위유치권이 많이 줄었다. 그러나 아직까지 특수 물건에서 유치권이 가장 비중이 높은 편이다.

아래의 사례는 조금 특별한 경우인데 일반적으로 허위유치권은 금액이 큰 물건에만 있고 작은 물건은 유치권을 통한 수익이 작기 때문에 보통은 작업하지 않는다.

그러나 허위유치권의 처리 방법은 금액의 많고 적음에 있는 것이 아니므로 해결 또한 큰 물건과 다르지 않았다.

2016 타경 2890 · 인천지방법원 부천지원 · 매각기일 : 2016.10.18(화)(10:00) · 경매 6계(전화 : 032-320-1136)

소재지	경기도 ○○시 ○○구 ○○동 162-47 외 1필지, ○○○○○ 1층 102호 도로명주소검색						
물건종별	다세대(빌라)	감정가	147,000,000원	오늘조회 : 1 2주누적 : 0 2주평균 : 0 조회동향			
				구분	입찰기일	최저매각가격	결과
대지권	29.45m²(8.909평)	최저가	(70%)102,900,000원	1차	2016-09-13	147,000,000원	유찰
				2차	2016-10-18	102,900,000원	
건물면적	60.66m²(18.35평)	보증금	(10%)10,290,000원	낙찰 : 115,150,000원 (78.33%)			
매각물건	토지 · 건물 일괄매각	소유자	황○○	(입찰 2명, 낙찰 : 김○○)			
				매각결정기일 : 2016.10.25 – 매각허가결정			
개시결정	2016-03-09	채무자	황○○	대금지급기한 : 2016.11.24			
				대금납구 2016.11.18 / 배당기일 2016.12.22			
사건명	임의경매	채권자	○○새마을금고	배당종결 2016.12.22			
관련사건	2013타경16935(소유권이전)						

· 임차인현황 (말소기준권리 : 2014.02.07 / 배당요구종기일 : 2016.05.30)

임차인	점유부분	전입/확정/배당	보증금/차임	대항력	배당예상금액	기타
전○○	주거용 전부	전 입 일 : 2016.01.13 확 정 일 : 2016.01.13 배당요구일 : 2016.05.18	보30,000,000원 월150,000원	없음	소액임차인	
기타사항	☞ 현장에 임하여 임차인의 자녀 조혜숙을 만났으며, 임차인 가족이 거주하고 있다고 진술하므로 안내문을 교부하였음					

• 등기부현황 (채권액합계 : 167,100,000원)

NO	접수	권리종류	권리자	채권금액	비고	소멸여부
1(갑11)	2014.02.07	소유권이전(매각)	황○○	임의경매로 인한 매각 2013타경16935		
2(을7)	2014.02.07	근저당	○○새마을금고	152,100,000원	말소기준등기	소멸
3(갑15)	2015.04.14	가압류	인천○○○○재단	15,000,000원	2015카단2401	소멸
4(을16)	2016.03.09	임의경매	○○새마을금고	청구금액 : 117,000,000원	2016타경2890	소멸
주의사항	☞ 유치권신고 있음 – 임차인 전○○으로부터 수리비 채권 10,450,000원을 위하여 이 사건 건물 전부에 관하여 유치권이 있다는 신고가 있었고, 임대차계약서상 임대차 종료시 원상회복의무가 없는 것으로 기재됨(2016. 5. 18. 권리신고및배당요구신청서 참조)					

이 사건은 임차인이 1천만 원 정도 유치권을 주장하는 경매물건이었다.

임차인은 본인이 집에 대한 하자에 대하여 수리하고 수리비는 나중에 받기로 했다고 주장하고 6개월치 월세는 선불로 지불했다고 주장하였다.

상식적으로 이해할 수 있는 내용은 아니어서 낙찰후 계약서를 확인하였다. 집주인과 서로 짜고 계약서는 얼마든지 작성할 수 있기 때문에 수리내용을 확인하였다.

주변 인테리어업체의 세금계산서도 첨부 되었다. 내용을 보니 도배 장판 정도 수리하고 1천만 원 정도 과다 계산서를 발행한 것으로 보이고 송금확인서도 만들어 두었다. 그러나 완벽하게 거짓말 하기는 어려운 법이다.

임차인의 임대계약서를 확인하여 전에 거주 하였던 집을 확인하였다. 그리고 그 집도 경매에 넘어간 사실을 확인하였고 역시 똑같은 방법으로 유치권을 1천만 원 정도 청구하고 있음을 확인하였다.

2014 타경 17493

- 서울서부지방법원 본원 · 매각기일 : 2015.09.08(화)(10:00) · 경매 4계(전화 : 02-3271-1324)

소재지	서울특별시 ○○구 ○○동 359, ○○아파트 ○○○동 9층 902호 도로명주소검색							
새주소	서울특별시 ○○구 ○○○○로 164, ○○아파트 ○○○동 9층 902호							
물건종별	아파트	감정가	280,000,000원	오늘조회 : 1 2주누적 : 0 2주평균 : 0 조회동향			
대지권	39.509m²(11.951평)	최저가	(80%)224,000,000원	구분	입찰기일	최저매각가격	결과
				1차	2015-08-04	280,000,000원	유찰
				2차	2015-09-08	224,000,000원	
건물면적	84.17m²(25.461평)	보증금	(10%)22,400,000원	낙찰 : 292,390,000원 (104.43%)			
매각물건	토지·건물 일괄매각	소유자	윤○○	(입찰 10명, 낙찰 : ○○시 정○○/ 차순위금액 262,009,000원)			
개시결정	2014-10-24	채무자	윤○○	매각결정기일 : 2015.09.15 - 매각허가결정			
				대금지급기한 : 2015.10.29			
사건명	임의경매	채권자	○○○저축은행 (변경전 : ○○저축은행)	대금납부 2015.10.21 / 배당기일 2015.12.03			
				배당종결 2015.12.03			

· 임차인현황 (말소기준권리 : 2011.02.21 / 배당요구종기일 : 2015.01.14)

임차인	점유부분	전입/확정/배당	보증금/차임	대항력	배당예상금액	기타
전○○	주거용 전부	전 입 일 : 2014.07.15 확 정 일 : 2014.07.15 배당요구일 : 2015.01.07	보33,000,000원	없음	소액임차인	
기타사항	☞ 임차인 전○○이 본건 목적물 902호(방3개) 전부를 점유함 ☞ 임차인의 자 ○○○의 설명과 주민등록표등본을 참고로 하여 조사함					

· 등기부현황 (채권액합계 : 413,519,519원)

NO	접수	권리종류	권리자	채권금액	비고	소멸여부
1(갑1)	1997.12.12	소유권이전(매매)	윤○○			
2(을8)	2011.02.21	근저당	○○○저축은행	356,200,000원	말소기준등기 변경전 : ○○저축은행	소멸
3(갑2)	2014.06.16	가압류	○○○○기금	34,400,000원	2014카단51316	소멸
4(갑3)	2014.08.07	가압류	○○카드(주)	8,029,115원	2014카단51745	소멸
5(갑4)	2014.08.22	가압류	○○은행	14,890,404원	2014카단49167	소멸
6(갑5)	2014.09.04	가압류	○○○세무서			소멸
7(갑6)	2014.10.29	임의경매	○○○저축은행	청구금액 : 299,359,636원	2014타경17493, 변경전 : ○○저축은행	소멸
8(갑7)	2015.01.16	압류	서울특별시 ○○구			소멸
주의사항	☞ 유치권신고 있음 - 임차인 전○○으로부터 수리비용 10,200,000원에 대한 유치권신고서(15.1.7자)접수됨. 유치권성립여부 불분명					

이전 사건에서 큰 문제가 없어서 또다시 시도한 것으로 보였지만 금액이 많지 않고 실제로 어려운 사람으로 보여 확인된 내용을 설명한 후 이사비용을 조금 넉넉히 주는 조건으로 명도 하였다. 만일 금액이 크고 악성이라고 판단했으면 상대방은 명도뿐만 아니라 형사적 책임도 졌어야 할 것이다.

8. 종합적인 유치권 체크리스트

1) 피담보채권에 관한 확인

체크 01 계약은 당사자 간에 정확하게 이루어졌는가?

→ 허위계약, 서명, 날인, 대리권 적법성 등

체크 02 목적물의 소유자와 유치권자는 타인인가?

→ - 실소유자 확인
- 별도계약관계 확인
- 유치권자의 명의신탁 여부
- 유치권자의 자택공사 여부

체크 **03** **해당 목적물에 관하여 생긴 채권인가? (공사비, 시설비 등)**

→ - 견련성 및 타 채권의 유용여부 등
 - 공사계약서와 동일 물건 여부 확인

체크 **04** **물건의 반환청구권과 동일한 법률관계가 성립하는가?**

→ 견련성의 성립여부

체크 **05** **채무의 변제기일은 도래하였는가?**

→ - 변제기 도래시점 확인
 - 공사의 완공여부 점검

체크 **06** **유치권 배제 특약은 없는가?**

→ 배제 또는 포기약정 여부

체크 **07** **채권의 소멸시효는 지나지 않았는가?**

→ 공사대금 채권의 시효는 3년이므로 채권 변제일 확인

체크 **08** **유치권자의 소멸시효 중단을 위한 청구는 있었는가?**

→ 소송, 가압류, 가처분, 승인 등

체크 **09** **유치권의 피담보채권이 타 권리로 전환되지는 않았는가?**

→ - 임대차계약 등 전환 및 목적물 확인
 - 간이변제를 통한 변제가능성

체크 10 피담보채권 또는 점유가 제3자에게 양도 또는 이전이 되지는 않았는가?

→ - 점유의 인도 여부
- 피담보 채권의 양도 여부

2) 공사 내용에 관한 확인

체크 01 실제공사는 있었는가?

→ 공사현장 및 주변 탐문

체크 02 공사는 언제 이루어졌는가? (경매개시결정 전. 후인지?)

→ 정확한 공사시기, 압류, 저당설정 전후

체크 03 공사 이전에 설정된 저당권 또는 등기된 가압류, 압류가 있었는가?

→ 처분금지위배 해당여부

체크 04 건물의 규모에 비하여 과다한 공사는 아닌가?

→ 유치권 금액을 올리기 위한 허위 공사채권인지 확인

체크 05 경매개시 가능성을 인식할 수 있었는가?

→ 과도한 채무 또는 권리제한 사항

체크 06 목적물의 공사가 필요한 상태였는가?

→ 건물의 노후화를 비교하여 적정 공사 확인

체크 07 공사비는 적정하게 청구되었는가?

→ 관례상의 공사금액과의 비교

체크 08 도급계약서, 명세서, 납품서, 세금계산서, 지급증빙 등은 있는가?

→ 공신력 있는 근거서류

체크 09 공사도급계약서의 내용과 실제공사 또는 감정평가서등의 내용일치하는가?

→ 실제공사와 공사계약서상의 공사가 일치하는지 확인

3) 점유자의 확인

체크 01 현재의 점유자는 누구인가?

→ 소유자, 임차인, 유치권자, 간접점유자

체크 02 현재 점유자의 점유권원은 정당한가?

→ 임대차계약서, 소유자의 동의 여부 등

체크 03 점유의 형태는 어떠한가?

→ 직접, 간접, 점유보조자, 단순점유

체크 04 간접점유의 경우 점유매개 관계는 존재하는가? (계약존재여부?)

→ 유치권자의 반환청구권 성립여부

체크 05 언제부터 점유하고 있는가? (점유개시점은?)

→ 가압류, 압류(경매개시등기) 전·후인지?

체크 06 점유에 대한 채무자(소유자)의 승낙은 있었는가?

→ 점유의 불법성 여부

체크 07 목적물을 보존범위 내에서 사용하고 있는가?

→ 부당이득 발생여부

체크 08 소유자의 승낙 없이 사용, 임대 또는 담보제공 하였는가?

→ 유치권소멸청구 사유

체크 09 점유의 위치는 적정한가?

→ 본인이 공사한 부분에 대한 점유여부

체크 10 기존 건물 공사 시 현실적으로 점유이전을 받는지?

→ 채무자와의 허위 통정 가능성

4) 유치권 주장자에 관한 확인

체크 LIST
a) 개인인가 기업인가? (개인기업, 법인기업)
b) 회사의 규모는 어떠한가? (소, 중, 대, 기타)
c) 소송을 수행할 만한 능력과 준비가 되어 있는가?
d) 유치권자의 요구사항이 있는가?
e) 합의에 응할 의사는 있는가?

5) 유치권 행사 과정에서의 문제점 확인

체크 01 부당이득이 발생하고 있는가?

→ 보존에 필요한 범위를 넘어선 사용

체크 02 유치권 소멸청구 사유가 발행하는가?

→ 부당사용, 임대, 담보제공 등

체크 03 점유 시 유치권자의 부담은 무엇이고 어느 정도인가?

→ 관리비등

6) 유치권에 대한 투자 적격 여부 판단

체크 LIST

a) 유치권이 인수 권리로 확정될 경우 수익성이 있는가?

b) 피담보채권액 중 최소로 부담할 수 있는 금액은 얼마인가?

c) 합의 시 최대한 지급 가능한 금액은 얼마인가?

d) 투자총액은 얼마인가?

e) 물건정상화 기간은 얼마나 소요될 것인가?

f) 해결기간 감안 시 적정 수익률이 확보되고 있는가?

g) 인도소송에서 승소가능성은 있는가?

9. 유치권 현장 방문 시 확인 사항

유치권 현장 방문시 확인 사항

번호	내 용	증거	자료	증인	메모
1	유치권 행사 표시 확인				
2	유치권자가 개인인가 법인인가 확인				
3	유치권자의 연락처 확보				
4	점유자 확인				
5	점유의 형태 확인				
6	실제 점유의 위치 확인				
7	공사 흔적 여부 확인				
8	공사 개시 일자 확인				
9	건물 규모에 비해 과다한 공사인지 확인				
10	유치물을 관리하며 실제로 사용하는지 확인				

SPECIAL   AUCTION
chapter 05

특수 물건 투자

AUCTION chapter **05. 특수 물건 투자**

Part I   **선순위임차인이 있는 물건에 대한 경매투자**

1. 선순위임차인의 개념

1) 선순위임차인이란

경매 진행시 말소기준권리보다 전입일이 빠른 임차인을 선순위임차인이라고 한다. 그러나 전입만 빠르다고 선순위임차인이라고 할 수는 없다. 주택 임대차 또는 상가건물에 대한 임차인으로 보호 받으려면 임대차계약이 성립하여야 하고 실제로 점유해야 한다.

2) 선순위임차인의 분석 필요성

선순위임차인은 배당이 되지 않을 경우 입찰자가 인수해야 할 권리이기 때문에 입찰에 있어서 대개 기피 물건이 된다. 초보자가 쉽게 접근하기도 어렵고 내부사정을 잘 아는 사람이 아니고는 쉽게 입찰할 수 없게 된다.

선순위임차인이 만들어지는 경우는 여러 가지가 있을 수 있겠지만, 입찰할 때 가장 중요한 것은 가장임차인을 찾아내는 것이다. 가장임차인을 찾아내는 것이 쉬운 일은 아니지만 일단 찾기만 한다면 고수익을 낼 수 있기 때문에 어느 정도 경매에 익숙해지면 반드시 관심을 가질 필요가 있다.

3) 선순위임차인의 유형

a) 진정한 선순위임차인

말소기준권리가 되는 가압류나 저당권이 설정되기 전에 전입신고가 이루어지고 실제 점유하고 있는 임차인으로서 배당요구를 한 경우에는 낙찰자에게 부담은 없다. 다만 보증금을 전부 배당 받지 못했을 때에는 남은 보증금에 대하여 인수하여야 한다.

b) 선순위 전입자

압류나 가압류, 근저당이 설정되기 전에 전입한 세대로 여러 가지 원인으로 전입이 되어 있다.

대출 당시에는 동일 세대원이었다가 대출 후 세대 분리가 되었거나 부부가 이혼하고 한 사람만 남아 있는 경우, 형제간에 부모 밑에서 동일 세대원을 유지하는 등 여러 가지 유형이 있다.

c) 세대 합가

선순위임차인으로 있다가 세대주만 전출 된 경우 나중에 세대주가 다시 전입되면 전입일이 후순위로 나타나게 된다. 이때 세대원 중에 한사람이라도 남아 있었으면 선순위 임차인의 대항력을 인정받는다.

낙찰자가 임차권을 모두 인수해야 하는 경우에 해당할 수 있다.

d) 선순위 가장임차인

원래는 선순위 전입자였으나 나중에 계약서를 소급하여 작성하고 배당을 요구하며 임차인임을 주장하는 가장임차인으로 허위 임차인에 대한 입증책임은 낙찰자에게 있다.

e) 무상거주확인서를 금융기관에 제출한 선순위임차인

선순위임차인이기는 하지만 무상거주확인서를 대출 당시에 금융기관에 제출하여 임차인임을 스스로 부인한 임차인을 말하는 것으로 이러한 임차인도 임차인의 대항력을 인정받을 수 있음을 주의하여야 한다.

2. 진정한 선순위임차인이 생기는 경우

1) 강제경매일 때

채무자가 재산이 없을 경우에는 물론 경매를 진행할 수는 없을 것이다. 하지만 재산을 조회하는 과정에서 부동산을 소유하고 있다는 것을 알게 된다면 임차인이 있든 없든 무조건 경매신청을 하게 된다. 이런 경우에 다른 제한 권리가 없다면 임차인은 무조건 선순위가 된다. 따라서 선순위임차인은 임의경매 보다 강제경매에서 주로 보인다.

2) 공동담보

은행권에서 대출을 해줄 때 담보여력이 부족하여 추가로 담보제공을 요구할 때가 있다. 이 때에는 본 담보가 있기 때문에 임차인을 크게 문제 삼지 않고 담보설정을 하게 되므로 선순위임차인이 존재할 수도 있게 된다.

3) 대출사기

의도적으로 임차인의 입주시기를 조절하여 대출 직전 전입을 하게 만드는 것으로 임차인은 아무것도 모르고 있을 수 있다. 물론 소유자와 허위 통정하여 전입을 허위로 할 수도 있지만 가끔씩 임차인 자신도 모르게 전입 후 하루나 이틀 차이로 설정이 되는 경우도 있을 수 있는 것이다.

4) 금융기관의 실수

은행 등 제1금융권에서 실수하는 일은 거의 없으나 제2금융권에서 실수로 전입자 확인을 제대로 못하는 경우도 있다. 입찰자 입장에서 보면 진정한 임차인이므로 권리 분석에 착오가 없도록 해야 한다.

3. 선순위 가장임차인

1) 가장임차인이란?

처음부터 허위로 계약서를 만들거나 임대차계약 없이 무상으로 살고 있다가 건물이 경매에 넘어가면 소유자와 짜고 허위의 임대차계약서를 만들어 이를 토대로 임차권을 주장하는 사람을 말한다.

2) 선순위 가장임차인으로 의심되는 경우

a) 은행 저당액과 임차보증금을 합했을 때 시세보다도 비쌀 경우

b) 주변 시세와 임대보증금 액수의 차이가 많이 나는 경우

c) 전입 임차인이 미성년자인 경우

d) 소유자와 임차인이 부부나 형제, 친·인척관계인 경우

3) 가장임차인을 확인하는 방법

a) 주민등록열람

경매에 나온 물건의 전입자라고 해도 주민등록등본은 발급되지 않고 세대 열람만 가능하다. 이때 담당 공무원에게 동일 세대였던 적이 있는지 확인한다.

보통은 개인정보로 알려 줄 수 없다고 대답하는데 알려주지 않으면 채무자를 보호하고 채권자의 이익을 해치는 것임을 설명하고 공평성을 역설하여 확인한다.

b) 주변탐문

관리사무소 및 경비실, 슈퍼마켓이나 이웃집으로부터 실제로 살고 있는 사람과 소유자 채무자 임차인 관계를 알고 있는지 확인한다.

c) 우편물 확인

도시가스 및 수도, 전기 등 공과금이나 각종 우편물의 수취인이 누구 앞으로 발송되는지 확인하여 실제 거주 여부를 확인 한다.

SPECIAL ⌂ UCTION BIBLE

d) 금융기관 확인

가장 확실한 방법은 대출 당시의 금융기관에 확인하여 대출 당시의 주민등록등본을 확인해 본다. 대출 당시에 동일세대원이라면 임차인임을 주장할 수 없다.

e) 계약서 확인

이해관계인의 협조를 얻어 제출된 임대계약서를 확인한다. 소유자 주소 및 물건지 주소와 임차인 주소를 비교하여 전혀 다른 곳이라면 중개업소에 확인하여 허위임을 확인할 수 있고, 당사자 간에 작성된 경우에는 기재 사항이 부실하게 작성되었을 가능성이 높다.

4. 선순위임차인의 여러 분석 사례

1) 입증책임

선순위로 신고된 임차인은 일단 진실한 임차인이라고 간주한다.
따라서 허위 임차인인지에 대한 입증책임은 낙찰자에게 있다.

2) 채권자가 임차인인 물건

소유자가 임차인에게 담보를 제공한 경우에 해당된다. 소유자가 임차인에게 저당을 설정해주고 돈을 빌린 경우에 해당되는데 임차인도 채권자이고 다른 채권을 갖는다 해서 임차보증금에 대한 채권이 없어지는 것이 아니다. 따라서 임차인이 선순위임차인이라면 그 자체로는 임대차관계가 부정되는 것은 아니다.

3) 부부간의 임대차

소유자와 혼인 관계에 있는 자는 민법상 부부별산제라고 하더라도 임대차관계는 부정된다. 따라서 부부간에는 임대차가 존재할 수 없으며 이혼 시에는 이혼한 다음날 0시부터 임대차관계가 성립한 것으로 본다.

4) 친·인척간의 임대차

부모와 자식이나 형제간에 임대차가 성립하는가 하는 것은 미성년자를 제외하고는 원칙적으로 인정된다.

144 | 특수 경매 바이블

하지만 인도 과정에서 인도소송으로 진행된다면 임대차 여부를 인정받을 때까지 계속 자료 보정을 요구 받는다.

실제 보증금을 주고 받았는지에 대하여 주로 통장 거래내역으로 입증하여야 하며, 입주 전 계약서를 첨부하거나 금융거래 내역을 확인하기도 한다.

5. 무상거주확인서가 제출된 경우에서 선순위임차인의 대항력에 대한 주요판례 분석

판례 1 　무상거주확인서가 있어도 대항력을 인정한 판례 – 1

▶ 2003 타경 32360의 낙찰 당시 상황

2003 타경 32360 　• 서울북부지방법원 본원 　• 매각기일 : 2005.03.22(화)(10:00) 　• 경매 4계(전화 : 02-910-3674)

소재지	서울특별시 ○○구 ○○동 624, ○○주공아파트 1605동 1층 104호 도로명주소검색						
물건종별	아파트(25평형)	감정가	110,000,000원	오늘조회 : 1　　2주누적 : 1　　2주평균 : 0 조회동향			
대지권	37.05m²(11.208평)	최저가	(64%)70,400,000원	구분	입찰기일	최저매각가격	결과
건물면적	59.39m²(17.965평)	보증금		1차	2004-11-16	110,000,000원	유찰
매각물건	토지 · 건물 일괄매각	소유자	조○○	2차	2004-12-14	88,000,000원	유찰
개시결정	2003-12-22	채무자	조○○	3차	2005-03-22	70,400,000원	
사건명	임의경매	채권자	(주)○○은행	낙찰 : 74,009,000원 (67.28%)			
				(입찰1명)			
				배당기일 : 2005.05.24			
				배당종결 2005.05.24			

• 매각물건현황 (감정원 : ○○감정평가 / 가격시점 : 2004.06.26)

목록	구분	사용승인	면적	이용상태	감정가격	기타
건물	15층중 1층		59.39m² (17.97평) (25평형)	방2, 거실, 주방, 화장실, 현관, 다용도실, 발코니	77,000,000원	
토지	대지권		170507.8m² 중 37.05m²		33,000,000원	
현황 위치	* ○○중학교 북측 인근에 위치 * 주변환경은 보통 * 중·소형차량 출입 용이 * 교통여건 보통임 * 사다리형 토지					
참고사항	* 낙찰 : 2005-01-18 * 낙찰가 : 81,300,000원 * 입찰인원수 : 3명 * 대금미납					

• 임차인현황 (배당요구종기일 : 2004.09.23)

임차인	점유부분	전입/확정/배당	보증금/차임	대항력	배당예상금액	기타
윤○○	주거용 전부	전 입 일 : 2002.07.10 확 정 일 : 미상 배당요구일 : 없음	보70,000,000원		배당금 없음	권리신고 없음

• 등기부현황 (채권액합계 : 131,200,000원)

NO	접수	권리종류	권리자	채권금액	비고	소멸여부
1	2003.03.03	소유권이전(매매)	조○○			
2	2003.03.03	근저당	(주)○○은행	91,200,000원		
3	2003.05.07	근저당	김○○	40,000,000원		
4	2003.09.19	압류	서울특별시 ○○구 (세무1과)			
5	2003.12.22	임의경매	(주)○○은행	청구금액 : 83,922,467원	2013타경32360	

[2003 타경 32360]

임 대 차 관 계 조 사 서

1. 임차 목적물의 용도 및 임대차 계약등의 내용

[소재지] 1. 서울특별시 ○○구 ○○동 624 ○○주공아파트 1605동 1층 104호				
1	점유인	윤○○	당사자구분	임차인
	점유부분	전부	용도	주거
	점유기간	미상		
	보증(전세)금	70,000,000원	차임	없음
	전입일자	2002.07.10	확정일자	미상

[2003 타경 32360의 명도판례]

2005 가단 27666

서 울 북 부 지 방 법 원

판 결

사 건 2005가단27666 건물명도

원 고 김○○

서울 은평구

송달장소 수원시

소송대리인 김○○

피 고 윤○○

서울 ○○구

변 론 종 결 2005. 11. 25.

판 결 선 고 2005. 12. 09.

주문

1. 피고는 원고로부터 금 70,000,000원을 지급받음과 동시에 원고에게 별지 목록 기재 부동산을 인도하라.

2. 원고의 나머지 청구를 기각한다.

3. 소송비용 중 50%는 원고의, 나머지 50%는 피고의 각 부담으로 한다.

4. 제1항은 가집행할 수 있다.

청구취지

피고는 원고에게 별지 목록 기재 부동산(이하 "이 사건 부동산"이라 한다.)을 인도하라.

이 유

1. 갑 제1호증(등기부등본)의 기재에 의하면 이 사건 부동산에 관하여 서울북부지방법원 2005. 4. 25. 접수 제○○호로 2005. 4. 25. 임의경매로 인한 매각을 원인으로 하여 원고 앞으로 소유권이전등기가 경료되어 있는 사실을 인정할 수 있고 반증이 없으므로 이 사건 부동산은 원고의 소유로 추정되고, 피고가 이 사건 부동산을 점유하고 있는 사실은 당사자 사이에 다툼이 없으므로, 피고는 그 점유권원 을 주장 입증하지 못하는한 원고에게 이 사건 부동산을 인도할 의무가 있다.

2. 가. 피고는, 자신은 이 사건 부동산의 임차인이므로 원고로부터 임대차보증금 7.000만 원을 지급받기 전에는 원고의 이 사건 청구에 응할 수 없다고 주장하므로 살피건대, 갑 제1호증(등기부등본), 을 제1호증(주민등록등본), 을 제2호증의 1(아파트임대차계약서), 2(영수증), 을 제3호증의 1(부동산임대차계약서 앞면), 2(같은 계약서 뒷면), 을 제4호증(영수증)의 각 기재에 변론 전체의 취지를 종합하면, 피고는 2002. 2. 5. 이 사건 부동산의 당시 소유자인 김○○와 사이에 이 사건 부동산들 임대차보증금 7,000만 원, 임대차기간 2년으로 하는 주택임대계약을 체결하고 김○○에게 위 임대차보증금을 지급하고 2002. 3. 22.경 이 사건 부동산에 입주한 다음 2002. 7. 10. 전입신고를 하고 임대차계약서에 확정일자를 부여받은 사실, 그 후 조○○이 2003. 1. 27. 김○○로부터 이 사건 부동산들 매수하기로 하는 매매계약을 체결하고 피고에게 임대차계약서의 재작성를 요구하였고, 이에 조○○과 피고는 2003. 2. 13. 이 사건 부동산에 관하여 임대차보증 금 7,000만 원, 임대차기간 2003. 2. 13.부터 2005. 2. 12.까지로 하는 아파트임대차계약서(을 제2호증의 1)를 작성하고 김○○로부터 위 임대차보증금을 반환받아 조○○에게 지급한 사실, 원고는 주식회사 ○○은행이 조○○에 대한 2003. 3. 3.자 근저당권에 기하여 2003. 12. 20.

신청한 서울북부지방법원 2003타경ㅇㅇ호 부동산 임의경매절차에 참가하여 2005. 4. 25. 최고가매수인으로 이 사건 부동산을 매각받은 사람인 사실, 한편 이 사건 부동산에는 위 2003. 3. 3.자 근저당권설정등기보다 앞서는 제한물권이 없는 사실을 인정할 수 있고 반증이 없는바, 위 인정사실에 의하면 피고는 2002. 7. 10. 이 사건 부동산에 전입신고를 하고 이 사건 부동산을 인도받아 점유하던 중 2003. 2. 13. 조ㅇㅇ과 새로운 임대차계약을 체결함으로써 2003. 2. 13. 주택 임 대 차보호법 제3조 제1항 소정의 대항력을 취득하였으므로 같은 법 제3조 제2항 소정의 임차주택의 양수인인 원고에게 위 임대차보증금의 반환을 구할 수 있다 할 것이므로, 이를 지적하는 피고의 위 주장은 이유 있다.

나. 이에 대하며 원고는, 피고가 2003. 2.경 이 사건 부동산에 근저당권을 설정하려는 주식회사 ㅇㅇ은행에게 무상거주인 확인 각서를 작성.교부하였고, 원고는 위 각서를 신뢰하여 감정가 금 1억 1,000만 원인 이 사건 부동산을 금 7,400만 원에 매각받았는바, 원고가 이 사건 부동산을 매각받음에 있어 이 사건 임대차를 고려하지 않고 매각대금을 결정하게끔 신뢰를 준 피고가 종전과 배치되는 주장을 하면서 위 임대차보증금의 반환을 구함은 신의성실의 원칙 내지 금반언의 원칙에 위배되는 행위라고 주장등하므로 살피건대, 이 법원의 주식회사 ㅇㅇ은행에 사실조회결과에 변론 전체의 취지를 종합하면, 피고가 조ㅇㅇ의 부탁으로 2003. 2.경 조ㅇㅇ에게 자금을 대출하려고 하는 주식회사 ㅇㅇ은행을 찾아가 "피고는 이 사건 부동산에 무상으로 거주하고 있으며, 그러한 사실이 허위로 밝혀질 경우 모든 손해는 피고가 부담한다"는 취지의 각서에 자필로 서명하여 제출한 사실을 인정할 수 있고 반증이 없으나, 한편 갑 제3호증의 3(부동산현황조사보고서)의 기재에 변론 전체의 취지를 종합하면, 위 경매법원의 명에 의하여 이 사건 부동산에 대한 현황조사를 마친 집행관 박ㅇㅇ가 이 사건 부동산에는 피고가 임대차보증금 7,000만 원에 입주하고 있음을 밝히는 부동산현황 조사보고서를 위 경매법원에 제출한 사실을 인정할 수 있고 반증이 없는바, 위 인정사실에 의하면 원고는 위 부동산 현황조사보고서를 보고 위 경매절차에서 대항력 있는 피고의 임차권이 있다는 사실을 알고 있었다 할 것이고, 한편 피고가 이 사건 경매절차와는 아무런 관련도 없이 행한 이 사건 부동산에 대한 임대차조사에서 피고의 임대차사실을 숨겼다 하여도 이 사건 경매절차에서는 이를 분명히 한 이상 원고로 하여금 매각대금을 결정하게끔 신뢰를 준것이라고는 할 수 없다 할 것이므로 위와 같이 일시 임대차관계를 숨긴 사실만을 가지고서 피고의 이 사건 동시이행의 항변이 신의성실의 원칙이나 금반언의 원칙에 반하는 것이라고는 볼 수 없다 할 것이므로, 결국 원고의 위 주장은 받아들이지 않는다.

3. 그렇다면, 피고는 원고로부터 금 7,000만 원을 지급받음과 동시에 원고에게 이 사건 부동산을 인도할 의무가 있으므로, 원고의 이 사건 청구는 위 인정범위 내에서 이유있어 이를 인용하고, 나머지 청구는 이유 없어 이를 기각하기로 하여 주문과 같이 판결한다.

판사 좌ㅇㅇ

이 사례에서는 원고가 채권자인 은행에서 임차인의 무상거주확인서가 존재함을 확인하고 선순위임차인이라도 대항력이 없는 것으로 판단하고 낙찰받은 사례이다. 그러나 인도 소송에서 패소하여 보증금 전액을 부담하게 되었는데 그것은 밑줄 친 부분에서 명확히 나타나듯이 집행관의 현황조사서 상에 임차인임을 밝혔기 때문이다. 낙찰자의 입장에서 보면 경매 절차에 임차인이 있음을 알 수 있었는데 대출 당시에 행한 무상거주확인서를 가지고 인도소송절차에서 대항력을 부인하는 증거로 활용할 수는 없다는 것이다. 더 나아가 다음 사례는 무상거주확인서를 제출한 은행의 인도소송에서도 대항력을 인정하였다.

> 판례 2 무상거주확인서가 있어도 대항력을 인정한 판례 - 2

▶ 86 다카 1852

대법원 1987.1.20. 선고 86다카 1852 판결【건물명도】
[집 35(1)민, 30 : 공1987.3.1. (795), 307]

- -

【판시 사항】
은행직원이 행한 담보물건에 대한 임대차조사에서 임차인이 임대차 사실들 숨겼으나 그 경매절차에서는 임대차 관계의 존재를 분명히 한 경우, 은행의 건물명도청구에 대한 임차인의 임차보증금 반환과의 동시이행의 항변이 신의칙에 반하는지 여부

【판결요지】
은행직원이 근저당권실행의 경매절차와는 아무런 관련도 없이 행한 담보건물에 대한 임대차 조사에서 임차인이 그 임차사실을 숨겼다고 하더라도 그 후의 경매절차에서 임대차 관계가 분명히 된 이상은 은행이 경매가격을 결정함에 있어서 신뢰를 준 것이라고는 할 수 없는 것이므로, 위와 같이 일시 임대차관계를 숨긴 사실만을 가지고서 은행의 건물명도청구에 대하여 임차인이 주택임대차보호법 제3조 소정의 임차권의 대항력에 기하여 하는 임차보증금 반환과의 동시이행의 항변이 신의성실의 원칙에 반하는 것이라고는 볼 수 없다.

【참조조문】
민법 제2조, 제 536조, 주택임대차보호법 제3조

【전 문】

【원고, 피상고인 】주식회사 ○○은행

【피고, 상 고 인】박○○

【원심판결 】부산지방법원 1986. 7. 11 선 고 86나274 판결

【주문】

원심판결를 파기하고, 사건을 부산지방법원 합의부에 환송한다.

【이 유】

상고이유를 본다.

1. 원심판결 이유에 의하면, 원심은 거시증거에 의하여 원판시의 이 사건 건물에 관하여 1985.1.23자 경락을 원인으로 하여 같은해 3.6자로 원고명의로 소유권이전등기가 경료되어 있는 사실들 확정한 다음 원고의 이 사건 건물의 명도청구에 대한 피고의 주택임대차보호법 제3조 소정의 임차권의 대항력에 기한 임차보증금 반환과의 동시이행 항변에 대하며 이 사건 건물에 대한 피고 주장의 임차권은 인정되지만 이 사건 건물의 전소유자인 소외 정ㅇㅇ는 이 사건 건물의 원래의 소유자인 피고로부터 이 사건 건물을 대물변제로서 양도받은 이후에 피고의 처인 소외 장ㅇㅇ를 위하여 그가 원고로부터 사업자금를 대부받음에 있어 이 사건 건물 및 그 대지를 부산 ㅇㅇ구 ㅇㅇ동 26의 18 토지와 함께 공동담보물로 제공하여, 1982.1.21 위 각 부동산에 채권최고액 80,000,000원에 원고 앞으로의 근저당권설정등기를 경료한 사실, 원고는 위 각 부동산들 담보로 하여 위 장ㅇㅇ에게 수차에 걸쳐 사업자금을 대출하던중 1984.7.3 원고의 직원인 소외 김ㅇㅇ이 이 사건 각 건물 및 그 대지에 대한 담보가치를 파악하기 위하여 임대차조사를 하러 나갔는데, 이때 이 사건 건물에 거주하고 있던 피고는 자신과 위 정ㅇㅇ간의 임대차 사실이 밝혀질 경우, 이 사건 건물에 대한 임대차보증금액 상당의 담보가치가 감소되어 그후 추가로 대출을 받는데 어려움이 있을 것을 예상하고, 피고의 임대차 사실은 숨기고서 위 임대차 사실이 없다는 내용의 서류(갑 제4호증)에 서명, 날인들 한 사실, 그 후인 같은해 11.1경 원고는 위 근저당권의 피담보채무가 변제되지 않았음를 이유로 이 사건 건물 및 그 대지와 위 ㅇㅇ동 26의 18 토지에 대항 임의경매신청을 하여 경매에 이르게 되었고, 경매법원은 위 각 부동산에 대한 시가감정결과에 따라 최저경매가격을 합계 금 67,613,600원으로 정하였는데, 위 경매절차에서의 임대차조사보고서에는 임차보증금 20,000,000원인 피고의 임대차 사실이 기재되어 있었지만, 원고는 앞서본 같은해 7.3설한 원고의 임대차조사에서 피고가 자신의 임대차 사실이 없다고 확인해 준 것을 신뢰하고, 경매기일에 위 각 부동산 전부에 대하여 경매가격들 67,613,600원으로 신고하여 경락받은 사실이 인정되므로 이에 의하면, 원고의 담보물현황조사에 있어서, 담보물의 담보가치 평가에 따라 추가대출 규모가 정하여지고, 차후 담보권이 실행될 경우 피고의 임차보증금 반환채권의

대항력 여부가 경매가격의 결정에 중요한 영향을 미친다는 것을 충분히 예상할 수 있음에도 불구하고, 앞서 본 바와 같은 서류(갑 제 4호증)에 서명, 날인을 하면서까지 원고로 하여금 임차보증금의 반환염려없는 담보물을 확보하고 있음을 전제로 하여 그 담보가치에 따른 대출규모를 정하게 하고, 원고 자신이 위 각 건물들 경락받음에 있어서도 위 임대차를 고려하지 않고 경매가격를 결정하게끔 신뢰를 준 피고가 그 스스로 이와 배치되는 주장들 하면서, 임차보증금의 반환을 구함은 신의성실의 원칙에 위배되는 행위라고 인정함이 상당하다 할 것이므로, 결국 위 임차보증금 반환채권이 있음를 전제로 한 피고의 동시이행의 항변은 받아들일 수 없다고 판단하고 있다.

2. 그러나, 원심이 확정한 사실관계와 기록에 의하면, 이 사건 건물에 대한 임의경매신청 사건에 있어서 집달관이 작성한 임대차조사보고서(을 제3호증)에 의하면, 이 사건 건물에는 피고가 임차보증금 20,000,000원에 무기한으로 입주하고 있는 사실이 조사 보고되어 있는 이상 원고는 위 경매절차에서 원고의 근저당권에 대항할 수 있는 피고의 임차권이 있다는 사실을 알고 있었다 할 것이고 한편 피고가 원고의 직원이 이 사건 경매절차와는 아무런 관련도 없이 행한 이 사건 건물에 대한 임대차조사에서 피고의 임대차사실을 숨겼다 하여도 이 사건 경매절차에서는 이를 분명히 한 이상 원고로 하여금 경매가격를 결정하게끔 신뢰를 준 것이라고는 할 수 없다 할 것이므로 위와 같이 일시 임대차관계를 숨긴 사실만를 가지고서 피고의 이 사건 동시이행의 항변이 신의성실의 원칙에 반하는 것이라고는 볼 수 없다할 것이다.

원심이 위와 같이 피고의 이 사건 건물에 대한 임대차보증금의 반환를 구하는 주장이 신의성실의 원칙에 반하는 것이라고 판시한 것은 결국 신의성실의 원칙에 관한 법리를 오해한 위법이 있다고 할 것이므로 이 점에 관한 논지는 이유있다.

3. 따라서, 원심판결를 파기하고, 사건들 원심은 부산지방법원 합의부로 환송하기로 관여 법관의 의견이 일치되어 주문과 같이 판결한다.

대법관 박ㅇㅇ(재판장), 김ㅇㅇ, 정ㅇㅇ, 김ㅇㅇ

(출처 : 대법원 1987.1.20. 선고 86다카1852 판결 【건물명도】 [집35(1)민, 30 : 공1987.3.1.(795), 307])

이 사례에서도 임차인이 대출 당시에 무상거주확인서를 은행에 제출하였지만 집행관의 현황 조사서에 임차인으로 조사 보고 되어 있었다. 앞선 사례와 다른 점은 채권자인 은행이 낙찰되어 은행에 제출된 무상거주확인서를 근거로 인소소송을 했다는 것이다. 채권자인 은행의 입장에서 보면 임차인이 신의칙 및 금반언의 원칙을 어긴 것인데 이를 근거로 인도소송을 하였지만 경매 절차에서 낙찰자가 임차인이 있음을 알 수 있었다면 대항력이 인정된다는 사례이다. 결국 임차인이 경매 절차에 참여한다면 무상거주확인서는 있으나 마나한 것이 되었다.

판례 3 **무상거주확인서로 인하여 배당이의 소송에서 임차인이 패소한 판례**

▶ **97다12211**

배당이의[대법원, 민사, 1997.06.27, 97다12211]
배당이의 [대법원 1997.6.27, 선고, 97다12211, 판결]

- -

【판시 사항】
근저당권자가 담보로 제공된 건물에 대한 담보가치를 조사할 당시 대항력을 갖춘 임차인이 그 사실을 부인하고 임차보증금에 대한 권리주장을 않겠다는 내용의 확인서를 작성해 준 경우, 그 후 그 건물에 대한 경매절차에 참가하며 배당요구를 하는 것이 신의칙에 반한다고 본 사례

【판결요지】
근저당권자가 담보로 제공된 건물에 대한 담보가치를 조사할 당시 대항력을 갖춘 임차인이 그 임대차 사실을 부인하고 임차보증금에 대한 권리주장을 않겠다는 내용의 확인서를 작성해 준 경우, 그 후 그 건물에 대한 경매절차에서 이를 번복하여 대항력 있는 임대차의 존재를 주장함과 아울러 근저당권자보다 우선적 지위를 가지는 확정일자부 임차인임을 주장하여 그 임차보증금반환채권에 대한 배당요구를 하는 것은 특별한 사정이 없는 한 금반언 및 신의칙에 위반되어 허용될 수 없다고 본 사례

【참조조문】
민법 제2조
주택임대차보호법 제13조의2
민사소송법 제605조 제1항

【참조판례】
대법원 1987. 5. 12. 선고 86다카2788 판결(공1987, 973),
대법원 1987. 12. 8. 선고 87다카1738 판결(공1988, 270),
대법원 1987.11.24. 선고 87다카1708 판결(공1988, 164)

【전문】
　【원고, 피상고민】
주식회사 ○○상호신용금고(소송대리인 변호사 전○○)
　【피고, 상고민】
홍○○
　【원심판결】
수원지법 1997. 2. 14. 선고 96나8861 판결
　【주문】
상고를 기각한다. 상고비용은 피고의 부담으로 한다.

　【이유】
상고이유를 본다.

원심판결의 이유에 의하면, 원심은 거시 증거에 의하며, 원고 금고는 소외 이○○에게 금 21,000,000원을 대출함에 있어서 그 담보로 같은 달24. 소외 최○○ 소유의 이 사건 건물에 관하여 채권최고액 금 29,400,000원의 근저당권을 설정하였으나 위 대출금이 제대로 변제되지 아니하자 위 근저당권에 기하여 수원지방법원에 경매신청을 한 결과 1996. 3.7. 소외 이○○가 금 20,520,000원에 낙찰받아 그 대금을 완납한 사실, 한편 피고는 이 사건 건물을 보증금 22,000,000원에 임차하여 1994.4. 2. 입주함과 동시에 전입신고를 마치고 같은해 8.19. 위 최○○과 사이에 작성한 임대차계약서상에 확정일자까지 받았음

에도 위 이○○이 원고로부터 대출받을 당시 이 사건 건물의 담보가치를 높이고자, 1994. 9. 26.경 "이 사건 건물의 소재지에 피고의 주민등록이 마쳐져 있으나 실제로는 거주하지 아니할 뿐더러 임대차계약을 체결한 바가 없으며 향후 원고 금고가 담보권을 실행할 때 임차보증금에 관한 권리를 주장하지 않겠다."는 내용의 확인서를 작성하여 피고의 인감증명서와 함께 원고 금고에 제출함으로써 원고 금고로 하며금 위 확인서의 내용을 믿고 이 사건 건물의 담보가치를 높게 평가하여 위 금 21,000,000원을 대출하게 한 사실, 그런데 피고는 위 경매절차에서 확정일자부 임차인으로서 위 보증금에 대한 배당요구를 하였고 위 집행법원은 1996.5. 14.자 배당기일에서 위 낙찰대금 및 그에 대한 이자에서 집행비용을 공제한 나머지 금 18,560,067원을 실제로 배당함에 있어서, 피고에게 최선순위로 위 금액을 전액 변제하는 배당표를 작성·제시하였으나 원고가 이에 이의한 사실 등을 인정하였는바, 기록에 의하면 원심의 이러한 사실인정은 정당하고 거기에 소론과 같은 채증법칙 위배로 인한 사실오인의 위법이 없다.

나아가 신의칙에 관한 법리오인의 점에 관하여 보건대, 사실관계가 위와같다면, 피고는 이 사건 건물을 보증금 22,000,000원에 임차한 후 인도 및 전입신고를 마쳐 대항력 있는 임차인의 지위에 있음에도 이 사건 건물의 소유자가 원고 금고로부터 금원을 대출받기 위하여 이 사건 건물을 물상담보로 제공하려고 하자 "임대차계약을 체결하거나 보증금을 지급한 바가 없을 뿐더러 향후 임차보증금에 대한 권리주장을 하지 않겠다."는 내용의 확인서를 직접 작성하여 피고의 인감증명서와 함께 원고 금고에 제출함으로써 위 확인서의 내용을 믿은 원고 금고로 하여금 이 사건 건물에 대한 담보가치를 높게 평가하여 금 21,000,000원을 대출하도록 하였음에도 불구하고 이 사건 경매절차에서 이를 번복하여 대항력을 갖춘 임대차의 존재를 주장함과 아울러 원고보다 우선적 지위를 가지는 확정일자부 임차인임을 내세워 그 임차보증금반환채권에 대한 배당요구를 하는 것은 특별한사정이 없는 한 금반언 및 신의칙에 위반되어 허용될 수 없다고 할 것인바, 같은 취지의 원심판결은 정당한 것으로 수긍이 가고 거기에 소론과 같은 신의칙에 관한 법리오인의 위법이 있다고 할 수 없다. 논지는 이유 없다.

그러므로 상고를 기각하고 상고비용은 패소자의 부담으로 하기로 하며 관여법관의 일치된 의견으로 주문과 같이 판결한다.

대법관 이○○(재판장), 박○○, 박○○(주심), 김○○

이 판례는 무상거주확인서의 효용성을 말하는 것으로 경매 절차에서 임차인임을 분명히 한다고 해도 채권자임을 포기하는 무상거주확인서를 작성한 이상 다른 채권자들의 이익을 해치는 것은 허용될 수 없음을 보여주고 있다. 따라서 배당이의의 소에서는 무상거주확인서의 존재로 임차인의 우선변제권이나 최우선변제권을 인정받을 수 없다.

판례 4 무상거주확인서가 있어도 대항력을 인정받지 못한 판례-1

▶ **86 다카 2788**

판례 : 대법원 87.05.12 선고 86 다카 2788 판결

건물명도

원심 : 부산지법 86.11.10 선고 85나1270 [공1387 973]

참조조문 : 민법 제2조 제1항

【판시 사항】

01. 임차보증금 반환을 내세워 건물명도청구를 거부하는 것이 금반언 및 신의측에 위반된다고 본 사례

【판결 요지】

01. 갑이 을소유의 건물을 보증금 15,000,000원에 임차하여 입주하고 있던중 을이 병을 위하여 은행에 위 건물을 물상담보로 제공함에 있어 을의 부탁으로 갑이 은행직원에게 보증금 없이 입주하고 있다고 말하고 그와 같은 내용의 확약서까지 만들어 줌으로써 위 은행으로 하여금 위 건물에 대한 담보가치를 높게 평가하도록 하여 병에게 계속 대출하도록 하였다면 위 은행의 위 건물명도청구에 있어서 갑이 이를 번복하면서 위 임차보증금의 반환을 내세워 그 명도를 거부하는 것은 금반언 및 신의측에 위반된다.

【판결 전문】

원고, 피상고인 중소기업은행 피고, 상고인 김ㅇㅇ

【원심판결】

부산지방법원 1986.11.10선고, 85나1270 판결

【주문】

상고를 기각한다. 상고비용은 피고의 부담으로 한다.

【이유】

상고이유를 본다.

원심판결은 그 이유에서 피고가 소외 윤○○으로부터 그 소유의 이 사건 건물을 보증금 15,000,000원에 임차하여 주민등록까지 옮기고서 입주하였지만 그후 소외 주식회사 ○○이 원고 은행으로부터 대출을 받을때 위 윤○○이 이 사건 건물을 담보로 제공하면서 위 건물의 담보가치를 높이고자 피고에게 부탁하여 피고가 사실은 위와 같이 보증금을 주고 임차했으면서도 원고 은행직원에게 보증금없이 입주하고 있다고 말하고 그와 같은 내용의 확약서까지 만들어 주어서 원고 은행으로 하여금 위 부동산에 대한 담보가치를 높게 평가하도록 하여 위 회사에게 계속 대출하도록 한 사실을 그 증거에 의하여 확정하고 나서 그럼에도 불구하고 피고가 원고의 이 사건명도청구에 즈음 하여서는 이를 번복하면서 위 임차보증금의 반환을 내세워 그 명도를 거부하는 것은 금반언 및 신의칙에 위반되는 것이라고 판시하고 있다.

그리고 위 증거와 갑 제5호증의 1, 2(경매기록)에 의하면, 이 사건 부동산에 대한 경매절차가 끝날때까지도 원고가 위와 같은 임대차관계를 모르고 있었던 사실을 인정할 수 있으므로 사실이 이와 같다면, 원심의 판단은 결국 정당하게 수긍이 가고 거기에 주장하는 바와 같은 법리의 오해나 채증법칙을 어긴 위법이 없다. 주장은 이유없다.

그러므로 상고클 기각하고, 상고비용은 피고의 부담으로 하여 관여법관의 일치된 의견으로 주문과 같이 판결한다.

재 판 장 대 법 관   정 ○ ○, 대 법 관   이 ○ ○, 대 법 관   윤 ○

임차인이 대항력을 인정받지 못하는 이 두 개의 판례의 논리는 명확하다.

낙찰인이 경매 절차에서 선순위임차인이 존재함을 알 수 있었는가의 여부이다. 임차인이 배당요구를 하였거나 집행관의 현황조사서에도 나타나지 않아 낙찰자가 선순위임차인의 존재를 알 수 없었다면 대항력을 인정할 수 없다는 것이다.

판례 5 무상거주확인서가 있어도 대항력을 인정받지 못한 사례-2

▶ **87 다카 1738**

판례 : 대법원 87.05.12 선고 86 다카 2788 판결

건물명도

원심 : 부산지법 86.11.10 선고 85나1270 [공1387 973]

참조조문 : 민법 제2조 제1항

- -

【판시 사항】

01. 채증법칙위배 내지 심리미진의 위법이 있다 하여 원심판결을 파기한 사례

02. 건물임차인이 임대료 반환을 요구하면서 명도를 거부하는 것이 금반언 내지 신의칙에 위반된다고 한 사례

【판결 요지】

01. 채증법칙위배 내지 심리미진의 위법이 있다 하여 원심판결들 파기한 사례

02. 임대인인 갑이 을에게 임차하여준 자기소유의 건물을 담보로 제공하고 은행융자를 받음에 있어 임차인인 을이 위 건물의 담보가치를 높게 평가받도록 하기 위하여 은행직원에게 아무런 임료도 지급함이 없이 무상으로 거주하고 있다는 거짓내용의 확인서를 작성해 주었으며 또 위 건물에 대한 경매절차가 끝날 때까지도 그 임대차관계를 밝히지 아니하여 경락인인 병이 이를 알지 못하였다면 을 이 병의 명도청구에 즈음하여서 태도를 번복하여 그 임대료(전세금)반환을 요구하면서 그 명도를 거부하는 것은 특단의 사정이 없는 한 금반언 내지 신의칙에 위반된다.

【판결 전문】

원고, 피상고인 김ㅇ이 소송대리인 변호사 노ㅇㅇ

피고, 상고인 권ㅇㅇ 외 9인 피고들 소송대리인 변호사 서ㅇㅇ

【원심판결】

부산지방법원 1987.6.10 선고, 86나180 판결

【주문】

원심판결을 파기하고, 사건을 부산지방법원 합의부로 환송한다.

【이유】

피고들 소송대리인의 상고이유를 판단한다.

원심판결 이유에 의하면, 원심은 피고 권ㅇㅇ이 전소유자인 소외 유ㅇㅇ으로부터 이 사건 건물을 임차하였다는 피고들 주장에 부합하는 판시 여러 증거들을 배척하고, 특히 그 중 중요한 증거인 을 제1, 8호증(각 임대차계약서)에 대하여는 그 채택증거들을 내세워, 피고 권ㅇㅇ과 그의 처인 소외 정ㅇㅇ은 1979.6.부터 위 건물의 원소유자로서 위 피고의 동서인 소외 하ㅇㅇ으로부터 위 건물을 무상으로 사용하는 것을 승낙받아 위 건물에 입주하고 있는 것을 기화로, 위 하ㅇㅇ으로부터 위 건물들 1981.4.경 양수한 소외 유ㅇㅇ으로부터도 아무런 임차사실이 없음에도 불구하고, 위 피고가 1984.8.경 위 건물들 경락받은 원고에게 대항하기 위하여 위 건물에 대한 위 유ㅇㅇ 명의의 임대차계약서인 위 을 제1, 8호증을 위조한 것이라고 인정한 다음, 피고 권ㅇㅇ이 위 유ㅇㅇ으로부터 위 건물을 임차하였음을 전제로 하는 피고들의 이 사건 동시이행 항변은 더 살펴볼 필요없이 이유없다 하여 배척하고 있다.

그러나 원심이 확정한 바와 같이 피고 권ㅇㅇ이 1979.6.경부터 그 동서인 소외 하ㅇㅇ으로부터 이사건 건물을 무상 사용할 것을 승낙받고 입주하였다 하더라도 1981.4.경 판시와 같이 소외 유ㅇㅇ이 위 건물을 양도받아 그 소유권을 취득한 후 3년이 지나도록 새로운 소유자인 위 유ㅇㅇ과 사이에 아무런 법률관계의 설정도 없이 계속하여 그대로 이에 거주한다는 것은 이 점에 관한 합리적인 이유가 없는 한우리의 경험칙에 비추어 쉽사리 수긍이 되지 아니할뿐 아니라, 피고들이 소론 임대차의 증거로 제출한 을 제1, 8호증을 보면 이는 1981.4.28자 및 1983.5.8자로 된 피고 권ㅇㅇ(권ㅇㅇ의 처 정ㅇㅇ 명의)과 소유자인 위 유ㅇㅇ간의 임대차계약서로서 원심은 이것들 피고 권ㅇㅇ이 위조한 것이라고 결론지었을 뿐, 어떻게 위조하였는가의 점에 관한 아무런설시도 없다. 도리어 원심이 배척하지도 아니한 을 제9호증의 17(수사보고서, 갑 제5호증의7과 같다.)의 기재에 의하면, 위 임대차계약서에 찍힌 유ㅇㅇ의 도장과 위 유ㅇㅇ이 작성한 이 사건 건물의 소유권이

전등기신청서에 찍힌 도장의 인영이 서로같다는 것이어서 만약 위 임대차계약서에 찍힌 유ㅇㅇ의 인영이 유ㅇㅇ 자신의 도장에 의한 것으로 인정이 된다면 위 임대차계약서는 그 진정성립이 추정된다 할 것인데(따라서 위 문서가 위조되었다는 주장과 입증은 원고가 하여야 할 것이다.) 원심이 위임대차계약서를 피고 권ㅇㅇ이 위조한 것이 라고 단정한 근거로 들고 있는 증거 들을 살펴 보면, 갑 제5호증의5는 소외 유ㅇㅇ에 대한 경찰진술조서로서 동 소외인이 피고 권ㅇㅇ에게 이 사건 건물을 전세준 바 없고 위 임대차계약서는 자신이 작성하지 아니한 허위의 계약서라는 것일 뿐 자신의 도장이 거기에 어떻게 찍혔는가에 관하여는 아무런 합리적인 설명이 없어 그 진술내용은 선뜻 믿기 어렵다 할 것이고, 갑제5호증의4 및 을 제3호증의 29는 모두 원고에 대한 진술조서로서 원고가 이 사건 건물의임의경매신청인인 은행측으로부터 피고 권ㅇㅇ이이 사건 건물에 거주하고는 있으나 그 소유자인 위 유ㅇㅇ 에게 임대차보증금 등을 지불한 사실이 없다는 내용의 위 피고명의의 확인서(갑 제4호증의1)를 제시받아 보았고 또한 위 유ㅇㅇ의 말을 들어서 위 피고가 이 사건 건물을 위 유ㅇㅇ으로부터 임차한 일이 없는 것으로 안다는 내용이고, 갑 제4호증의1은 피고 권ㅇㅇ이 이 사건 건물에 대하여 임료 등을 지급하지 않고 무료로 거주하고 있다는 취지의 위 피고명의의 사실확인서이고, 을 제3호증의28, 30은 소외 양ㅇㅇ에 대한 증인신문조서 및 진술조서인데 위 양ㅇㅇ이 이 사건 건물의 임의경매신청인인 은행의 직원으로서 그 건물에 근저당권설정등기를 경료하고 소외 유ㅇㅇ에게 금전을 대출함에 있어서 위 유ㅇㅇ이 임대차관계없이 그 건물에 사는 사람이 있다기에 임대차관계를 알아보러 위 건물에 간 일은 있으나 당시 피고 권ㅇㅇ은 만나지 못하고 들어온 뒤에 위 유ㅇㅇ으로부터 피고 권ㅇㅇ 명의의 위 확인서 (갑 제4호증의1)와 동 피고의 인감증명서(갑 제4호증의2)를 건네받았다는 내용이어서 이5들만으로는 피고 권ㅇㅇ이 위 임대차계약서를 위조하였다고 단정할 자료가 된다 할 수는 없다 할 것이다.

그럼에도 불구하고 원심이 처분문서인 이사건 임대차계약서(을 제1호증의1, 8)의 진정성립에 관하여 필요한 심리를 해 보지도 아니한채 위와 같이 모호한 증거들을 내세워 위 서류들을 모두 피고 권ㅇㅇ이 위조한 것이고, 따라서 위 피고와 위 유ㅇㅇ 사이에 아무런 임대차관계가 없다고 단정하였음은 결국 그 심리를 다하지 아니하거나 채증법칙을 어겨 사실인정을 잘못한 위법을 범하였다 할 것이고 이점을 탓하는 상고논지는 이유있다 할 것이다.

다만 원고가 제출한 갑 제4호증의1은 피고 권ㅇㅇ이 이 사건 건물에 대하여 아무런 임대차관계없이 그냥 무료로 거주만하고 있다는 취지의 사실확인서인 바(이에 대하여 피고들은 이 확인서는 피고 권ㅇㅇ의 딸인 소외 권ㅇㅇ이 은행측에서 전세 살고 있는 여부를 확인한다기에 영문도 모르고 위 권ㅇㅇ의 도장을 내어 주어 날인한 것일 뿐 위 피고의의사에 기하여 작성된 것이 아니라고 주장하면서 그 진정성립을 다투고 있으나 원심이 채택한 위 갑 제5호증의4, 을 제3호증의 28, 29, 30의 각 기재에 의하면, 이 사건 건물에 대하여 판시 근저당권설정등 기가 된 다음 당시 소유자인 소외 유ㅇㅇ과 은행직원이 임대차관계를 알아보기 위하여 피고측을 찾아가 위의 확인서를 받아오고, 또 위 피고의 인감증명서까지 받았다는 것이어서 그 성립을 인정할 여지가 전혀없는 것도 아니라고 보여진다.) 만약 위 확인서의 성립이 인정된다면(원심도 그 성립을 인정하는 취지인 듯하다.) 이는 임차인인 피고 권ㅇㅇ이 소유자인 위 유ㅇㅇ로 하여금 은행융자를 받음에 있어 이 사건 건물의 담보가치를 높게 평가받도록 하기 위하여 위와 같이 아무런 임료도 지급함이 없이 무상으로 거주하고 있다는 거짓내용의 확인서를 작성해 준 것이라 할 것이고, 이 사건 건물에 대한 경매절차가 끝날 때까지도 그 임대차관계를 밝히지 아니하여 경락인인 원고가 이를 알지 못하였다면 위 피고가 원고의 이 사건 명도에 즈음하여 또다시 태도를 번복하여 그 임대료(전세금)반환을 요구하면서 그 명도를 거부하는 것은 특단위 사정이 없는 한 금반언 내지 신의칙에 위반된다 할 것인 바(당원 1987.5.12 선고, 86다카2788 판결 : 당원 1987.11.24 선고, 87다카1708 판결 참조) 원심은 이 점에 관하여도 심리를 하여야 할 것이다.

이에 원심판결을 파기하여 원심으로 하여금 더 심리케 하기 위하여 사건을 원심법원에 환송하기로 하고 관여법관의 일치된 의견으로 주문과 같이 판결한다.

재 판 장 대 법 관　배 ㅇ
대 법 관　윤 ㅇ ㅇ
대 법 관　최 ㅇ ㅇ

6. 무상거주확인서의 판례 분석을 통한 입찰 전략

이러한 여러 판례에서 일관성 있게 보이고 있는 태도는 임차인 보호이다.

임차인이 비록 일시적 감정으로 무상거주확인서를 작성하였다고 해도 입찰자가 이를 알수 있도록 경매절차에 참여하거나 현황조사서에 표시된다면 보호하여야 한다는 것이다. 따라서 채권자의 입장에서는 무상거주확인서는 채권확보에 아무런 도움이 되지 않으니 이를 믿고 대출해서는 안 될 것이다.

아울러 임차인이 무상거주확인서를 제출했을 때에는 채권자로서 배당에는 참여할 수 없으니 후순위임차인의 경우에는 보증금 전체를 돌려받지 못할 것이다. 또한 입찰자의 입장에서 무상거주확인서를 믿고 입찰해서는 막대한 손실을 입을 가능성이 높다.

일반적인 입찰자가 꺼려하여 해결만 잘 한다면 많은 수익을 낼 수 있는 좋은 기회이지만 임차인이 어떤 준비를 하였는가를 보며 입찰하여야 할 것이다.

Part Ⅱ 법정지상권이 있는 물건에 대한 경매투자

1. 법정지상권의 의의

1) 법정지상권이란?

당사자의 계약에 의하지 않고 법률의 규정에 의해 당연히 성립되는 지상권을 말한다. 토지의 소유자와 건물의 소유자가 다를 경우 일정한 조건을 충족하면 건물을 철거하지 않고 그대로 유지시켜 주는 것이 사회, 경제적으로 바람직하다는 차원에서 인정된 제도이다.

2) 법정지상권의 분석 필요성

경매에 있어서 주로 토지에 투자할 경우에 해당되며 토지를 낙찰받은 후 다른 사람의 건물이 존재하고 이를 철거할 수 없다면 토지의 효용성은 없게 될 것이다.

따라서 이러한 경우에는 토지가격이 시세보다 현저히 떨어질 수밖에 없고 입찰자는 저렴하게 토지의 소유권을 확보할 수 있을 것이다. 이후 건물을 철거할 수 있게 되거나 높은 지료를 받을 수 있다면 매매 차익이나 안정적인 지료 수입을 올리게 되어 좋은 투자 방식이 될 수 있다.

2. 법정지상권과 관습법상 법정지상권의 성립 요건

1) 법정지상권의 성립요건

a) 건물이 존재하여야 한다.

- 최선순위의 저당권설정 당시에 건물이 존재하여야 한다.
- 건물은 실제로 존재하고 있으면 되고 보존등기가 필요한 것은 아니다. 따라서 무허가건물이라도 무방하며, 사회관념상 독립된 건물로 볼 수 있을 정도에 이르지 않더라도 건물의 규모, 종류가 외형상 예상할 수 있는 정도까지 건축이 진전되어 있는 경우라면 법정지상권은 인정될 수 있다. (대법원 2010다67159 판결)

대법원 2011. 1. 13. 선고 2010다67159 판결

[1] 민법 제366조의 법정지상권은 저당권설정 당시 동일인의 소유에 속하던 토지와 건물이 경매로 인하여 양자의 소유자가 다르게 된 때에 건물의 소유자를 위하여 발생하는 것으로서, 토지에 관하여 저당권이 설정될 당시 토지 소유자에 의하여 그 지상에 건물이 건축 중이었던 경우 그것이 사회관념상 독립된 건물로 볼 수 있는 정도에 이르지 않았다 하더라도 건물의 규모, 종류가 외형상 예상할 수 있는 정도까지 건축이 진전되어 있었고, 그 후 경매절차에서 매수인이 매각대금을 다 낸 때까지 최소한의 기둥과 지붕 그리고 주벽이 이루어지는 등 독립된 부동산으로서 건물의 요건을 갖춘 경우에는 법정지상권이 성립한다.

[2] 건물공유자의 1인이 그 건물의 부지인 토지를 단독으로 소유하면서 그 토지에 관하여만 저당권을 설정하였다가 위 저당권에 의한 경매로 인하여 토지의 소유자가 달라진 경우에도, 위 토지 소유자는 자기뿐만 아니라 다른 건물공유자들을 위하여도 위 토지의 이용을 인정하고 있었다고 할 것인 점, 저당권자로서도 저당권 설정 당시 법정지상권의 부담을 예상할 수 있었으므로 불측의 손해를 입는 것이 아닌 점, 건물의 철거로 인한 사회경제적 손실을 방지할 공익상의 필요성도 인정되는 점 등에 비추어 위 건물공유자들은 민법 제366조에 의하여 토지 전부에 관하여 건물의 존속을 위한 법정지상권을 취득한다고 보아야 한다.

- 저당권이 설정될 당시에 존재하던 건물이 증·개축된 경우 양 건물 사이에 동일성이 인정되지 않더라도 구건물을 기준으로 하여 법정지상권은 인정된다.(대법원 2003 다1359,1366,1373 판결, 대법원 2009다66150 판결)

대법원 2004. 3. 25. 선고 2003다1359,1366,1373 판결

동일인의 소유에 속하는 토지 및 그 지상 건물에 관하여 공동저당권이 설정된 후 그 지상 건물이 철거되고 새로 건물이 신축된 경우에는, 그 신축건물의 소유자가 토지의 소유자와 동일하고 토지의 저당권자에게 신축건물에 관하여 토지의 저당권과 동일한 순위의 공동저당권을 설정해 주는

등 특별한 사정이 없는 한, 저당물의 경매로 인하여 토지와 그 신축건물이 다른 소유자에 속하게 되더라도 그 신축건물을 위한 법정지상권은 성립하지 아니한다 할 것이다(대법원 2003. 12. 18. 선고 98다43601 전원합의체 판결 참조)

대법원 2010. 1. 14. 선고 2009다66150 판결

[1] 동일인의 소유에 속하는 토지 및 그 지상 건물에 관하여 공동저당권이 설정된 후 그 지상 건물이 철거되고 새로 건물이 신축되어 두 건물 사이의 동일성이 부정되는 결과 공동저당권자가 신축건물의 교환가치를 취득할 수 없게 되었다면, 공동저당권자의 불측의 손해를 방지하기 위하여, 특별한 사정이 없는 한 저당물의 경매로 인하여 토지와 그 신축건물이 다른 소유자에 속하게 되더라도 그 신축건물을 위한 법정지상권은 성립하지 않는다.

[2] 경매대상 건물이 인접한 다른 건물과 합동(合同)됨으로 인하여 건물로서의 독립성을 상실하게 되었다면 경매대상 건물만을 독립하여 양도하거나 경매의 대상으로 삼을 수는 없고, 이러한 경우 경매대상 건물에 대한 채권자의 저당권은 위 합동으로 인하여 생겨난 새로운 건물 중에서 위 경매대상 건물이 차지하는 비율에 상응하는 공유지분 위에 존속하게 된다.

[3] 동일인 소유 토지와 그 지상 건물에 공동근저당권이 설정된 후 그 건물이 다른 건물과 합동(合同)되어 신건물이 생겼고 그 후 경매로 토지와 신건물이 다른 소유자에게 속하게 됨에 따라 신건물을 위한 법정지상권이 성립한 사안에서, 그 법정지상권의 내용인 존속기간과 범위 등은 종전 건물을 기준으로 하여 그 이용에 일반적으로 필요한 범위 내로 제한된다고 하여야 함에도 법정지상권이 신건물 전체의 유지·사용을 위해 필요한 범위에서 성립한다고 본 원심판결을 파기한 사례

• 토지와 건물에 공동저당권이 설정되었다가 그 지상 건물이 철거되고 새로운 건물이 신축된 경우 신축건물을 위한 법정지상권은 성립하지 않는다.(대법원 98다43601 전원합의체 판결, 대법원 2011다73038,73045 판결)

대법원 2003. 12. 18. 선고 98다43601 전원합의체 판결

【다수의견】

동일인의 소유에 속하는 토지 및 그 지상 건물에 관하여 공동저당권이 설정된 후 그 지상 건물이 철거되고 새로 건물이 신축된 경우에는 그 신축건물의 소유자가 토지의 소유자와 동일하고 토지의 저당권자에게 신축건물에 관하여 토지의 저당권과 동일한 순위의 공동저당권을 설정해 주는 등 특별한 사정이 없는 한 저당물의 경매로 인하여 토지와 그 신축건물이 다른 소유자에 속하게 되더라도 그 신축건물을 위한 법정지상권은 성립하지 않는다고 해석하여야 하는바, 그 이유는 동일인의 소유에 속하는 토지 및 그 지상 건물에 관하여 공동저당권이 설정된 경우에는, 처음부터 지상 건물로 인하여 토지의 이용이 제한 받는 것을 용인하고 토지에 대하여만 저당권을 설정하여 법정지상권의 가치만큼 감소된 토지의 교환가치를 담보로 취득한 경우와는 달리, 공동저당권자는 토지 및 건물 각각의 교환가치 전부를 담보로 취득한 것으로서, 저당권의 목적이 된 건물이 그대로 존속하는 이상은 건물을 위한 법정지상권이 성립해도 그로 인하여 토지의 교환가치에서 제외된 법정지상권의 가액 상당 가치는 법정지상권이 성립하는 건물의 교환가치에서 되찾을 수 있어 궁극적으로 토지에 관하여 아무런 제한이 없는 나대지로서의 교환가치 전체를 실현시킬 수 있다고 기대하지만, 건물이 철거된 후 신축된 건물에 토지와 동순위의 공동저당권이 설정되지 아니하였는데도 그 신축건물을 위한 법정지상권이 성립한다고 해석하게 되면, 공동저당권자가 법정지상권이 성립하는 신축건물의 교환가치를 취득할 수 없게 되는 결과 법정지상권의 가액 상당 가치를 되찾을 길이 막혀 위와 같이 당초 나대지로서의 토지의 교환가치 전체를 기대하여 담보를 취득한 공동저당권자에게 불측의 손해를 입게 하기 때문이다.

대법원 2014. 9. 4. 선고 2011다73038,73045 판결

[1] 토지공유자의 한 사람이 다른 공유자의 지분 과반수의 동의를 얻어 건물을 건축한 후 토지와 건물의 소유자가 달라진 경우 토지에 관하여 관습법상의 법정지상권이 성립되는 것으로 보게 되면 이는 토지공유자의 1인으로 하여금 자신의 지분을 제외한 다른 공유자의 지분에 대하여서까지 지상권설정의 처분행위를 허용하는 셈이 되어 부당하다. 그리고 이러한 법리는 민법 제366조의 법정지상권의 경우에도 마찬가지로 적용되고, 나아가 토지와 건물 모두가 각각 공유에 속한 경우에 토지에 관한 공유자 일부의 지분만을 목적으로 하는 근저당권이 설정되었다가 경매로 인하여 그 지분을 제3자가 취득하게 된 경우에도 마찬가지로 적용된다.

[2] 동일인의 소유에 속하는 토지 및 그 지상건물에 관하여 공동저당권이 설정된 후 지상 건물이 철거되고 새로 건물이 신축된 경우에, 신축건물의 소유자가 토지의 소유자와 동일하고 토지의 저당권자에게 신축건물에 관하여 토지의 저당권과 동일한 순위의 공동저당권을 설정해 주는 등 특별한 사정이 없는 한, 저당물의 경매로 인하여 토지와 신축건물이 다른 소유자에 속하게 되더라도 신축건물을 위한 법정지상권은 성립하지 않는다. 이는 건물이 철거된 후 신축된 건물에 토지와 동순위의 공동저당권이 설정되지 아니하였는데도 신축건물을 위한 법정지상권이 성립한다고 해석하게 되면, 공동저당권자가 법정지상권이 성립하는 신축건물의 교환가치를 취득할 수 없게 되는 결과 법정지상권의 가액 상당 가치를 되찾을 길이 막혀 당초 토지에 관하여 아무런 제한이 없는 나대지로서의 교환가치 전체를 실현시킬 수 있다고 기대하고 담보를 취득한 공동저당권자에게 불측의 손해를 입게 하기 때문으로서, 이러한 법리는 집합건물의 전부 또는 일부 전유부분과 대지 지분에 관하여 공동저당권이 설정된 후 그 지상 집합건물이 철거되고 새로운 집합건물이 신축된 경우에도 마찬가지로 보아야 한다.

- 건물이 없는 토지에 저당권을 설정한 후에 설정자가 저당권자의 동의를 얻어 건물을 신축한 경우라도 법정지상권은 성립하지 않는다.(대법원 2003다26051 판결)

대법원 2003. 9. 5. 선고 2003다26051 판결

민법 제366조의 법정지상권은 저당권 설정 당시부터 저당권의 목적되는 토지 위에 건물이 존재할 경우에 한하여 인정되며, 토지에 관하여 저당권이 설정될 당시 그 지상에 토지소유자에 의한 건물의 건축이 개시되기 이전이었다면, 건물이 없는 토지에 관하여 저당권이 설정될 당시 근저당권자가 토지소유자에 의한 건물의 건축에 동의하였다고 하더라도 그러한 사정은 주관적 사항이고 공시할 수도 없는 것이어서 토지를 낙찰받는 제3자로서는 알 수 없는 것이므로 그와 같은 사정을 들어 법정지상권의 성립을 인정한다면 토지 소유권을 취득하려는 제3자의 법적 안정성을 해하는 등 법률관계가 매우 불명확하게 되므로 법정지상권이 성립되지 않는다.

b) 토지와 건물이 동일인의 소유에 속하여야 한다.
- 저당권이 설정될 당시에 토지와 건물의 소유자가 동일해야 한다.
- 토지 또는 그 지상건물의 소유명의를 제3자에게 신탁한 경우는 동일 소유자의 요건을 충족하지 못한다.

대법원 2004. 2. 13. 선고 2003다29043 판결

건물의 등기부상 소유명의를 타인에게 신탁한 경우에 신탁자는 제3자에게 그 건물이 자기의 소유임을 주장할 수 없고, 따라서 그 건물과 부지인 토지가 동일인의 소유임을 전제로 한 법정지상권을 취득할 수 없다.

- 미등기건물과 대지를 매수하였다가 건물에 대한 이전등기를 마치기 전에 대지에 관하여 설정한 저당권이 실행된 경우에도 법정지상권은 성립하지 않으며, 관습법상 법정지상권도 성립하지 않는다.(대법원 2002다9660 전원합의체 판결)

대법원 2002. 6. 20. 선고 2002다9660 전원합의체 판결

[1] 민법 제366조의 법정지상권은 저당권 설정 당시에 동일인의 소유에 속하는 토지와 건물이 저당권의 실행에 의한 경매로 인하여 각기 다른 사람의 소유에 속하게 된 경우에 건물의 소유를 위하여 인정되는 것이므로, 미등기건물을 그 대지와 함께 매수한 사람이 그 대지에 관하여만 소유권이전등기를 넘겨받고 건물에 대하여는 그 등기를 이전 받지 못하고 있다가, 대지에 대하여 저당권을 설정하고 그 저당권의 실행으로 대지가 경매되어 다른 사람의 소유로 된 경우에는, 그 저당권의 설정 당시에 이미 대지와 건물이 각각 다른 사람의 소유에 속하고 있었으므로 법정지상권이 성립될 여지가 없다.

[2] 관습상의 법정지상권은 동일인의 소유이던 토지와 그 지상건물이 매매 기타 원인으로 인하여 각각 소유자를 달리하게 되었으나 그 건물을 철거한다는 등의 특약이 없으면 건물 소유자로 하여금 토지를 계속 사용하게 하려는 것이 당사자의 의사라고 보아 인정되는 것이므로 토지의 점유·사용에 관하여 당사자 사이에 약정이 있는 것으로 볼 수 있거나 토지 소유자가 건물의 처분권까지 함께 취득한 경우에는 관습상의 법정지상권을 인정할 까닭이 없다 할 것이어서, 미등기건물을 그 대지와 함께 매도하였다면 비록 매수인에게 그 대지에 관하여만 소유권이전등기가 경료되고 건물에 관하여는 등기가 경료되지 아니하여 형식적으로 대지와 건물이 그 소유 명의자를 달리하게 되었다 하더라도 매도인에게 관습상의 법정지상권을 인정할 이유가 없다.

- 토지공유자 중 한 사람이 다른 공유자의 동의를 얻어 그 지상에 건물을 소유하면서 토지지분에 저당권을 설정한 후 경매로 인하여 그 공유지분과 건물의 소유자가 달라지게 된 경우에도 법정지상권은 성립하지 않는다.
  (위 대법원 2011다73038, 73045 판결)

c) 경매로 소유자가 달라지게 되어야 한다.

- 저당권의 실행(임의경매)으로 소유자가 달라지게 되어야 한다.
- 강제경매는 '관습법상 법정지상권'의 문제가 된다.

2) 관습법상 법정지상권의 성립요건

a) 토지와 건물이 동일인의 소유에 속해야 한다.

- 토지와 건물의 소유자가 동일인인지 여부는 원시적으로 동일하여야 하는 것은 아니고 압류 또는 가압류의 효력 발생 시에 동일인에게 속하였으면 된다.(대법원 2010다 52140 전원합의체 판결)

대법원 2012. 10. 18. 선고 2010다52140 전원합의체 판결

[1] 동일인의 소유에 속하고 있던 토지와 그 지상 건물이 강제경매 또는 국세징수법에 의한 공매 등으로 인하여 소유자가 다르게 된 경우에는 그 건물을 철거한다는 특약이 없는 한 건물소유자는 토지소유자에 대하여 그 건물의 소유를 위한 관습상 법정지상권을 취득한다. 원래 관습상 법정지상권이 성립하려면 토지와 그 지상 건물이 애초부터 원시적으로 동일인의 소유에 속하였을 필요는 없고, 그 소유권이 유효하게 변동될 당시에 동일인이 토지와 그 지상 건물을 소유하였던 것으로 족하다.

[2] 강제경매의 목적이 된 토지 또는 그 지상 건물의 소유권이 강제경매로 인하여 그 절차상의 매수인에게 이전된 경우에 건물의 소유를 위한 관습상 법정지상권이 성립하는 가 하는 문제에 있어서는 그 매수인이 소유권을 취득하는 매각대금의 완납시가 아니라 그 압류의 효력이 발생하는 때를 기준으로 하여 토지와 그 지상 건물이 동일인에 속하였는지가 판단되어야 한다. 강제경매개시 결정의 기입등기가 이루어져 압류의 효력이 발생한 후에 경매목적물의 소유권을 취득한 이른바 제3취득자는 그의 권리를 경매절차상 매수인에게 대항하지 못하고, 나아가 그 명의로 경료된 소유권이전등기는 매수인이 인수하지 아니하는 부동산의 부담에 관한 기입에 해당하므로(민사집행법 제144조 제1항 제2호 참조) 매각대금이 완납되면 직권으로 그 말소가 촉탁되어야 하는 것이어서, 결국 매각대금 완납 당시 소유자가 누구인지는 이 문제맥락에서 별다른 의미를 가질 수 없다

는 점 등을 고려하여 보면 더욱 그러하다. 한편 강제경매개시결정 이전에 가압류가 있는 경우에는, 그 가압류가 강제경매개시결정으로 인하여 본압류로 이행되어 가압류집행이 본집행에 포섭됨으로써 당초부터 본집행이 있었던 것과 같은 효력이 있다. 따라서 경매의 목적이 된 부동산에 대하여 가압류가 있고 그것이 본압류로 이행되어 경매절차가 진행된 경우에는, 애초 가압류가 효력을 발생하는 때를 기준으로 토지와 그 지상 건물이 동일인에 속하였는지를 판단하여야 한다.

b) 토지와 건물 중에 어느 하나가 매매, 강제경매 등의 원인으로 인하여 각기 소유자를 달리하게 되어야 한다.

- 임의경매를 원인으로 한 경우에는 법정지상권의 문제가 된다.

c) 소유권 변동 당시에 건물철거의 특약이 없어야 한다.

d) 관습법상 법정지상권 취득은 등기를 요하지 않으나, 지상권을 처분하기 위해서는 등기를 하여야 한다.(대법원 70다2928 판결)

대법원 1971. 2. 23. 선고 70다2928 판결

법률행위로 인한 취득이 아니고 대지소유자가 건물소유자에게 관습상 설정한 것으로 보는 이른바, 관습상 지상권에 있어서의 등기는 권리를 처분하기 위하여 필요한 것이지 그 취득에는 필요하지 않으므로 권리자는 등기없이 그 권리를 누구에게나 주장할 수 있다.

3. 법정지상권과 관습법상 법정지상권과의 차이

관습법상 법정지상권은 일반 매매로서 토지와 건물의 소유권이 달라졌을 때 성립되는 법정지상권이다. 차이점은 다음과 같다.

법정지상권	관습법상 법정지상권
1. 저당권이 설정될 당시에 건물이 존재할 것 2. 저당권이 설정될 당시에 토지와 건물의 소유자가 동일할 것 3. 토지와 건물중 하나 또는 둘 모두에 근저당이 설정될 것 4. 저당권의 실행으로 인한 경매로 소유자가 달라질 것	1. 토지와 건물이 동일인의 소유일 것 2. 매매, 강제경매, 기타 원인으로 토지와 건물중 한쪽만 소유자가 다르게 되었을 것 3. 건물 철거에 대한 특약이 없을 것

4. 법정지상권의 범위

지상 건물의 유지와 사용에 필요한 범위를 벗어나지 않는 한 그 토지를 자유롭게 이용할 수 있다.

5. 법정지상권 성립 시 지료의 결정

1) 당사자 간의 약정

지료는 지상권의 요소는 아니나, 당사자 사이의 약정으로 지료지급의 의무가 발생한다.

2) 당사자 간의 약정이 없는 경우

당사자 간의 협의가 이루어지지 않으면 당사자의 청구로 법원이 정한다.

3) 제3자에 대한 대항

지료액 및 지급시기 등 지료에 관한 약정은 등기하여야만 제3자에게 대항 할 수 있다.
(대법원 2007두7505 판결)

대법원 2009. 9. 24. 선고 2007두7505 판결

지상권에 있어서 지료의 지급은 그 요소가 아니므로 지료에 관한 약정이 없으면 지료의 지급을 구할 수 없으나 그 약정이 있는 이상 토지소유자는 지료에 관한 등기 여부에 관계없이 지상권자에 대하여 그 약정된 지료의 지급을 구할 수 있고 다만 등기가 되어 있지 않다면 지상권을 양수한 사람 등 제3자에게 대항할 수 없을 뿐이므로, 당사자 사이에 지상권을 설정하고 지료에 관한 약정이 있었던 이상 그 지료액 또는 지급시기를 등기하지 않았다고 하더라도 토지소유자가 지급받는 지료는 계속적·정기적으로 지급받는지 여부에 상관없이 구 소득세법(2006. 12. 30. 법률 제8144호로 개정되기 전의 것) 제21조 제1항 제9호에서 정한 기타소득에 해당한다.

---

6. 법정지상권의 존속기간

1) 설정행위로 존속기간을 정한 경우

a) 최단기간의 제한(민법 제280조)

- 석조, 석회조, 연와조 또는 이와 비슷한 견고한 건물이나 수목 : 30년
- 그 밖의 건물 : 15년
- 건물 이외의 공작물 : 5년

민법 조문

제280조(존속기간을 약정한 지상권)

① 계약으로 지상권의 존속기간을 정하는 경우에는 그 기간은 다음 연한보다 단축하지 못한다.

1. 석조, 석회조, 연와조 또는 이와 유사한 견고한 건물이나 수목의 소유를 목적으로 하는 때에는 30년
2. 전호이외의 건물의 소유를 목적으로 하는 때에는 15년
3. 건물이외의 공작물의 소유를 목적으로 하는 때에는 5년

② 전항의 기간보다 단축한 기간을 정한 때에는 전항의 기간까지 연장한다.

b) 최장기간

민법은 지상권의 최장기간에 대하여는 아무런 규정을 두고 있지 아니하는바, 판례는 존속기간을 영구 무한으로 하는 것도 가능하다고 한다.(대법원 99다66410 판결)

대법원 2001. 5. 29. 선고 99다66410 판결

민법상 지상권의 존속기간은 최단기만이 규정되어 있을 뿐 최장기에 관하여는 아무런 제한이 없으며, 존속기간이 영구(영구)인 지상권을 인정할 실제의 필요성도 있고, 이러한 지상권을 인정한다고 하더라도 지상권의 제한이 없는 토지의 소유권을 회복할 방법이 있을 뿐만 아니라, 특히 구분지상권의 경우에는 존속기간이 영구라고 할지라도 대지의 소유권을 전면적으로 제한하지 아니한다는 점 등에 비추어 보면, 지상권의 존속기간을 영구로 약정하는 것도 허용된다.

---

2) 설정행위로 기간을 정하지 않은 경우(민법 제281조)

- 지상물의 종류와 구조에 따라 민법 제280조의 최단존속기간으로 본다.
- 설정 당시에 공작물의 종류와 구조를 정하지 않은 경우에는 15년으로 본다.

민법 조문

제281조(존속기간을 약정하지 아니한 지상권)

① 계약으로 지상권의 존속기간을 정하지 아니한 때에는 그 기간은 전조의 최단존속기간으로 한다.

② 지상권설정당시에 공작물의 종류와 구조를 정하지 아니한 때에는 지상권은 전조 제2호의 건물의 소유를 목적으로 한 것으로 본다.

---

3) 설정계약 갱신의 경우

- 사적자치의 원칙상 지상권의 갱신계약은 당연히 가능하다.
- 다만, 당사자가 계약을 갱신하는 경우라도 지상권의 존속기간은 갱신한 날로부터 민법 제280조의 최단존속기간보다 단축하지는 못하며, 이보다 장기의 기간을 정할 수는 있다.(민법 제284조)

4) 지상권자의 갱신청구권(민법 제283조)

- 지상권이 존속기간만료로 소멸한 경우에 건물 기타 공작물이나 수목이 현존한 때에는 지상권자는 계약의 갱신을 청구할 수 있다.
- 갱신청구권은 지상권의 소멸 후 지체없이 행사하여야 하며, 지상권설정자가 갱신청구에 응하지 아니하면 지상권자는 지상물 매수를 청구할 수 있다.

5) 법정지상권이나 관습법상 법정지상권이 성립하면 그 존속기간을 정하지 아니한 지상권으로
   본다.(대법원 2013다43345 판결)

대법원 2013. 9. 12. 선고 2013다43345 판결

1. 관습법상 법정지상권의 소멸청구에 대하여

   동일한 소유자에 속하는 대지와 그 지상건물이 매매 등에 의하여 각기 그 소유자가 달라지게
   된 경우에는 특히 그 건물을 철거한다는 조건이 없는 한 건물소유자는 그 대지 위에 그 건물을
   위한 관습법상의 법정지상권을 취득하는 것이고, 한편 건물 소유를 위하여 법정지상권을 취
   득한 사람으로부터 경매에 의하여 그 건물의 소유권을 이전받은 매수인은 매수 후 건물을 철
   거한다는 등의 매각조건하에서 경매되는 경우 등 특별한 사정이 없는 한 건물의 매수취득과
   함께 위 지상권도 당연히 취득한다. 그리고 지료액 또는 그 지급시기 등 지료에 관한 약정은
   이를 등기하여야만 제3자에게 대항할 수 있는 것이므로, 지료의 등기를 하지 아니한 이상 토
   지소유자는 구 지상권자의 지료연체 사실을 들어 지상권을 이전받은 자에게 대항하지 못한
   다.(대법원 1985. 2. 26. 선고 84다카1578,1579 판결, 대법원 1996. 4. 26. 선고 95다
   52864 판결 등 참조)

2. 관습법상의 법정지상권의 존속기간 경과로 인한 소멸에 대하여

   관습법상의 법정지상권에 관하여는 특별한 사정이 없는 한 민법의 지상권에 관한 규정이 준
   용되므로, 당사자 사이에 관습법상의 법정지상권의 존속기간에 대하여 따로 정하지 않은 때
   에는 위 기간은 민법 제281조 제1항에 의하여 민법 제280조 제1항 각 호에 규정된 기간이 된
   다(대법원 1986. 9. 9. 선고 85다카2275 판결, 대법원 2008. 6. 26. 선고 2006다54651 판
   결 등 참조). 민법 제280조 제1항은 지상권의 최단 존속기간을 석조, 석회조, 연와조 또는 이
   와 유사한 견고한 건물의 소유를 목적으로 하는 때에는 30년(제 1호), 그 이외의 건물의 소유
   를 목적으로 하는 때에는 15년(제2호)으로 규정하고 있는바, 위 제1호가 정하는 견고한 건물
   인지의 여부는 그 건물이 갖고 있는 물리적·화학적 외력 또는 화재에 대한 저항력 및 건물해
   체의 난이도 등을 종합하여 판단하여야 한다.(대법원 1997. 1. 21. 선고 96다40080 판결 등
   참조)

---

7. 법정지상권의 소멸

1) 소멸의 원인

- 지상권은 존속기간의 만료, 목적물의 멸실, 소멸시효 완성, 포기, 혼동 등 물권 일반의 소멸사유에 의하여 소멸한다.

- 지상권자가 2년 이상의 지료를 지급하지 아니한 때에는 지상권설정자는 지상권의 소멸을 청구할 수 있다.(대법원 99다17142)

대법원 2001. 3. 13. 선고 99다17142 판결

[1] 법정지상권의 경우 당사자 사이에 지료에 관한 협의가 있었다거나 법원에 의하여 지료가 결정되었다는 아무런 입증이 없다면, 법정지상권자가 지료를 지급하지 않았다고 하더라도 지료 지급을 지체한 것으로는 볼 수 없으므로 법정지상권자가 2년 이상의 지료를 지급하지 아니하였음을 이유로 하는 토지소유자의 지상권소멸청구는 이유가 없고, 지료액 또는 그 지급시기 등 지료에 관한 약정은 이를 등기하여야만 제3자에게 대항할 수 있는 것이고, 법원에 의한 지료의 결정은 당사자의 지료결정청구에 의하여 형식적 형성소송인 지료결정판결로 이루어져야 제3자에게도 그 효력이 미친다.

[2] 민법 제287조가 토지소유자에게 지상권소멸청구권을 부여하고 있는 이유는 지상권은 성질상 그 존속기간 동안은 당연히 존속하는 것을 원칙으로 하는 것이나, 지상권자가 2년 이상의 지료를 연체하는 때에는 토지소유자로 하여금 지상권의 소멸을 청구할 수 있도록 함으로써 토지소유자의 이익을 보호하려는 취지에서 나온 것이라고 할 것이므로, 지상권자가 그 권리의 목적이 된 토지의 특정한 소유자에 대하여 2년분 이상의 지료를 지불하지 아니한 경우에 그 특정의 소유자는 선택에 따라 지상권의 소멸을 청구할 수 있으나, 지상권자의 지료 지급 연체가 토지소유권의 양도 전후에 걸쳐 이루어진 경우 토지양수인에 대한 연체기간이 2년이 되지 않는다면 양수인은 지상권소멸청구를 할 수 없다.

• 관습법상 법정지상권이 성립하였으나 건물 소유자가 토지 소유자와 사이에 건물의 소유를 목적으로 하는 토지 임대차계약을 체결한 경우 관습법상 법정지상권을 포기한 것으로 본다.(대법원 92다3984)

대법원 1992. 10. 27. 선고 92다3984 판결

동일인 소유의 토지와 그 토지상에 건립되어 있는 건물 중 어느 하나만이 타에 처분되어 토지와 건물의 소유자를 각 달리하게 된 경우에는 관습상의 법정지상권이 성립한다고 할 것이나, 건물 소유자가 토지 소유자와 사이에 건물의 소유를 목적으로 하는 토지 임대차계약을 체결한 경우에는 관습상의 법정지상권을 포기한 것으로 봄이 상당하다.

---

2) 소멸의 효과

a) 지상권자의 지상물수거권

• 지상권자는 건물 기타 공작물이나 수목을 수거하고 토지를 원상으로 회복하여야 하며, 이는 지상권자의 의무이다.(민법 제285조 제1항)

b) 지상권설정자의 지상물매수청구권

• 토지소유자(지상권설정자)는 지상권자에 대하여 지상물의 매수를 청구할 수 있다.
(민법 제285조 제2항)

c) 지상권자의 지상물매수청구권

• 존속기간의 만료로 지상권이 소멸한 후 지상권설정자가 지상권자의 갱신청구를 거절하는 경우에 지상권자는 상당한 가액으로 지상물의 매수를 청구할 수 있다.
(민법 제283조 제2항)
• 지상권자가 2년간 지료를 지급하지 아니하여 지상권소멸청구를 당한 경우에는 지상물매수청구권을 행사하지 못한다.(대법원 93다1078 판결, 대법원 2003다7685 판결)

대법원 1993. 6. 29. 선고 93다10781 판결

가. 관습상의 법정지상권에 대하여는 다른 특별한 사정이 없는 한 민법의 지상권에 관한 규정을 준용하여야 할 것이므로 지상권자가 2년분 이상의 지료를 지급하지 아니하였다면 관습상의 법정지상권도 민법 제287조에 따른 지상권소멸청구의 의사표시에 의하여 소멸한다.

나. 민법 제283조 제2항 소정의 지상물매수청구권은 지상권이 존속기간의 만료로 인하여 소멸하는 때에 지상권자에게 갱신청구권이 있어 그 갱신청구를 하였으나 지상권설정자가 계약갱신을 원하지 아니할 경우 행사할 수 있는 권리이므로, 지상권자의 지료연체를 이유로 토지소유자가 그 지상권소멸청구를 하여 이에 터잡아 지상권이 소멸된 경우에는 매수청구권이 인정되지 않는다.

대법원 2003. 4. 22. 선고 2003다7685 판결

공작물의 소유 등을 목적으로 하는 토지임대차에 있어서 임차인의 채무불이행을 이유로 계약이 해지된 경우에는 임차인은 임대인에 대하여 민법 제283조, 제643조에 의한 매수청구권을 가지지 아니한다.

8. 법정지상권에 대한 판례 분석

1) 나대지에 근저당을 설정한 후 건물이 신축되고 토지만 경매 신청 된 경우

법정지상권의 성립 요건 중 하나인 저당 당시에 건물이 있어야 한다는 조건에 맞지 않아 건물 소유자는 낙찰자인 토지 소유자에게 법정지상권을 주장할 수 없다.

2) 토지 및 건물에 근저당을 설정한 후 소유자가 건물을 멸실 시키고 새로 건물을 신축한 경우 멸실 된 건물과 토지에 설정된 근저당으로 인해 경매 신청이 된 경우

근저당 설정 당시 토지와 건물에 모두 설정이 되어 있었다면 구건물 멸실 시 저당권이 말소 되어 신건물은 저당권이 없게 되므로 신건물 소유자는 토지의 낙찰자에게 법정지상권을 주장할 수 없다.(대법원 98다 43601 건물철거 등)

3) 법정지상권이 성립된 후 건물이 증·개축된 경우

구건물을 기준으로 하여 법정지상권이 성립 하지만 법정지상권의 내용과 존속기간, 범위 등은 구건물을 기준으로 하여 그 이용에 일반적으로 필요한 범위내로 제한된다.

9. 법정지상권이 성립 되어도 투자할 만한 물건

1) 토지 위 건물의 가치가 높은 토지
2) 옆 필지의 건물이 침범한 토지
3) 감정가 보다 많이 떨어진 토지
4) 토지에 대한 지료 대비 수익성이 높은 건물
5) 상태가 좋고 경치 좋은 곳에 자리한 건물
6) 본인만 아는 이유가 있는 물건

10. 법정지상권의 조사 방법

1) 토지 건물의 동일 소유 여부 조사

2) 근저당 설정 이전의 건축물이 있었는지 확인

3) 건물의 건축 연도 확인

4) 토지와 건물 관련 서류를 발급 받아 확인

    예 토지와 건물의 폐쇄등기부등본, 건축물관리대장, 건물과세대장, 무허가건물대장

5) 건물이나 미등기 건물의 매수 시점 조사

6) 건축허가 신청서상의 허가일과 착공일·완공일을 확인하여 저당권 설정일과 비교

7) 구옥 멸실 후 신축 여부 조사

8) 공유 지분인 경우 소유권 확인

9) 미등기 건물의 경우 양도 사실 조사

10) 건축물대장상 건물의 표시와 실제 건물의 일치 여부 조사

11. 법정지상권과 차지권

건물의 소유를 목적으로 한 토지임차인은 토지소유자인 임대인뿐만 아니라 소유권이 이전되었을 때에도 건물에 대하여 보존등기를 필하여 제3자에 대하여 대항할 수 있는데 이를 차지권이라고 한다. 토지에 대한 소유권 없이 건물을 지어서 제3자에게 대항하려면 건물 등기가 필수이다. 이에 대한 근거는 민법 622조이다.

> **제622조 (건물등기있는 차지권의 대항력)**
>
> ① 건물의 소유를 목적으로 한 토지임대차는 이를 등기하지 아니한 경우에도 임차인이 그 지상건물을 등기한 때에는 제삼자에 대하여 임대차의 효력이 생긴다.
>
> ② 건물이 임대차기간 만료전에 멸실 또는 후폐한 때에는 전항의 효력을 잃는다.

법정지상권이 부정되어 건물에 대하여 멸실을 청구할 수 있다면 협상에 절대적으로 유리한 국면이 될 것이다. 그러나 이때에 건물 소유자도 건물등기가 되어 있다면 차지권을 주장할 수 있으므로 입찰시 확인하고 입찰하여야 한다.

12. 법정지상권의 사례

법정지상권은 건물을 철거하는 것으로 목표를 잡고 헐값에 건물을 매입하는 것을 주 목표로 하지만 지료를 목적으로도 투자할 수 있다. 아래의 사례는 법정지상권이 성립되지 않으므로 건물을 싸게 매입하거나 토지를 비싼값에 매각할 수도 있을 것이다.

2015 타경 50585(8) • 인천지방법원 본원 • **매각기일** : 2019.04.02(화)(10:00) • 경매 26계(**전화** : 032-860-1626)

소재지	인천광역시 ㅇㅇ구 ㅇㅇ면 ㅇ리 732-2 도로명주소검색		
물건종별	대지	감정가	114,330,000원
대지권	370m²(111.925평)	최저가	(49%)56,022,000원
건물면적	건물은 매각제외	보증금	(10%)5,610,000원
매각물건	토지만 매각	소유자	조ㅇㅇ 외 2명
개시결정	2015-10-14	채무자	김ㅇㅇ 외 1명
사건명	임의경매	채권자	송ㅇㅇ

오늘조회 : 1 2주누적 : 1 2주평균 : 0 조회동향

구분	입찰기일	최저매각가격	결과
1차	2018-10-11	114,330,000원	유찰
	2018-11-14	80,031,000원	변경
2차	2018-12-13	80,031,000원	유찰
	2019-01-22	56,022,000원	변경
3차	2019-04-02	56,022,000원	
낙찰 : 61,100,000원 (53.44%)			
(입찰 2명, 낙찰 : 인천 김ㅇㅇ / 차순위금액 58,200,000원)			
매각결정기일 : 2019.04.09 – 매각허가결정			
대금지급기한 : 2019.05.08			
대금지급기한 : 2019.05.08 – 기한후납부			
배당기일 2019.07.31			
배당종결 2019.07.31			

• 임차인현황 (말소기준권리 : 2007.10.05 / 배당요구종기일 : 2015.12.28)

임차인	점유부분	전입/확정/배당	보증금/차임	대항력	배당예상금액	기타
김○○	주거용	전 입 일 : 204.08.06 확 정 일 : 미상 배당요구일 : 없음	미상		배당금 없음	
기타사항	▶ 위 임차인(김○○)은 매각에서 제외되는 건물의 임차인임 ☞ 본건 현황조사차 현장에 임한 바, 폐문부재로 이해관계인을 만날 수 없어 상세한 점유 및 임대차관계는 알 수 없으나, 전입세대열람 결과 임차인이 점유하는것으로 추정됨 ☞ 본건 조사내용은 전입세대 열람 및 주민등록등본에 의한 조사사항임					

• 토지등기부 (채권액합계 : 1,831,018,770원)

NO	접수	권리종류	권리자	채권금액	비고	소멸여부
1(갑1)	1979.12.26	소유권이전(매매)	김○○			
2(을1)	2007.10.05	근저당	송○○	532,000,000원	말소기준등기 확정채권양도전 : 조송○○	소멸
3(갑9)	2011.04.06	가압류	신○○	1,299,018,7770원	2011카단1688	소멸
4(갑10)	2011.04.26	소유권이전(매매)	조○○ 외 2명		조○○ 2/4, 채○○ 송○○ 각 1/4	
5(갑12)	2015.10.14	임의경매	송○○	청구금액 : 494,000,000원	2015타경50585	소멸
건물등기부	※주의 : 건물은 매각제외			채권최고액	비고	소멸여부

이 사례에서 보면 토지를 감정가 대비 53%로 싸게 매입하였는데 건물은 매각 제외 되어 있다. 등기부등본상 근저당은 2007년 10월 5일인데 아래의 등기부등본의 표제에 보면 2012년 6월 7일 대지로 변경 되었음을 알 수 있다.

따라서 저당 당시에는 건물이 존재할 수 없으므로 법정지상권은 인정 받을 수 없을 것이다.

【 표 제 부 】 (토지의 표시)

표시번호	접 수	소 재 지 번	지 목	면적	등기원인 및 기타사항
1	2010년8월9일	○○광역시 ○○군 ○○면 ○리 732-2	전	1062m²	분할로 인하여 ○○광역시 ○○군 ○○면 ○리 732에서 이기
2	2011년4월14일	○○광역시 ○○군 ○○면 ○리 732-2	전	370m²	분할로 인하여 전 630m²를 ○○광역시 ○○군 ○○면 ○리 732-3, 전 53m²를 동소 732-4, 전 9m²를 동소 732-5에 이기
3	2012년6월7일	○○광역시 ○○군 ○○면 ○리 732-2	대	370m²	지목변경

13. 법정지상권 성립 여부가 걸려 있는 물건 경매 시 주의사항

1) 법정지상권 성립 여부에 대한 판단이 정확해야 하며, 판단이 정확하지 않으면 투자 실패의 위험이 있다.

- 지상 건물에 법정지상권이 성립하지 않을 것으로 믿고 토지를 낙찰 받았거나, 건물에 법정지상권이 있는 것으로 알고 건물을 낙찰받은 경우 법정지상권의 성립 여부가 투자 성패의 관건이 된다.

- 경매 입찰자는 사건의 당사자가 아니어서 법정지상권 성립 여부를 판단하기 위한 자료를 얻기가 쉽지 않다.

2) 소송을 제기하여야 하거나 소송을 당할 위험이 있다.

- 토지 또는 건물의 소유자와 협의가 되지 않으면 철거소송을 제기하여야 하거나 소송을 당할 수 있으며, 일단 소송으로 이행되면 많은 시간과 비용을 투입하여야 한다.

3) 투자금 회수에 장시간을 요할 수 있다.

- 토지 위의 건물에 법정지상권이 성립하게 되면 낙찰받은 토지는 처분하기가 쉽지 않게 되며, 분쟁이 해결되지 않고 소송으로 이행하면 아무리 빨라도 1년 이상의 많은 시간이 지나야 투자금을 회수할 수 있게 된다.

4) 법정지상권 성립 여부가 분명하게 드러나지 않으면 보수적인 입장에서 투자 여부를 검토하는 것이 좋다.

- 투자를 결정하기 전에 투자금 회수에 관한 사항들을 미리 점검하여보는 것이 좋다.

Part Ⅲ 부동산 지분에 대한 경매투자

1. 부동산 지분 경매의 개념

경매투자의 방법으로 지분에 투자하는 방식이 있다.

복수의 사람이 공동으로 소유하고 있는 물건을 공유물이라고 하는데 공동 소유의 지분에 대해 투자하는 것을 말한다.

지분투자 방식에는 건물과 토지가 서로 다른데 건물은 분할이 불가능하므로 주로 공유물분할 판결에 의해 형식적 경매로 부쳐져서 낙찰가를 지분으로 나누게 된다. 그러나 토지는 보통 분할이 가능하므로 필지를 분할하거나 분할할 수 없는 경우에는 공유물분할 판결을 받아 형식적 경매에 붙일 수도 있다. 지분이 변동되면 처리가 복잡하여 경매에 있어서는 공유자 우선매수 청구 제도를 두어서 지분권자가 우선적으로 매입할 수 있도록 하고 있다.

그러나 대개 상속물건 중에서 지분이 경매에 나오는 경우가 많은데 상속권자들간에 재산권 분쟁이 있는 경우에는 감정적으로 안 좋은 경우가 많아 공유자우선매수신청을 하지 않는 경우도 많다.

2. 지분 경매의 장점

- 경쟁률이 치열하지 않다.
- 일반 매물보다 저렴하게 매입이 가능하다.
- 다른 지분에 대하여 공유자 우선매수신청권을 행사할 수 있다.
- 지분을 정리하여 온전한 소유권을 갖게 될 경우 수익을 극대화할 수 있다.
- 임료 상당의 이익을 얻을 수 있다.

3. 지분 경매의 단점

- 최고가로 낙찰되어도 우선매수권을 행사한 공유자에게 낙찰자의 지위가 넘어갈 수 있다.
- 지분 소유에 대하여 독립적으로 개발하기가 어렵다.
- 51% 이상의 지분을 가지고 있어야 관리권을 가질 수 있다.
- 지분소유는 일반적으로 거래하기가 쉽지 않으며 제 값 받기 어렵다.
- 공유자간 협의가 성립하기 어렵다.

4. 공유자 우선매수신청권

지분투자가 가능하려면 다른 공유자가 입찰에 참여해서는 안된다.

법에서는 공유자 우선매수신청을 인정하여 지분권자가 우선적으로 매입할 수 있도록 보장하고 있기 때문이다. 따라서 모든 지분물건에 대하여 투자가 가능한 것은 아니다.

1) 공유자우선매수 신고가 들어올 가능성이 높은 경우

- 타지분권자가 1인이거나 소수인 경우
- 타지분권자가 형제이거나 친·인척인 경우

2) 공유자우선매수 신고가 들어올 가능성이 적은 경우

- 타지분권자가 다수이며 서로 교류가 없는 경우
- 타지분권자끼리 채권 채무 관계가 복잡한 경우
- 물건의 선호도가 떨어지거나 거액인 경우

5. 지분 경매에 투자할 경우의 처리 방안

1) 내 지분을 다른 지분권자에게 매각하거나 다른 지분을 인수한다.

매매를 통해서 정리하는 것이 현실적으로 가장 빠른 방법이고 가장 간단한 방법이다. 다른 지분권자가 공유자 우선매수권을 행사하려 해도 자금을 미리 준비하는 것이 쉽지 않고 같은 상속권자들과 감정적으로 안 좋은 경우에는 관련되기 꺼리는 경우가 많다.

이때 지분 낙찰자가 적당한 가격을 다른 공유자에게 제시한다면 골치 아픈 재산싸움에서 빠지는 결과가 되기 때문에 매매를 선호하게 된다. 이와 반대로 다른 지분권자가 낙찰물건에 애착이 강하다면 지분을 적당한 가격에 매각하는 방법도 있다. 수익률이 극대화 되는 가장 쉬운 방법이다.

2) 대상토지 전체를 중개업소에 의뢰하거나 제3자에게 매각한다.

서로 가격에 대한 의견이 엇갈리거나 협의가 어려울 때 객관적인 방법으로 제3자에게 매각하고 대금을 나누는 방법이다. 공유자들 전체가 매각에 대한 의지가 있으면 빠르게 진행할 수 있다.

3) 협의를 통해서 공유토지에 대한 필지 분할을 한다.

서로 협의하여 토지를 분할을 한다. 이는 각자 온전한 소유권을 취득할 수 있기 때문에 서로에게 이익이다. 제3자인 측량사무소를 추천하여 가급적 공평하게 필지 분할이 이루어지게 한다면 서로에게 불만이 없을 것이다.

토지지분의 합필 및 분할을 통한 지분투자 사례

2007 타경 30020(2)
• 수원지방법원 안산지원 • 매각기일 : 2009.07.06(월)(10:00) • 경매 1계(전화 : 031-481-1193)

소재지	경기도 ○○시 ○○구 ○○동 30-6 도로명주소검색							
물건종별	잡종지	감정가	40,950,000원	오늘조회 : 1　2주누적 : 0　2주평균 : 0 조회동향				
				구분	입찰기일	최저매각가격		결과
				1차	2008-12-08	40,950,000원		유찰
토지면적	195m²(58.988평)	최저가	(26%)10,734,000원	2차	2009-01-12	32,760,000원		유찰
				3차	2009-02-16	26,208,000원		유찰
건물면적		보증금	(10%)1,080,000원	4차	2009-03-23	20,966,000원		유찰
				5차	2009-04-27	16,773,000원		유찰
매각물건	토지만 매각이며, 지분 매각임	소유자	연○○	6차	2009-06-01	13,418,000원		유찰
				7차	2009-07-06	10,734,000원		
				낙찰 : 10,734,000원 (26.21%)				
개시결정	2008-01-02	채무자	연○○	(입찰 1명, 낙찰 : 김○○)				
				매각결정기일 : 2009.07.13 - 매각허가결정				
				대금지급기한 : 2009.08.14				
사건명	임의경매	채권자	이○○	배당기일 2009.09.18				
				배당종결 2009.09.18				

2007 타경 30020(3)
• 수원지방법원 안산지원 • 매각기일 : 2009.07.06(월)(10:00) • 경매 1계(전화 : 031-481-1193)

소재지	경기도 ○○시 ○○구 ○○동 30-8 도로명주소검색							
물건종별	잡종지	감정가	127,010,000원	오늘조회 : 1　2주누적 : 0　2주평균 : 0 조회동향				
				구분	입찰기일	최저매각가격		결과
				1차	2008-12-08	127,010,000원		유찰
토지면적	486m²(147.015평)	최저가	(26%)33,294,000원	2차	2009-01-12	101,608,000원		유찰
				3차	2009-02-16	81,286,000원		유찰
건물면적		보증금	(10%)3,330,000원	4차	2009-03-23	65,029,000원		유찰
				5차	2009-04-27	52,023,000원		유찰
매각물건	토지지분 매각	소유자	연○○	6차	2009-06-01	41,618,000원		유찰
				7차	2009-07-06	33,294,000원		
				낙찰 : 33,294,000원 (26.21%)				
개시결정	2008-01-02	채무자	연○○	(입찰 1명, 낙찰 : 김○○)				
				매각결정기일 : 2009.07.13 - 매각허가결정				
				대금지급기한 : 2009.08.14				
사건명	임의경매	채권자	이○○	배당기일 2009.09.18				
				배당종결 2009.09.18				

이 사례는 물건번호 2번과 3번이 지분에 대한 경매이기 때문에 감정가 대비 26.21%에 단독으로 낙찰 받을 수 있었다.

지분이라고 해도 전체의 1/2이기 때문에 상대방과 상의하여 2필지 물건을 합필하여 한 필지로 만든 후 측량을 통해 절반을 나누고 각자 단독으로 소유권을 만든 경우이다.

지분 정리가 된 모습을 아래의 토지에서 확인할 수 있다.

2010 타경 23107 • 수원지방법원 안산지원 • **매각기일 : 2011.09.19(월)(10:00)** • 경매 1계(**전화 : 031-481-1193**)

소재지	경기도 ○○시 ○○구 ○○동 30-15 [도로명주소검색]							
물건종별	농지	감정가	185,580,000원	오늘조회 : 1 2주누적 : 0 2주평균 : 0 [조회동향]			
				구분	입찰기일	최저매각가격	결과
토지면적	681m²(206.003평)	최저가	(51%)95,017,000원	1차	2011-06-09	185,580,000원	유찰
				2차	2011-07-11	148,464,000원	유찰
건물면적		보증금	(10%)9,510,000원	3차	2011-08-18	118,771,000원	유찰
				4차	2011-09-19	95,017,000원	
매각물건	토지만 매각	소유자	김○○	낙찰 : 95,017,000원 (51.25%)			
				(입찰 1명, 낙찰 : 최○)			
개시결정	2010-11-16	채무자	김○○	매각결정기일 : 2011.09.26 - 매각허가결정			
				대금지급기한 : 2011.10.27			
사건명	임의경매	채권자	문○○	대금납부 2011.10.27 / 배당기일 2011.11.25			
				배당종결 2011.11.25			

이렇게 지분 정리가 된 토지를 부동산중개업소에 매매를 할 수도 있었지만 매수자가 여의치 않아 근저당권을 이용하여 경매로 진행하였고 이후 높은 가격으로 낙찰이 되어 많은 수익을 올릴 수 있었던 사례이다.

4) 합의가 어려운 경우 공유물분할청구소송을 진행된다.

상대방과 협상이 어려운 경우 법원에 공유물분할청구소송을 제기하여 현물 분할을 하거나 공유물을 경매에 붙여 매각한 후 자신의 지분만큼 매각대금을 배당받는 형식으로 투자금을 회수할 수 있다. 공유물 전체에 대한 경매는 지분경매와 달리 그 부동산의 가치에 상응하는 가격에 매각 되므로 지분경매를 통해 저렴하게 낙찰받은 경우 상당한 수익이 발생할 수 있다.

6. 지분 경매에 참여시 주의 사항

1) 가격 산정에 실패하면 지분투자도 실패 한다.

지분투자는 법률적으로 복잡하고 협의가 안 되는 경우 재판으로 가야 할 때가 많아 쉬운 투자는 아니다.

지분투자가 가능한 것은 다른 지분권자가 우선매수신청권을 행사하지 않았기 때문이다. 다른 공유자가 공유자 우선매수권을 포기한 이유는 능력이 없거나 낙찰가가 너무 높다고 생각했을 가능성이 높다.

지분투자의 매력은 소유권 행사에 대한 제약 때문에 시장성이 낮은 이유로 저가로 낙찰받는 것인데 시세조사가 잘못되면 의미 없는 투자가 될 수도 있다. 운좋게 서로 협의가 되면 쉽게 끝나게 되지만 협의가 안 되면 재판을 통해 지분정리를 위한 경매를 넣고 여기서 전체 부동산에 대한 입찰을 하여 부동산 전체에 대한 소유권을 취득하는 방어입찰을 하여야 할 것이다.

다음의 사례는 2015년 3월에 해당 다가구 지분의 1/3을 151,110,000원에 낙찰 받고 형식적 경매를 진행하였으나 2018년 8월에 286,110,000원으로 낙찰되었기 때문에 배당금은 약 9천 4백만 원 정도 밖에 되지 않을 것이다.

그동안의 소송비와 세금을 감안하면 지분투자로 막대한 피해를 입은 것으로 보인다.

2014 타경 45401

• 인천지방법원 본원 • **매각기일 :** 2015.03.12(목)(10:00) • 경매 2계**(전화 :** 032-860-1602)

소재지	인천광역시 ○○군 ○○면 ○리 1651-25 [도로명주소검색]			

물건종별	다가구(원룸등)	감정가	268,889,800원
토지면적	311.33m²(94.177평)	최저가	(49%)131,756,000원
건물면적	247.11m²(74.751평)	보증금	(10%)13,180,000원
매각물건	토지 및 건물 지분 매각	소유자	홍○○
개시결정	2014-06-25	채무자	(주)○○○케이블
사건명	임의경매	채권자	○○○○○○유동화 전문유한회사 (양도인 : ○○은행)

	오늘조회 : 1 2주누적 : 0 2주평균 : 0 [조회동향]		
구분	입찰기일	최저매각가격	결과
1차	2014-12-24	268,889,800원	유찰
2차	2015-01-29	188,223,000원	유찰
3차	2015-03-12	131,756,000원	
낙찰 : 151,110,000원 (56.2%)			
(입찰 1명, 낙찰 : 인천 김○○)			
매각결정기일 : 2015.03.19 - 매각허가결정			
대금지급기한 : 2015.04.16			
대금납부 2015.04.14 / 배당기일 2015.05.22			
배당종결 2015.05.22			

• 건물등기부 (채권액합계 : 1,556,700,000원)

NO	접수	권리종류	권리자	채권금액	비고	소멸여부
1(갑1)	2004.05.27	소유권보존	홍○○ 외 4명		박○○, 김○○, 장○○, 권○○, 홍○○ 각 지분 1/5	
2(갑2)	2006.12.01	권○○지분 전부이전	홍○○ 외 2명		매매, 박○○, 장○○, 홍○○ 각 지분 1/5	
3(갑3)	2006.12.01	김○○지분 전부이전	홍○○ 외 2명		매매, 박○○, 장○○, 홍○○ 각 지분 1/5	
4(을5)	2010.09.14	갑구1번, 2번, 3번 홍○○ 지분 전부근저당	○○은행 (○○○금융센터)	60,000,000원	말소기준등기	소멸
5(을6)	2011.11.21	갑구1번, 2번, 3번 홍○○ 지분 전부근저당	○○은행	1,104,000,000원		소멸
6(갑5)	2013.06.28	갑구1번, 2번, 3번 홍○○ 지분 가압류	○○보증기금	392,700,000원	2013카단6267	소멸
7(갑7)	2014.05.13	갑구1번, 2번, 3번 홍○○ 지분 압류	○○세무서			소멸
8(갑8)	2014.06.25	갑구1번, 2번, 3번 홍○○ 지분 임의경매	○○은행 (기업회생부)	청구금액 : 1,104,000,000원	2014타경45401	소멸

• 토지등기부 (채권액합계 : 1,556,700,000원)

NO	접수	권리종류	권리자	채권금액	비고	소멸여부
1(갑2)	2002.03.11	소유권이전(매매)	홍○○ 외 4명		박○○, 김○○, 장○○, 권○○, 홍○○ 각 지분 1/5	
2(갑3)	2006.12.01	권○○지분 전부이전	홍○○ 외 2명		매매, 박○○, 장○○, 홍○○ 각 지분 1/5	
3(갑4)	2006.12.01	김○○지분 전부이전	홍○○ 외 2명		매매, 박○○, 장○○, 홍○○ 각 지분 1/5	
4(을5)	2010.09.14	갑구2번, 3번, 4번 홍○○분 전부근저당	○○은행 (○○○금융센터)	60,000,000원	말소기준등기	소멸
5(을6)	2011.11.21	갑구2번, 3번, 4번 홍○○지분 전부근저당	○○은행	1,104,000,000원		소멸
6(갑6)	2013.06.28	갑구2번, 3번, 4번 홍○○지분 가압류	○○보증기금	392,700,000원	2013카단6267	소멸
7(갑8)	2014.05.13	갑구2번, 3번, 4번 홍○○지분 압류	○○세무서			소멸
8(갑9)	2014.06.25	갑구2번, 3번, 4번 홍○○지분 임의경매	○○은행 (기업회생부)	청구금액 : 1,104,000,000원	2014타경45401	소멸

2016 타경 38346

• 인천지방법원 본원　• 매각기일 : 2018.08.09(목)(10:00)　• 경매 8계(전화 : 032-860-1608)

소재지	인천광역시 ○○군 ○○면 ○리 1651-25 [도로명주소검색]						
물건종별	숙박시설	감정가	807,839,440원	오늘조회 : 1　2주누적 : 0　2주평균 : 0 [조회동향]			
				구분	입찰기일	최저매각가격	결과
토지면적	934m²(282.535평)	최저가	(34%)277,089,000원	1차	2018-01-03	807,839,440원	유찰
				2차	2018-02-06	565,488,000원	유찰
				3차	2018-03-19	395,842,000원	유찰
건물면적	740.9m²(224.122평)	보증금	(10%)27,710,000원		2018-04-19	277,089,000원	변경
				4차	2018-07-10	395,842,000원	유찰
				5차	2018-08-09	277,089,000원	
매각물건	토지·건물 일괄매각	소유자	김○○ 외 2명	낙찰 : 286,110,000원 (35.42%)			
				(입찰 1명, 낙찰 : 인천 최○○)			
개시결정	2016-10-21	채무자	장○○ 외 1명	매각결정기일 : 2018.08.16 - 매각허가결정			
				대금지급기한 : 2018.09.20			
사건명	임의경매 (공유물분할을위한 경매)	채권자	김○○	대금지급기한 : 2018.09.20-기한후 납부			
				배당기일 : 2018.11.02			
				배당종결 2018.11.02			

• 건물등기부 (채권액합계 : 104,000,000원)

NO	접수	권리종류	권리자	채권금액	비고	소멸여부
1(갑1)	2004.05.27	소유권보존	박○○ 외 4명		박○○, 김○○, 장○○, 권○○, 홍○○ 각 1/5	
2(갑2)	2006.12.01	권○○지분 전부이전	박○○ 외 2명		매매, 박○○, 장○○, 홍○○ 각 1/5	
3(갑3)	2006.12.01	김○○지분 전부이전	박○○ 외 2명		매매, 박○○, 장○○, 홍○○ 각 1/5	
4(갑9)	2015.04.14	갑구1번, 2번, 3번 홍○○ 지분 전부이전	김○○	임의경매로 인한 매각 2014타경45401 , 5/15		
5(을8)	2015.04.14	김○○지분 전부근저당	○○신협	1,104,000,000원		소멸
6(갑13)	2016.10.21	임의경매	김○○	청구금액 : 146,666,667원	말소기준등기 2016타경38346	소멸

• 토지등기부 (채권액합계 : 104,000,000원)

NO	접수	권리종류	권리자	채권금액	비고	소멸여부
1(갑2)	2002.03.11	소유권보존	김○○ 외 4명		박○○, 김○○, 장○○, 권○○, 홍○○ 각 1/5	
2(갑3)	2006.12.01	권○○지분 전부이전	박○○ 외 2명		매매, 박○○, 장○○, 홍○○ 각 1/5	
3(갑4)	2006.12.01	김○○지분 전부이전	박○○ 외 2명		매매, 박○○, 장○○, 홍○○ 각 1/5	
4(갑10)	2015.04.14	갑구2번, 3번, 4번 홍○○ 지분 전부이전	김○○	임의경매로 인한 매각 2014타경45401 , 5/15		
5(을8)	2015.04.14	김○○지분 전부근저당	○○신협	1,104,000,000원		소멸
6(갑14)	2016.10.21	임의경매	김○○	청구금액 : 146,666,667원	말소기준등기 2016타경38346	소멸

2) 공유물분할을 위한 형식적 경매는 제한물권이 소멸 된다.

공유물분할을 위한 형식적 경매는 소멸주의에 따른다. 일반 경매물건과 같이 공유물분할을 위한 형식적 경매도 소멸주의를 따른다.

따라서 낙찰자는 말소기준권리에 따라 등기부등본상의 제한물권들이 말소된 상태에서 인수하게 되며 별도의 부담은 없게 된다.

만일 지분권자가 가등기를 설정해주고 경매 신청을 하면 어떻게 될까? 다른 제한물권이 없다면 가등기가 선순위가 되어 경매진행이 될 수 없을 것이다. 가등기가 담보가등기가 아닌이상 경매진행이 될 수 없으며 만일 되었다 하더라도 매각불허가신청 대상이 되어야 할 것이다. 그렇지 않다면 가등기로 인하여 대상물건 전체가 저렴하게 낙찰 될 것이고 이에 따라 다른 지분권자는 형식적 경매에 있어서 예상치 못한 피해를 당할 가능성이 높다.

아래의 판례는 대법원 확정판례로서 가압류가 선순위로 있고 후순위 가등기권자가 가등기에 대해 회복등기를 신청한 사례인데 소멸주의에 의해 가등기가 말소됨을 보여주는 판례이다.

가 등 기 회 복 등 기

[대법원 2009.10.29, 선고, 2006다37908, 판결]

【판시사항】
민법 제269조에 의하여 실시되는 '공유물분할을 위한 경매'가 목적부동산 위의 부담을 소멸시키는 것을 법정매각조건으로 하는지 여부(원칙적 적극) 및 위와 달리 그 부담을 매수인에게 인수시키는 경우 집행법원이 취할 조치(=매각조건 변경결정과 고지)

【판결요지】
구 민사소송법(2002. 1. 26. 법률 제6626호로 전부 개정되기 전의 것)은 제608조 제2항에서 "저당권 및 존속기간의 정함이 없거나 제611조의 등기 후 6월 이내에 그 기간이 만료되는 전세권은 경락으로 인하여 소멸한다."고 함과 아울러, 제728조에서 이를 담보권의 실행을 위한 경매 절차에도 준용하도록 함으로써 경매의 대부분을 차지하는 강제경매와 담보권 실행을 위한 경매 에서는 소멸주의를 원칙으로 하고 있다. 공유물분할을 위한 경매에서 인수주의를 취할 경우 구 민사소송법이 목적부동산 위의 부담에 관하여 그 존부 및 내용을 조사·확정하거나 인수되는 부담의 범위를 제한하는 규정을 두고 있지 않을뿐더러 목적부동산 위의 부담이 담보하는 채무를 매수인이 인수하도록 하는 규정도 두고 있지 않아 매수인 및 피담보채무의 채무자나 물상보증인이 매우 불안정한 지위에 있게 되며, 목적부동산 중 일부 공유지분에 관하여만 부담이 있는 때에는 매수인으로 하여금 그 부담을 인수하도록 하면서도 그러한 사정을 고려하지 않은 채 공유자들에게 매각대금을 공유지분비율로 분배한다면 이는 형평에 반하는 결과가 될 뿐 아니라 공유물분할 소송에서나 경매절차에서 공유지분 외의 합리적인 분배비율을 정하기도 어려우므로, 공유물분할을 위한 경매 등의 이른바 형식적 경매가 강제경매 또는 담보권의 실행을 위한 경매와 중복되는 경우에 관하여 규정하고 있는 구 민사소송법 제734조 제2항 및 제3항을 감안하더라도, 공유물분할을 위한 경매도 강제경매나 담보권 실행을 위한 경매와 마찬가지로 목적부동산 위의 부담을 소멸시키는 것을 법정매각조건으로 하여 실시된다고 봄이 상당하다. 다만, 집행법원은 필요한 경우 위와 같은 법정매각조건과는 달리 목적부동산 위의 부담을 소멸시키지 않고 매수인으로 하여금 인수하도록 할 수 있으나, 이때에는 매각조건 변경결정을 하여 이를 고지하여야 한다.

3) 부동산 지분에 투자시 공유자가 많지 않아야 한다.

지분투자자는 목적 부동산의 공유자 수가 2~3명 정도로 적어야 비교적 해결이 쉽게 된다. 만일 공유자 수가 많게 되면 협의가 성립할 가능성이 낮아서 법적 분쟁으로 갈 확률이 높으며 소송으로 가게 되면 공유물분할판결을 받은 후 경매에 붙이고 경매 절차에 따라 매각대금을 배당 받아서 투자금을 회수하기까지 아무리 빨라도 1년 6개월 이상의 많은 시간이 걸리게 되고 경우에 따라서는 2년 이상의 긴 시간 동안 민사소송과 경매절차를 거치다 보면 노력한 것 보다 수익이 보잘 것 없는 경우가 많다. 따라서 지분 경매에 참여할 때에는 투자금 회수기간과 방법을 미리 충분히 검토하여야 한다.

4) 1개의 부동산을 여러 사람이 지분투자로 참여하는 경우의 주의사항

고가의 부동산을 낙찰 받을 때 부담을 줄이기 위해 여러 사람이 공동으로 낙찰 받을 수도 있으며 부동산의 지분을 취득하게 된다. 이때에는 공동 입찰자의 이해관계가 동일해야 문제가 생기지 않는다.

혹시 모를 분쟁의 소지를 없애기 위해 공동 입찰자들 사이에 미리 협의서를 작성 해두는 것도 좋은 방법이다.

특히 물건을 처분하여 투자금을 회수할 목적이 아니고 사용할 목적으로 공동 입찰을 할 경우에는 공유자들이 부동산의 어느 부분을 어떻게 나누어서 사용할 것인지를 미리 협의하여 두는 것이 좋다. 여러 사람이 공유하고 있는 부동산을 각자 위치를 특정하여 소유하기로 약정할 수도 있는데 이러한 소유 관계를 구분소유적 공유관계라고 한다. 예를 들어서 3층 건물의 경우 1층은 A가, 2층은 B가, 3층은 C가 소유하기로 약정한 경우이며, 구분소유적 공유관계가 성립하고 그 특정 부분이 독립된 부동산으로서의 요건을 갖추고 있는 경우에는 매매를 하더라도 그 특정 부분을 매매하게 되며, 그 부동산 전체에 대한 공유물분할청구는 허용되지 않는다. 또한 이러한 구분소유적 공유관계라도 이전등기는 지분이전등기를 하게 된다.

따라서 지분 경매에 입찰할 때에는 매각물건명세서에 구분소유적 공유관계라는 취지의 기재가 있는지 여부를 확인 하여야 한다.

SPECIAL AUCTION
chapter 06

상가의 경매투자

AUCTION chapter **06. 상가의 경매투자**

임대사업자가 되는 방법은 두 가지가 있다.

하나는 주택임대사업자가 되는 것이고 다른 하나는 상가임대사업자가 되는 것이다. 물건의 특성상 임대사업을 하다보면 장·단점이 있다. 주택임대사업자는 부가가치세를 내지 않아도 되고 부동산 중 가장 저렴한 주택에 투자하기 때문에 적은 종자돈으로도 가능하고 공실률이 적어서 안정적인 운영이 가능하다.

그러나 주택임대사업자는 임대료수준이 낮은 경우가 많아 규모를 키울 수 없는 단점이 있다. 주택의 규모가 작을수록 수익률이 높기 때문이다.

예를 들면 5억짜리 아파트를 월세로 놓는 것 보다 1억짜리 오피스텔 5채를 월세로 놓는 것이 훨씬 수익률이 높다. 따라서 적은 투자금으로 소형빌라나 오피스텔 혹은 도시형 생활주택 등으로 쉽게 임대사업을 할 수 있지만 월세를 필요로 하는 수요층은 대개 직업이 불안정하고 수입이 적은 임차인이 대부분이다. 임차인의 사정에 의하여 제 날짜에 임대료를 받기 힘들고 잡다한 수리요구와 수시로 들락거리는 임차인들 때문에 관리하기가 생각보다 만만치 않다.

그래서 어느 정도 자본 규모가 커지게 되면 상가임대사업자를 꿈꾸게 된다.

상가는 기본적으로 규모가 있고 특히 상가에 권리금이 있게 되면 임대료는 꼬박꼬박 잘 들어오게 되므로 가장 이상적인 임대사업이 된다. 그러나 상가임대사업에서 가장 중요한 공실률을 줄이기 위해서는 상가임대사업자 자신이 상권에 대한 지식이 충분해야 한다. 임차인이 장사가 잘 되어야 공실률이 없기 때문에 임대인이 먼저 상권 분석을 통해 상가의 가치를 파악할 수 있어야 한다.

지금도 상권 분석에 대한 개념 없이 막연한 기대로 상가를 구입하여 이로 인해 고통받는 수많은 투자자들이 있다.

모두가 꿈꾸는 것은 임대료 몇 백만 원이 나와서 일하지 않아도 생활이 가능하도록 현금 흐름을 만드는 것일 것이다. 경매로 이러한 목표를 달성하려고 상가에 투자를 할 때는 더욱 신중해야 한다. 상가가 경매로 나올 정도면 상권이 좋지 못한 경우가 대부분이기 때문이다.

상권이 현재는 좋지 않으나 개선될 여지가 있거나 상권 자체는 괜찮으나 소유자에게 문제가 생겨 나오는 물건 혹은 다른 여러 가지 사정으로 경매 시장에 나온 물건이라면 상가에 대한 투자가 가장 효율적인 투자가 될 것이다.

1. 상가 투자의 의의

1) 상가에 대한 경매투자의 매력

a) 경매물건이 많다.

주거용 부동산 다음으로 많이 나오는 물건이 상가이다. 주로 구분상가이지만 상가주택이나 통상가 등 매물이 많아서 투자할 대상과 범위가 넓다.

b) 감정가 대비 가장 저렴하다.

감정평가서에서는 주로 분양가를 기준으로 하여 감정평가금액이 결정된다.

따라서 실제 시세와 극심한 괴리 현상이 생기는데 상가의 위치가 열악하면 낙찰가가 건축비도 안 되는 경우도 발생한다. 원가법으로는 도저히 나올 수 없는 가격으로 낙찰받는 경우가 비일비재하다.

c) 투자수익률에 대한 정확도가 높다.

매물에 대한 시세는 편차가 높지만 임대수익은 옆 상가를 보면서 예상 임대료를 측정할 수 있기 때문에 현장조사를 통하여 비교적 정확한 투자수익을 계산할 수 있고 매매가를 추산할 수 있다.

d) 인도 저항이 비교적 낮은 편이다.

경매물건은 영업을 포기한지 오래된 곳이 대부분이기 때문에 비교적 인도가 쉽다. 물건에 대한 애착도 없고 거주하지도 않기 때문에 구태여 시간을 끌지 않는다.

배당금을 받는 임차인의 경우에는 거의 인도 저항이 없으며, 전 소유주라고 해도 크게 어렵지 않다.

e) 기존 시설을 활용할 수도 있다.

인테리어비용에 대한 보상을 요구하는 경우가 있지만 시설에 대한 잔존 가치를 활용할 경우는 협상을 통해 오히려 인테리어비용을 절약할 수 있다.

동일업종일 경우에는 기존의 시설을 일부 개조하여 사용할 수 있으므로 초기 투자비용을 아낄 수 있다.

2) 상가 투자의 목적

a) 임대 수익

장기 보유가 특징이며 안정적인 수입을 원할 때 투자하는 방식이다.

시세차익 보다 수익률이 높지 않기 때문에 위험 회피를 선호하는 투자자들이 선호한다.

투자자금이 일정 규모 이상이어야 효과가 있다.

b) 처분 수익

죽은 상가를 살려서 제값 받고 매매를 통한 수익을 올리는 방식이다.

전소유자가 최선을 다했음에도 불구하고 경매까지 이를 정도면 당해 점포는 물론 점포 주위의 상권 자체가 죽어서 영업이 잘 안되는 경우가 많으므로 기본적으로 상권을 살릴 수 있는 노하우가 있어야 한다. 모두가 안된다고 하는 물건을 나는 할 수 있다고 하려면 남들과 다른 핵심 역량을 가지고 있어야만 성공할 수 있다.

장사에 노하우가 많은 경우와 동일 업종에 대한 상권 분석에 자신이 있는 경우에 투자하는 방식이다. 노래방, 모텔, 미용실, 마트 등 다양한 업종에서 경매에 나온 상가 물건에 자신의 업종을 활성화시켜 물건 자체를 매각하는 방식이다.

성공확률은 적으나 가장 효율적인 투자이다.

c) 권리금 수익

위치가 좋은 신축 건물에는 지역 권리금이 붙는데 경매로 낙찰받은 물건은 인도 과정을 거치며 공실이 되기 때문에 신축 건물처럼 지역 권리금이라는 바닥 권리금을 받을 수 있다.

이 권리금을 위해 상권 분석을 하여 투자하는 방식으로 상가를 낙찰 받을 자금이 없지만 업종에 대한 자신이 있을 때 투자하는 방식이다.

3) 수익률의 종류

a) 기대수익률

투자자가 투자금에 대한 장래 실현을 기대하는 수익률

b) 요구수익률

투자자가 최소한 요구하는 수익률. 이 수익률 이하는 투자하지 않는 보수적인 측면의 수익률

c) 실현수익률

투자의 결과로 나타난 투자금의 수익률. 이미 실현되었기 때문에 미래가치는 없다.

4) 상권의 변화 요인

a) 지하철 신설 노선의 개통 등 교통여건의 변화

3승법칙 : 노선 발표 시, 착공 시, 개통 시 3번 상승한다.

b) 신도시나 택지개발지구 및 뉴타운 건설 등 대량 인구 유입

c) 대형 상업시설의 신규 입점, 대형상가 빌딩의 신축 등 상권규모의 변화

5) 개별 상가의 조건 분석

a) 상가 크기

상가 규모는 업종에 따라 최소 면적이 있기 때문에 규모에 따라 임대 가능업종이 제한 될 수 있다. 일반적으로 1층 상가는 최소 7평, 2층 상가는 최소 15평 이상 되어야 임대 가 가능하다.

b) 전면 길이

도로에 접한 면적이 길수록 가시성과 접근성이 유리하겠지만 건물의 구조와 위치상 하 나의 상가만 전면이 넓게 되기는 어렵다.
그렇지만 최소한 전면의 길이는 3.5m 이상은 되어야 상가로서 기능을 할 수 있다.

c) 상가 형태

상가의 형태가 어떻게 되어 있는가하는 것이다. 직사각형이나 정사각형 혹은 각이 지거 나 다각형 형태인가를 구별해야 한다.

d) 건물에서의 상가 위치

상가의 위치가 건물 내에서 앞면인지 후면인지 내부에 있는지 파악해야 한다.
후면 상가이거나 내부의 상가라면 건물 자체에 집객력이 없는 경우 상가로서의 기능을 갖기 어렵다.

e) 상가 접근성

가시성이 뛰어나다고 해도 접근성이 떨어지면 상가로서의 가치가 떨어진다. 1층 상가의 경우는 화단이나 녹지가 있으면 접근성이 떨어지고 경사가 있거나 계단이 존재하는 경우에도 매출에 영향을 받는다.

2층 이상은 계단이나 엘리베이터에 영향을 받으므로 낙찰 시 참고하여야 한다.

f) 기둥의 존재

기둥이 있어도 임대에 영향을 미친다. 기둥으로 인해 제한이 많기 때문이다.

g) 층높이

층높이가 낮으면 실내에 들어 왔을 때 답답한 느낌을 주게 되고 너무 높으면 썰렁한 느낌을 주게 된다. 1층의 경우 층높이가 낮으면 업종에 제한을 받는 경우도 있다.

따라서 될 수 있으면 층높이가 높은 것이 임대나 매매 시 유리하다.

h) 간판 설치 여건

간판은 영업에 영향을 미치므로 가급적 넓은 면적에 설치가 가능할수록 임대 시 유리하다.

i) 화장실 위치

화장실 이용이 편리할수록 임대가 용이하다. 화장실 동선을 파악해야 한다.

6) 죽은 상가가 등장하는 이유

a) 먼저 유행의 변화다.

목욕탕, 볼링장, 예식장 등이 대표적인 사례. 한때 인기 업종이었지만 지금은 소수만 남기고 모두 정리 되었다.

b) 경쟁이 심해져서 망하는 경우도 있다.

주변에 경쟁업체들이 많이 생겨서 신규 고객이 유입되면 오히려 상가가 활성화 될 수 있지만 한정된 고객을 가지고 서로 나눠먹기식으로 다투게 된다면 상권이 무너지게 된다.

c) 공급과잉도 원인이다.

대표적인 곳이 동대문 일대 테마상가다. 된다 싶으니까 너무 많은 테마상가들이 지어지면서 수많은 구분상가 투자자들이 막대한 손실을 감수해야 했다.

d) 건물이 낡아도 상가는 죽는다.

비슷한 위치에는 신축 건물이 훨씬 상권이 살아난다. 아무래도 고객은 외관이 깨끗하고 실내가 새롭게 디자인한 건물을 선호하기 때문이다.

e) 주변 상권의 개발로 인해 상권 지도가 변한다.

지하철 개통, 시외버스 터미널이전, 신도심개발, 홍등가 철거 등 내·외부 변수의 영향으로도 상권은 변한다.

이런 죽은 상가를 헐값에 낙찰 받아 주변 상권에 맞은 업종으로 용도 변경하는 게 좋은 경매투자 전략이다.

7) 각층별 용도변경 전략

a) 지하층

특별한 상권을 제외하고는 애물단지가 되는 경우가 일반적인 만큼 싸다고 무조건 덤벼서는 안된다.

서울 외곽이나 수도권, 지방에선 몇 년씩 공실인 경우가 비일비재한게 사실이다. 지하철 역세권이나 유동인구가 많은 곳에서는 보관 창고나 저렴한 IT관련 사무실 등으로 임대가 될 수도 있다.

b) 1층

임대료가 높은 1층은 회전율이 높은 업종을 넣어야 한다. 포장 상품을 위주로 하는 김밥전문점, 커피전문점, 간편 음식점 등이 대표 업종이다.

c) 2층

2층에 대해선 1층화하는 전략이 유리하다.

내부에 2층으로 올라가는 전용계단을 만들면 1층에 준하는 효과를 올릴 수 있다. 외국계 패스트푸드 업체들이 잘 사용하는 방법이다.

비슷한 전략으로 도로망 연결이 좋지 않은 뒤 건물을 싸게 사서 앞 건물과 연결하는 방법도 있다.

d) 3층 이상은 상권의 이점은 없고 교통의 편리성만이 필요한 곳이다.

대규모 매장이나 인지도가 높은 업종이 아니라면 성공하기 어렵다.

헬스센터나 사무실 학원등이 임대가 가능하다.

2. 상가의 경매투자 사례

이 사례의 경우는 유행이 변하여 폐업한 목욕탕을 값싸게 낙찰 받아 최근 유행하고 있는 요양원으로 리모델링한 경우이다.

2017 타경 10256　　・인천지방법원 부천지원　・매각기일 : 2018.08.14(화)(10:00)　・경매 2계(전화 : 032-320-1132)

소재지	경기도 ○○시 ○동 617-5 외 1필지, ○○프라자3 3층 301호 외 2개호 도로명주소검색							
새주소	경기도 ○○시 ○○로 123, ○○프라자3 3층 301호 외 2개호							
물건종별	근린상가	감정가	4,080,000,000원	오늘조회 : 1　2주누적 : 0　2주평균 : 0 조회동향				
대지권	792.69m²(239.789평)	최저가	(34%)1,399,440,000원	구분	입찰기일	최저매각가격	결과	
				1차	2018-05-01	4,080,000,000원	유찰	
				2차	2018-06-05	2,856,000,000원	유찰	
건물면적	1866.39m²(564.583평)	보증금	(10%)139,950,000원	3차	2018-07-10	1,999,200,000원	유찰	
				4차	2018-08-14	1,399,440,000원		
매각물건	토지 · 건물 일괄매각	소유자	강○○ 외 1	낙찰 : 1900,000,000원 (46.57%)				
				(입찰11명, 낙찰 : ○○○○제2차유동화전문회사 /				
				차순위금액 1,853,000,000원 / 차순위신고)				
개시결정	2017-11-14	채무자	강○○ 외 1	매각결정기일 : 2018.08.21 – 매각허가결정				
				대금지급기한 : 2018.09.20				
사건명	임의경매	채권자	○○○○○○○유동화전문유한회사(변경전:○○은행)	대금납부 2018.09.20 / 배당기일 2018.10.24				
				배당종결 2018.10.24				

• 등기부현황 (채권액합계 : 5,643,500,000원)

NO	접수	권리종류	권리자	채권금액	비고	소멸여부
1(갑2)	2003.04.25	공유자전원지분전부이전	박ㅇㅇ		매매	
2(을1)	2003.04.25	근저당	ㅇㅇ중앙회(원미동지점)	2,080,000,000원	말소기준등기	소멸
3(을2)	2003.8.01	근저당	ㅇㅇ중앙회	2,080,000,000원		소멸
4(을3)	2003.08.01	근저당	ㅇㅇ중앙회	480,000,000원		소멸
5(을8)	2006.01.11	근저당	김ㅇㅇ	190,000,000원	협의분할에 의한 상속전 :박ㅇㅇ	소멸
6(을9)	2006.01.11	근저당	박ㅇㅇ	460,000,000원	확정채권양도전:송ㅇㅇ	소멸
7(을11)	2009.01.21	근저당	김ㅇㅇ	130,000,000원		소멸
8(갑21)	2009.03.26	가압류	정ㅇㅇ	23,500,000원	2009카단1187	소멸
9(갑29)	2011.01.10	압류	ㅇㅇ시 ㅇㅇ구			소멸
10(갑33)	2015.02.02	가압류	김ㅇㅇ	200,000,000원	2015카합47	소멸
11(갑35)	2017.03.14	소유권이전(상속)	강ㅇㅇ, 박ㅇㅇ		강상숙 3/5, 박시찬 2/5	
12(갑37)	2017.11.14	임의경매	ㅇㅇ은행 (인천여신관리단)	청구금액 : 2,052,985,669원	2017타경10256	소멸
13(갑38)	2018.01.12	강ㅇㅇ지분압류	ㅇㅇㅇㅇ보험공단			소멸
14(갑39)	2018.04.02	강ㅇㅇ지분압류	ㅇㅇ시			소멸

이 건물은 소유자가 운영하던 1천평이 넘는 3개 층의 대규모 사우나였으나 대부분의 사우나가 그렇듯이 영업이 안 되어 경매가 진행 된 물건이었다.

하지만 지하철에서 가깝고 2종 근린상가이며 주변에 유해업소가 없어서 요양원으로는 좋은 입지 여건이었다. 요즘은 요양원이 경치 좋은 지방에서 도시의 한복판 구분상가에 들어서는 것이 추세이므로 요양원으로 업종 변경을 하였다.

철거 및 시설비가 많이 들겠지만 지하철이 가깝고 규모가 큰 규모이어서 요양원으로 자리만 잡으면 매매로 큰 수익이 날 것으로 보인다.

3. 상가 입지 분석

1) 상가 입지의 개념

상가의 위치를 말하는 것으로서 어떠한 것이 장소를 점하고 있는 상태로써 정적이고 공간적인 개념이다.

2) 입지 선택의 중요성

상가에 투자함에 있어서 가장 중요한 요소는 상가가 어디에 있는가 하는 것이다. 이것을 입지라고 하는데 이것은 상가에 투자함에 있어서 가장 중요한 것이라 할 수 있다. 상가에 투자를 하는 이유는 임대료 때문이라고 할 수 있는데 높은 임대료를 받을 수 있는 이유는 임차인이 높은 임대료를 감당할 수 있을 만큼 장사가 잘 되기 때문이다.

그런데 대부분의 점포 영업은 목이 70%를 차지할 만큼 위치가 중요하다. 임대인의 입장에서 좋은 위치의 점포는 공실률도 적고 높은 임대료를 받을 수 있으니 높은 가격이라도 매입하려 할 것이다.

상가건물에 대한 재질이나 구조도 문제이지만 결정적인 것은 아니다. 따라서 어느 위치의 상가가 좋은 상가인가에 대한 구체적인 기준을 알아야 할 것이다.

즉 상가 입지에 대한 분석은 상가 투자를 결정함에 있어 가장 중요한 요소이다.

3) 입지에 영향을 미치는 요소

a) 인구 밀도

상가 입지에 영향을 미치는 가장 중요한 요인은 얼마나 많은 고객이 이 상가 앞을 지나가는가 하는 것에 달려 있다. 인구가 많을수록 상가 앞을 지나가는 사람이 많을 수밖에 없기 때문에 인구 밀도가 상가입지 분석의 기본이 된다.

따라서 단독주택이 많은 곳 보다는 다세대 주택이 많은 곳이 낫고, 아파트 단지가 많은 곳이 가장 나은 상가 입지가 된다.

b) 가시성과 접근성

인구 밀도가 높은 입지 조건을 가졌다해도 노출이 안되면 의미가 없게 된다.

가시성이란 상가의 위치가 얼마나 잘 보이는가 하는 것을 의미하고 접근성이란 상가로 들어오기가 얼마나 편리한가를 말한다.

차량으로 이동할 때와 도보로 이동할 때 가시성과 접근성이 서로 다르니 상가 투자시 두 가지를 모두 직접 다녀보고 확인해야 한다. 가장 기본적이고 중요한 항목이다.

c) 성장성

도시계획에 따라 도로망이 장차 확장 되거나 지하철 개통 등 개발 호재가 있다면 입지의 여건이 개선 될 것이다.

기존 도로에 있는 상가는 신규 도로가 우회로 개설 된다면 성장은 커녕 장래 침체가 될 것이다.

상가 투자시 시간이 지남에 따라 가치가 높아진다는 것은 임대수익 못지않게 매매 차익도 기대할 수 있는 조건이므로 개발계획에 따른 여건도 확인해야 한다.

d) 물리적 공간

상가의 위치가 평지 인지 아니면 고지대 인지 저지대 인지 아니면 비탈길에 위치하고 있는지, 고저에 대한 것을 확인해야 한다. 상가의 위치는 평지가 가장 좋은 입지이며, 높은 곳에 위치하고 있으면 아무래도 불리하다.

e) 편의성

편의성이란 상가 입지가 얼마나 편리한가를 확인하는 것이다. 접근성이 좋다고 해도 교통망과의 연계가 불편하면 편의성이 떨어진다고 볼 수 있다.

f) 주차공간

자동차 등록 대수가 2천만대가 넘은 상황에서 주차 공간의 확보는 상가의 입지에 많은 영향을 미친다.

주변에 주차공간으로 활용할 수 있는 공영주차장의 존재나 여유 있는 도로의 존재는 상가의 입지를 강화시켜준다.

4) 입지 조사 항목

a) 지리적 위치 조사

① 지형, 지세, 코너 여부

② 시계성, 접근성, 홍보성

③ 교통 시설, 교통 도로, 보행도로

④ 생활 동선, 구매 동선

⑤ 입지 발전 가능성

⑥ 기능적 위치 조사

⑦ 대형 집객 기능

⑧ 지역적 주요 기능

⑨ 야간 인구 유발 요인

5) 상가의 입지 선정 요령

a) 주변 지역의 특성을 먼저 파악

후보 입지의 주변에 분포하는 업종의 분포도, 영업 상태, 기타 다른 업종의 특성을 파악하여 상권의 발전 정도를 유추해 낼 수 있다.

또한 입지의 특성에 따라 업종의 적합성을 검토할 수 있으며 향후 개점시의 영업 전략도 수립할 수 있다.

b) 상권 배후 세력의 특성을 파악

배후지역이란 점포의 상권 안에 거주하고 있는 영업 대상층의 범위를 뜻한다.

지역주민의 소득 수준, 인구수, 세대수, 주거형태, 연령별 인구수, 소비형태, 직업 분포, 교육 정도를 파악해야 한다.

c) 유동인구의 특성 파악

상가앞 유동인구가 많고 적음에 따라 상가의 우열이 가려지며, 유동인구의 특성에 따라 업종의 적합성이 결정된다.

유동인구의 조사는 평일과 주말, 시간대별, 연령별, 성별로 조사한다.

또한 업종 선정시 상가로의 내점률도 파악해야 하며 신규 상가의 경우 인근 유사업종의 내점률로 파악한다.

d) 상가 이용 편리성의 파악

상가는 고객들이 쉽게 찾을 수 있고 편하게 올수 있는 곳에 위치해야 하는데 이것을 상가의 편리성이라고 한다. 버스 정류장, 지하철역, 건널목, 출입구, 계단, 주차시설 등 접근성에는 많은 요인들이 작용한다.

e) 교통 요인을 점검

대중교통 밀집 지역은 상가의 활성화에 지대한 영향을 미치는데 이를 역세권이라 한다. 그러나 모든 출구가 똑같이 유동인구의 흐름이 왕성한 것은 아니므로 직접 확인해야 한다.

f) 주차장에서의 고려 사항

- 고객의 주차 습관

  10m는 즐겁게, 50m는 불만 없이, 100m는 억지로 참으며, 그 이상은 주차를 포기한다.
- 진·출입구가 잘 보이고 접근이 쉬워야 한다.
- 주차선의 폭을 충분이 넓게 확보해야 한다.
- 주차 공간을 충분히 확보해야 한다.

g) 조사 항목

① 상가의 인지도
② 매장 크기
③ 취급하는 상품의 성격
④ 가격 전략
⑤ 주 이용 고객층
⑥ 영업시간
⑦ 1일 이용 고객수

h) 상권의 성장 가능성을 점검

현재의 입지 적합성도 중요하지만 장기적인 상권의 변동 사항도 고려해야 한다.

도로 확장이나, 역의 개통은 중요한 성장 요인이다.

i) 임대료와 수익률

좋은 입지 조건에 욕심을 내어서 무리하게 높게 낙찰하면 임대료를 높이 책정할 수밖에 없고 이에 따라 임차인을 구하기 어렵게 된다.

설사 임차인을 구한다 해도 수익률을 맞추기 어려워 자주 공실이 발생하여 결과적으로 수익률이 저하하게 되어 투자에 실패하게 된다.

6) 일반적으로 좋은 입지의 상가

a) 노점상이 있는 곳의 상가

b) 역세권이나 대학가등 유동인구가 많은 곳의 상가

c) 코너에 있는 상가

d) 4차선 이하의 도로변이나 주차장 등이 있어 접근하기 좋은 상가

e) 공공 기관이나 대형 건물 주변의 상가

f) 중·소형 아파트 단지 주변의 상가

g) 대규모 아파트 단지 인근 상가

h) 상업 지역이 밀집된 낮은 지역에 위치한 상가

i) 전출 보다 전입해 오는 인구가 많은 지역의 상가

7) 좋지 않은 입지의 상가

a) 6차선 이상의 대로변 앞 상가

b) 주변이 지저분한 위치에 있는 상가

c) 도로 한 편에만 상가가 형성된 위치의 상가

d) 일방통행 도로에 위치한 상가

e) 블록의 중간에 위치한 상가

f) 이면도로에 위치한 상가

g) 커브길인 경우 내부에 위치한 상가

h) 주변에 상가들이 없거나 한산한 도로의 상가

i) 언덕 위의 상가

j) 상권 자체가 죽어있는 곳에 위치한 상가

4. 상권 분석

1) 상권의 개념

a) 상가가 장사를 계속해 나가는데 없어서는 안 될 고객이 살고 있는 한정된 지역 범위

b) 특정 소매업체에서 구매할 확률이 더욱 높은 잠재 고객들을 포함하고 있는 지리적으로 경계된 지역

c) 상가가 형성되어 있는 범위 전체 또는 고객이 흡인되는 지리적인 범위로써 상업 활동을 하는 곳

2) 상권 분석의 필요성

상권 분석은 특정 상가가 고객을 끌어 들이는 지리적 범위가 어느 정도 인지를 파악하는 것이다.

도매업에서는 거래권, 소매업에서는 판매 대상으로 삼고 있는 지역을 말한다.

상가가 위치하고 있는 것을 입지라고 한다면 여기에 상품이 결합되어 상권이 만들어진다.

즉 같은 입지라 해도 취급하는 상품의 내용에 따라서 상권은 다르게 형성된다.

따라서 상가를 투자함에 있어 특정 업체가 임차인으로 입점한다면 상가를 살릴 수도 있고 상가를 망칠수도 있으니 최유효이용의 법칙에 의해 가장 유리한 업종의 상권을 분석해야 투자 부동산의 효율을 극대화할 수 있다.

3) 상권의 범위 분석

a) 1차 상권

사업장 이용고객의 60% ~ 70%를 포함하는 범위를 말하며, 일반 소매점의 경우에는 반경 약 500m 이내를 말한다.

b) 2차 상권

사업장 이용고객의 14% ~ 25%를 포함하는 범위를 말하며, 일반 소매점의 경우 반경 약 1km 이내를 말한다.

c) 3차 상권

1차 상권 및 2차 상권 이외의 고객을 포함하는 범위를 말하며, 소매점의 경우 1km 이외의 범위를 말한다.

일반 소매점의 경우에는 대중적이고 저렴한 상품의 경우 대개 1차 상권에서 소비되며 가격이 고가이고, 희소성이 있을수록 2차, 3차로 상권의 범위가 확대된다.

4) 상권 조사의 주요 항목

a) 기초통계자료 조사

인구수, 세대수, 가족 구성원수, 주거형태

b) 상권의 형태 확인

주중상권, 주말상권, 야간상권, 주간상권, 유흥상권, 주거상권, 오피스상권, 대학가상권 등

c) 통행 인구 조사

성별, 연령별, 시간별, 요인별 통행객수 등을 관찰하고 동행객의 성격과 수준을 파악한다.

d) 통행 차량 조사

통행 차량의 수와 시간대별 통행량 확인

e) 경쟁상가 조사

경쟁상가의 이용객수, 제품의 가격대, 경쟁업체의 장·단점 파악

5) 상권 분석 순서

a) 도로 파악

주도로 및 부도로 파악, 차량 진입도로 및 인도 확인

b) 방위 및 방향 파악

상가의 방향 및 주 진입 방향 파악

c) 교통 내용 파악

상가에 접근할 수 있는 대중교통 수단 확인 및 동선 거리 확인

d) 주동선과 부동선 파악

고객의 동선을 따라 시간별로 확인

e) 업종·업태 확인

대상 상품의 경쟁 관계의 품목 및 대체품 위치 확인

f) 상권 유형 확인

동종 업체가 집단으로 모인 형태이거나 산발적으로 흩어진 형태인지 아니면 단독 형태
인지 확인

g) 유동인구수 파악

6) 상권의 종류와 특성

a) 아파트 상권

- 생활 패턴이 유사한 1천 세대 이상으로 구매 형태가 거의 일정하다.

- 고가품이나 사치품이 아닌 일상생활 용품을 취급해야 한다.
- 가능한 한 단지 주민과 유동인구를 흡수할 수 있는 점포여야 한다.
- 상가 점주들의 표정에서 영업이 잘되는지 안 되는지를 파악한다.

b) 지하철역 역세권 상권

- 도심 교통의 체증 현상이 지하철역 상권을 강화시킨다.
- 통행 인구의 습성과 특징을 고려하여 상권을 강화시킨다.
- 사무실 밀집 지역 근처 5평 규모가 적정하다.
- 지하상가는 화려하게, 노면 점포는 청결과 친절을 생명으로 한다.

c) 학교 주변 상권

- 판매 대상이 고정적이기 때문에 구매 단위 역시 고정적이다.
- 학생 취향과 구매 형태를 고려한 고도의 전문점이 필요하다.
- 반드시 저가품을 취급하고 학교의 성격과 잘 부합해야 한다.
- 방학 등 비수기가 있음을 고려하여 정확한 수익 분석이 요구된다.

d) 주택가 진입로 상권

- 배후지 세력이 다소 유동적이어서 생활수준 정도를 반드시 관찰한다.
- 소비 형태가 도보로 이루어지기 때문에 입지가 대단히 중요하다.
- 배후지 세력은 1년 단위로 교체된다는 가정아래 영업을 실시한다.
- 가능한 한 집적 상가 내에 위치하고 있어 업종간 협력도 고려한다.

e) 중심지 대로변 상권

- 화려하고 특색 있는 사업장은 결코 어렵지 않게 영업이 가능하다.
- 간판, 상품, 진열 등에서 사업장의 특색을 최대한 개성화 시킨다.
- 고정 고객보다 유동 고객이 대부분이므로 친절을 중요시 한다.

f) 오피스 상권

- 사무실 밀집 지역은 주로 요식업 분야가 50% 이상을 차지한다.
- 토요일, 일요일에 판매 대상이 전혀 없다는 사실도 인지해야 한다.

- 주간 업무 인구가 대부분이므로 퇴근 시간에 영업을 맞춰야 한다.
- 지속적으로 변화를 추구하면서 영업을 전개해야 한다.

5. 용도별 건축물의 종류(제3조의5 관련)

1. **단독주택**[단독주택의 형태를 갖춘 가정어린이집·공동생활가정·지역아동센터 및 노인 복지시설(노인복지주택은 제외한다)을 포함한다]

   가. 단독주택

   나. 다중주택 : 다음의 요건을 모두 갖춘 주택을 말한다.

      1) 학생 또는 직장인 등 여러 사람이 장기간 거주할 수 있는 구조로 되어 있는 것

      2) 독립된 주거의 형태를 갖추지 아니한 것(각 실별로 욕실은 설치할 수 있으나, 취사시 설은 설치하지 아니한 것을 말한다. 이하 같다)

      3) 1개 동의 주택으로 쓰이는 바닥면적의 합계가 330m² 이하이고 주택으로 쓰는 층수 (지하층은 제외한다)가 3개 층 이하일 것

   다. 다가구주택 : 다음의 요건을 모두 갖춘 주택으로서 공동주택에 해당하지 아니하는 것 을 말한다.

      1) 주택으로 쓰는 층수(지하층은 제외한다)가 3개 층 이하일 것. 다만, 1층의 전부 또는 일부를 필로티 구조로 하여 주차장으로 사용하고 나머지 부분을 주택 외의 용도로 쓰는 경우에는 해당 층을 주택의 층수에서 제외한다.

      2) 1개 동의 주택으로 쓰이는 바닥면적(부설 주차장 면적은 제외한다. 이하 같다)의 합 계가 660m² 이하일 것

      3) 19세대(대지 내 동별 세대수를 합한 세대를 말한다) 이하가 거주할 수 있을 것

   라. 공관(公館)

2. **공동주택**[공동주택의 형태를 갖춘 가정어린이집·공동생활가정·지역아동센터·노인복지 시설(노인복지주택은 제외한다) 및 「주택법 시행령」 제10조제1항 제1호에 따른 원룸형 주택을 포함한다]. 다만, 가목이나 나목에서 층수를 산정할 때 1층 전부를 필로티 구조로

하여 주차장으로 사용하는 경우에는 필로티 부분을 층수에서 제외하고, 다목에서 층수를 산정할 때 1층의 전부 또는 일부를 필로티 구조로 하여 주차장으로 사용하고 나머지 부분을 주택 외의 용도로 쓰는 경우에는 해당 층을 주택의 층수에서 제외하며, 가목부터 라목까지의 규정에서 층수를 산정할 때 지하층을 주택의 층수에서 제외한다.

가. 아파트 : 주택으로 쓰는 층수가 5개 층 이상인 주택

나. 연립주택 : 주택으로 쓰는 1개 동의 바닥면적(2개 이상의 동을 지하주차장으로 연결하는 경우에는 각각의 동으로 본다) 합계가 660m²를 초과하고, 층수가 4개 층 이하인 주택

다. 다세대주택 : 주택으로 쓰는 1개 동의 바닥면적 합계가 660m² 이하이고, 층수가 4개 층 이하인 주택(2개 이상의 동을 지하주차장으로 연결하는 경우에는 각각의 동으로 본다)

라. 기숙사 : 학교 또는 공장 등의 학생 또는 종업원 등을 위하여 쓰는 것으로서 1개 동의 공동취사시설 이용 세대 수가 전체의 50% 이상인 것(「교육기본법」 제27조제2항에 따른 학생복지주택을 포함한다)

3. 제1종 근린생활시설

가. 식품·잡화·의류·완구·서적·건축자재·의약품·의료기기 등 일용품을 판매하는 소매점으로서 같은 건축물(하나의 대지에 두 동 이상의 건축물이 있는 경우에는 이를 같은 건축물로 본다. 이하 같다)에 해당 용도로 쓰는 바닥면적의 합계가 1,000m² 미만인 것

나. 휴게음식점, 제과점 등 음료·차(茶)·음식·빵·떡·과자 등을 조리하거나 제조하여 판매하는 시설(제4호너목 또는 제17호에 해당하는 것은 제외한다)로서 같은 건축물에 해당 용도로 쓰는 바닥면적의 합계가 300m² 미만인 것

다. 이용원, 미용원, 목욕장, 세탁소 등 사람의 위생관리나 의류 등을 세탁·수선하는 시설(세탁소의 경우 공장에 부설되는 것과 「대기환경보전법」, 「수질 및 수생태계 보전에 관한 법률」 또는 「소음·진동관리법」에 따른 배출시설의 설치 허가 또는 신고의 대상인 것은 제외한다)

라. 의원, 치과의원, 한의원, 침술원, 접골원(接骨院), 조산원, 안마원, 산후조리원 등 주민의 진료·치료 등을 위한 시설

마. 탁구장, 체육도장으로서 같은 건축물에 해당 용도로 쓰는 바닥면적의 합계가 500㎡ 미만인 것

바. 지역자치센터, 파출소, 지구대, 소방서, 우체국, 방송국, 보건소, 공공도서관, 건강보험공단 사무소 등 주민의 편의를 위하여 공공업무를 수행하는 시설로서 같은 건축물에 해당 용도로 쓰는 바닥면적의 합계가 1,000㎡ 미만인 것

사. 마을회관, 마을공동작업소, 마을공동구판장, 공중화장실, 대피소, 지역아동센터(단독주택과 공동주택에 해당하는 것은 제외한다) 등 주민이 공동으로 이용하는 시설

아. 변전소, 도시가스배관시설, 통신용 시설(해당 용도로 쓰는 바닥면적의 합계가 1,000㎡ 미만인 것에 한정한다), 정수장, 양수장 등 주민의 생활에 필요한 에너지공급·통신서비스제공이나 급수·배수와 관련된 시설

자. 금융업소, 사무소, 부동산중개사무소, 결혼상담소 등 소개업소, 출판사 등 일반업무시설로서 같은 건축물에 해당 용도로 쓰는 바닥면적의 합계가 30㎡ 미만인 것

4. 제2종 근린생활시설

가. 공연장(극장, 영화관, 연예장, 음악당, 서커스장, 비디오물감상실, 비디오물소극장, 그 밖에 이와 비슷한 것을 말한다. 이하 같다)으로서 같은 건축물에 해당 용도로 쓰는 바닥면적의 합계가 500㎡ 미만인 것

나. 종교집회장[교회, 성당, 사찰, 기도원, 수도원, 수녀원, 제실(祭室), 사당, 그 밖에 이와 비슷한 것을 말한다. 이하 같다]으로서 같은 건축물에 해당 용도로 쓰는 바닥면적의 합계가 500㎡ 미만인 것

다. 자동차영업소로서 같은 건축물에 해당 용도로 쓰는 바닥면적의 합계가 1,000㎡ 미만인 것

라. 서점(제1종 근린생활시설에 해당하지 않는 것)

마. 총포판매소

바. 사진관, 표구점

사. 청소년게임제공업소, 복합유통게임제공업소, 인터넷컴퓨터게임시설제공업소, 그 밖에 이와 비슷한 게임 관련 시설로서 같은 건축물에 해당 용도로 쓰는 바닥면적의 합계가 500㎡ 미만인 것

아. 휴게음식점, 제과점 등 음료·차(茶)·음식·빵·떡·과자 등을 조리하거나 제조하여 판매하는 시설(너목 또는 제17호에 해당하는 것은 제외한다)로서 같은 건축물에 해당 용도로 쓰는 바닥면적의 합계가 300㎡ 이상인 것

자. 일반음식점

차. 장의사, 동물병원, 동물미용실, 그 밖에 이와 유사한 것

카. 학원(자동차학원·무도학원 및 정보통신기술을 활용하여 원격으로 교습하는 것은 제외한다), 교습소(자동차교습·무도교습 및 정보통신기술을 활용하여 원격으로 교습하는 것은 제외한다), 직업훈련소(운전·정비 관련 직업훈련소는 제외한다)로서 같은 건축물에 해당 용도로 쓰는 바닥면적의 합계가 500㎡ 미만인 것

타. 독서실, 기원

파. 테니스장, 체력단련장, 에어로빅장, 볼링장, 당구장, 실내낚시터, 골프연습장, 놀이형시설(「관광진흥법」에 따른 기타유원시설업의 시설을 말한다. 이하 같다) 등 주민의 체육활동을 위한 시설(제3호마목의 시설은 제외한다)로서 같은 건축물에 해당 용도로 쓰는 바닥면적의 합계가 500㎡ 미만인 것

하. 금융업소, 사무소, 부동산중개사무소, 결혼상담소 등 소개업소, 출판사 등 일반업무시설로서 같은 건축물에 해당 용도로 쓰는 바닥면적의 합계가 500㎡ 미만인 것(제1종 근린생활시설에 해당하는 것은 제외한다)

거. 다중생활시설(「다중이용업소의 안전관리에 관한 특별법」에 따른 다중이용업 중 고시원업의 시설로서 국토교통부장관이 고시하는 기준에 적합한 것을 말한다. 이하 같다)로서 같은 건축물에 해당 용도로 쓰는 바닥면적의 합계가 500㎡ 미만인 것

너. 제조업소, 수리점 등 물품의 제조·가공·수리 등을 위한 시설로서 같은 건축물에 해당 용도로 쓰는 바닥면적의 합계가 500㎡ 미만이고, 다음 요건 중 어느 하나에 해당하는 것

　1) 「대기환경보전법」, 「수질 및 수생태계 보전에 관한 법률」 또는 「소음·진동관리법」에 따른 배출시설의 설치 허가 또는 신고의 대상이 아닌 것

　2) 「대기환경보전법」, 「수질 및 수생태계 보전에 관한 법률」 또는 「소음·진동관리법」에 따른 배출시설의 설치 허가 또는 신고의 대상 시설이나 귀금속·장신구 및 관련 제품 제조시설로서 발생되는 폐수를 전량 위탁처리하는 것

더. 단란주점으로서 같은 건축물에 해당 용도로 쓰는 바닥면적의 합계가 150m² 미만인 것

러. 안마시술소, 노래연습장

5. 문화 및 집회시설

가. 공연장으로서 제2종 근린생활시설에 해당하지 아니하는 것

나. 집회장[예식장, 공회당, 회의장, 마권(馬券) 장외 발매소, 마권 전화투표소, 그 밖에 이와 비슷한 것을 말한다]으로서 제2종 근린생활시설에 해당하지 아니하는 것

다. 관람장(경마장, 경륜장, 경정장, 자동차 경기장, 그 밖에 이와 비슷한 것과 체육관 및 운동장으로서 관람석의 바닥면적의 합계가 1,000m² 이상인 것을 말한다)

라. 전시장(박물관, 미술관, 과학관, 문화관, 체험관, 기념관, 산업전시장, 박람회장, 그 밖에 이와 비슷한 것을 말한다)

마. 동·식물원(동물원, 식물원, 수족관, 그 밖에 이와 비슷한 것을 말한다)

6. 종교시설

가. 종교집회장으로서 제2종 근린생활시설에 해당하지 아니하는 것

나. 종교집회장(제2종 근린생활시설에 해당하지 아니하는 것을 말한다)에 설치하는 봉안당(奉安堂)

7. 판매시설

가. 도매시장(「농수산물유통 및 가격안정에 관한 법률」에 따른 농수산물도매시장, 농수산물공판장, 그 밖에 이와 비슷한 것을 말하며, 그 안에 있는 근린생활시설을 포함한다)

나. 소매시장(「유통산업발전법」 제2조제3호에 따른 대규모 점포, 그 밖에 이와 비슷한 것을 말하며, 그 안에 있는 근린생활시설을 포함한다)

다. 상점(그 안에 있는 근린생활시설을 포함한다)으로서 다음의 요건 중 어느 하나에 해당하는 것

　　1) 제3호가목에 해당하는 용도(서점은 제외한다)로서 제1종 근린생활시설에 해당하지 아니하는 것

　　2) 「게임산업진흥에 관한 법률」 제2조제6호의2가목에 따른 청소년게임제공업의 시설, 같은 호 나목에 따른 일반게임제공업의 시설, 같은 조 제7호에 따른 인터넷컴퓨터게

임시설제공업의 시설 및 같은 조 제8호에 따른 복합유통게임제공업의 시설로서 제2종 근린생활시설에 해당하지 아니하는 것

8. 운수시설

가. 여객자동차터미널

나. 철도시설

다. 공항시설

라. 항만시설

마. 그 밖에 가목부터 라목까지의 규정에 따른 시설과 비슷한 시설

9. 의료시설

가. 병원(종합병원, 병원, 치과병원, 한방병원, 정신병원 및 요양병원을 말한다)

나. 격리병원(전염병원, 마약진료소, 그 밖에 이와 비슷한 것을 말한다)

10. 교육연구시설(제2종 근린생활시설에 해당하는 것은 제외한다)

가. 학교(유치원, 초등학교, 중학교, 고등학교, 전문대학, 대학, 대학교, 그 밖에 이에 준하는 각종 학교를 말한다)

나. 교육원(연수원, 그 밖에 이와 비슷한 것을 포함한다)

다. 직업훈련소(운전 및 정비 관련 직업훈련소는 제외한다)

라. 학원(자동차학원·무도학원 및 정보통신기술을 활용하여 원격으로 교습하는 것은 제외한다)

마. 연구소(연구소에 준하는 시험소와 계측계량소를 포함한다)

바. 도서관

11. 노유자시설

가. 아동 관련 시설(어린이집, 아동복지시설, 그 밖에 이와 비슷한 것으로서 단독주택, 공동주택 및 제1종 근린생활시설에 해당하지 아니하는 것을 말한다)

나. 노인복지시설(단독주택과 공동주택에 해당하지 아니하는 것을 말한다)

다. 그 밖에 다른 용도로 분류되지 아니한 사회복지시설 및 근로복지시설

12. 수련시설

가. 생활권 수련시설(「청소년활동진흥법」에 따른 청소년수련관, 청소년문화의집, 청소년 특화시설, 그 밖에 이와 비슷한 것을 말한다)

나. 자연권 수련시설(「청소년활동진흥법」에 따른 청소년수련원, 청소년야영장, 그 밖에 이 와 비슷한 것을 말한다)

다. 「청소년활동진흥법」에 따른 유스호스텔

라. 「관광진흥법」에 따른 야영장 시설로서 제29호에 해당하지 아니하는 시설

13. 운동시설

가. 탁구장, 체육도장, 테니스장, 체력단련장, 에어로빅장, 볼링장, 당구장, 실내낚시터, 골 프연습장, 놀이형시설, 그 밖에 이와 비슷한 것으로서 제1종 근린생활시설 및 제2종 근 린생활시설에 해당하지 아니하는 것

나. 체육관으로서 관람석이 없거나 관람석의 바닥면적이 1,000m² 미만인 것

다. 운동장(육상장, 구기장, 볼링장, 수영장, 스케이트장, 롤러스케이트장, 승마장, 사격장, 궁도장, 골프장 등과 이에 딸린 건축물을 말한다)으로서 관람석이 없거나 관람석의 바 닥면적이 1,000m² 미만인 것

14. 업무시설

가. 공공업무시설 : 국가 또는 지방자치단체의 청사와 외국공관의 건축물로서 제1종 근린 생활시설에 해당하지 아니하는 것

나. 일반업무시설 : 다음 요건을 갖춘 업무시설을 말한다.

　1) 금융업소, 사무소, 결혼상담소 등 소개업소, 출판사, 신문사, 그 밖에 이와 비슷한 것 으로서 제1종 근린생활시설 및 제2종 근린생활시설에 해당하지 않는 것

　2) 오피스텔(업무를 주로 하며, 분양하거나 임대하는 구획 중 일부 구획에서 숙식을 할 수 있도록 한 건축물로서 국토교통부장관이 고시하는 기준에 적합한 것을 말한다)

15. 숙박시설

가. 일반숙박시설 및 생활숙박시설

나. 관광숙박시설(관광호텔, 수상관광호텔, 한국전통호텔, 가족호텔, 호스텔, 소형호텔, 의료관광호텔 및 휴양 콘도미니엄)

다. 다중생활시설(제2종 근린생활시설에 해당하지 아니하는 것을 말한다)

라. 그 밖에 가목부터 다목까지의 시설과 비슷한 것

16. 위락시설

가. 단란주점으로서 제2종 근린생활시설에 해당하지 아니하는 것

나. 유흥주점이나 그 밖에 이와 비슷한 것

다. 「관광진흥법」에 따른 유원시설업의 시설, 그 밖에 이와 비슷한 시설(제2종 근린생활시설과 운동시설에 해당하는 것은 제외한다)

라. 삭제 〈2010.2.18〉

마. 무도장, 무도학원

바. 카지노영업소

17. 공장

물품의 제조·가공[염색·도장(塗裝)·표백·재봉·건조·인쇄 등을 포함한다] 또는 수리에 계속적으로 이용되는 건축물로서 제1종 근린생활시설, 제2종 근린생활시설, 위험물저장 및 처리시설, 자동차 관련 시설, 자원순환 관련 시설 등으로 따로 분류되지 아니한 것

18. 창고시설(위험물 저장 및 처리 시설 또는 그 부속용도에 해당하는 것은 제외한다)

가. 창고(물품저장시설로서 「물류정책기본법」에 따른 일반창고와 냉장 및 냉동 창고를 포함한다)

나. 하역장

다. 「물류시설의 개발 및 운영에 관한 법률」에 따른 물류터미널

라. 집배송 시설

19. 위험물 저장 및 처리 시설

「위험물안전관리법」, 「석유 및 석유대체연료 사업법」, 「도시가스사업법」, 「고압가스 안전관리법」, 「액화석유가스의 안전관리 및 사업법」, 「총포·도검·화약류 등 단속법」, 「화학물

질 관리법」 등에 따라 설치 또는 영업의 허가를 받아야 하는 건축물로서 다음 각 목의 어느 하나에 해당하는 것. 다만, 자가난방, 자가발전, 그 밖에 이와 비슷한 목적으로 쓰는 저장시설은 제외한다.

가. 주유소(기계식 세차설비를 포함한다) 및 석유 판매소

나. 액화석유가스 충전소·판매소·저장소(기계식 세차설비를 포함한다)

다. 위험물 제조소·저장소·취급소

라. 액화가스 취급소·판매소

마. 유독물 보관·저장·판매시설

바. 고압가스 충전소·판매소·저장소

사. 도료류 판매소

아. 도시가스 제조시설

자. 화약류 저장소

차. 그 밖에 가목부터 자목까지의 시설과 비슷한 것

20. 자동차 관련 시설(건설기계 관련 시설을 포함한다)

가. 주차장

나. 세차장

다. 폐차장

라. 검사장

마. 매매장

바. 정비공장

사. 운전학원 및 정비학원(운전 및 정비 관련 직업훈련시설을 포함한다)

아. 「여객자동차 운수사업법」, 「화물자동차 운수사업법」 및 「건설기계관리법」에 따른 차고 및 주기장(駐機場)

21. 동물 및 식물 관련 시설

가. 축사(양잠·양봉·양어·양돈·양계·곤충사육 시설 및 부화장 등을 포함한다)

나. 가축시설[가축용 운동시설, 인공수정센터, 관리사(管理舍), 가축용 창고, 가축시장, 동물검역소, 실험동물 사육시설, 그 밖에 이와 비슷한 것을 말한다]

다. 도축장

라. 도계장

마. 작물 재배사

바. 종묘배양시설

사. 화초 및 분재 등의 온실

아. 동물 또는 식물과 관련된 가목부터 사목까지의 시설과 비슷한 것(동·식물원은 제외한다)

22. 자원순환 관련 시설

가. 하수 등 처리시설

나. 고물상

다. 폐기물재활용시설

라. 폐기물 처분시설

마. 폐기물감량화시설

23. 교정 및 군사 시설(제1종 근린생활시설에 해당하는 것은 제외한다)

가. 교정시설(보호감호소, 구치소 및 교도소를 말한다)

나. 갱생보호시설, 그 밖에 범죄자의 갱생·보육·교육·보건 등의 용도로 쓰는 시설

다. 소년원 및 소년분류심사원

라. 국방·군사시설

24. 방송통신시설(제1종 근린생활시설에 해당하는 것은 제외한다)

가. 방송국(방송프로그램 제작시설 및 송신·수신·중계시설을 포함한다)

나. 전신전화국

다. 촬영소

라. 통신용 시설

마. 데이터센터

바. 그 밖에 가목부터 마목까지의 시설과 비슷한 것

25. 발전시설

발전소(집단에너지 공급시설을 포함한다)로 사용되는 건축물로서 제1종 근린생활시설에 해당하지 아니하는 것

26. 묘지 관련 시설

가. 화장시설

나. 봉안당(종교시설에 해당하는 것은 제외한다)

다. 묘지와 자연장지에 부수되는 건축물

라. 동물화장시설, 동물건조장(乾燥葬)시설 및 동물 전용의 납골시설

27. 관광 휴게시설

가. 야외음악당

나. 야외극장

다. 어린이회관

라. 관망탑

마. 휴게소

바. 공원·유원지 또는 관광지에 부수되는 시설

28. 장례시설

가. 장례식장[의료시설의 부수시설(「의료법」 제36조제1호에 따른 의료기관의 종류에 따른 시설을 말한다)에 해당하는 것은 제외한다]

나. 동물 전용의 장례식장

29. 야영장 시설

「관광진흥법」에 따른 야영장 시설로서 관리동, 화장실, 샤워실, 대피소, 취사시설 등의 용도로 쓰는 바닥면적의 합계가 300m² 미만인 것

[비고]

1. 제3호 및 제4호에서 "해당 용도로 쓰는 바닥면적"이란 부설 주차장 면적을 제외한 실(實) 사용면적에 공용부분 면적(복도, 계단, 화장실 등의 면적을 말한다)을 비례 배분한 면적을 합한 면적을 말한다.

2. 비고 제1호에 따라 "해당 용도로 쓰는 바닥면적"을 산정할 때 건축물의 내부를 여러 개의 부분으로 구분하여 독립한 건축물로 사용하는 경우에는 그 구분된 면적 단위로 바닥면적을 산정한다. 다만, 다음 각 목에 해당하는 경우에는 각 목에서 정한 기준에 따른다.

    가. 제4호더목에 해당하는 건축물의 경우에는 내부가 여러 개의 부분으로 구분되어 있더라도 해당 용도로 쓰는 바닥면적을 모두 합산하여 산정한다.

    나. 동일인이 둘 이상의 구분된 건축물을 같은 세부 용도로 사용하는 경우에는 연접되어 있지 않더라도 이를 모두 합산하여 산정한다.

    다. 구분 소유자(임차인을 포함한다)가 다른 경우에도 구분된 건축물을 같은 세부 용도로 연계하여 함께 사용하는 경우(통로, 창고 등을 공동으로 활용하는 경우 또는 명칭의 일부를 동일하게 사용하여 홍보하거나 관리하는 경우 등을 말한다)에는 연접되어 있지 않더라도 연계하여 함께 사용하는 바닥면적을 모두 합산하여 산정한다.

3. 「청소년 보호법」 제2조제5호가목8) 및 9)에 따라 여성가족부장관이 고시하는 청소년 출입·고용금지업의 영업을 위한 시설은 제1종 근린생활시설 및 제2종 근린생활시설에서 제외하되, 위 표에 따른 다른 용도의 시설로 분류되지 않는 경우에는 제16호에 따른 위락시설로 분류한다.

4. 국토교통부장관은 별표 1 각 호의 용도별 건축물의 종류에 관한 구체적인 범위를 정하여 고시할 수 있다.

6. 일반적인 호칭에 의한 구분

1) 근린상가

근린은 생활권에 인접해 있음을 의미한다. 건축 법규상의 근린생활시설은 우리가 살고 있는 주택과 가깝고 도보로 접근할 수 있으며, 생활에 필요한 시설물을 말한다. 근린상가란 제과점, 약국, 세탁소, 미장원, 학원, 병의원 등의 우리 실생활과 거리상, 편의상 인접한 업종이 입주한 건물을 이른다.

보통 2~5층 규모이지만 최근 들어 상권에 따라 점점 대형화, 전문화 되어가고 있다.

2) 아파트 단지 내 상가

말 그대로 아파트 단지에 있는 상가이다. 다른 상가와 마찬가지로 투자때 유의할 점이 많다. 아파트 단지 내 상가는 배후 단지 규모에 큰 영향을 받는다. 단지 규모는 1천 가구 이상, 가구당 점포면적은 0.5평 이하를, 대형 평수 단지보다는 단지 내에서 소비 성향이 강한 중·소형 평수 단지가 유리하다.

분양면적 대비 매장 전용면적은 일반적으로 50~60%로 전용면적이 넓은 상가를 선택하되 통로 등 공용 면적은 넓은 곳을 택해야 한다. 공용면적이 좁으면 고객들이 방문을 꺼릴 수 있기 때문이다.

또 인근에 대형 할인매장, 백화점유무를 확인, 의류점 등 중복 업종은 피하고 식품점과 같은 생활 밀착형을 택해야 한다.

대형 상가에서 셔틀 버스를 운행하면 단지 안 상가의 수요가 분산돼 매출이 줄어든다는 점도 고려해야 한다.

3) 주상복합 상가

하나의 건물에 주거공간과 상업공간이 함께 공존하는 건축형태를 말한다. 주상복합상가는 주로 도심의 자투리땅에 많이 건축된다.

주거공간 90%와 상업공간 10%의 비율로 되어 있다. 대부분 도심지나 중심지에 위치하여 교통이 편리하고 접근성은 뛰어나지만 주거공간의 쾌적성은 떨어진다는 단점이 있다.

4) 전문 테마 상가

백화점이나 쇼핑몰과는 다르다. 백화점이나 쇼핑몰은 하나의 건물에 생활용품, 농·수산물, 의류, 전자, 식당가 등의 여러 업종들로 구성되어 있으나 전문 테마 상가는 말 그대로 건물 전체가 하나의 테마로 구성되어 있다는 것이다. 청소년 전문상가, 의류상가, 공구상가, 전자상가 등을 말한다.

대부분 전문상품만을 취급하므로 가격이나 품목이 다양하고 한 곳에서 비교하여 가장 최적의 상품을 선택할 수 있다는 장점은 있으나 일부지역에 편중되어 있어 접근성이 떨어진다는 단점이 있다.

또한 온라인 거래의 활성화로 전문 테마 상가 대부분이 매출 감소를 겪고 있다.

5) 쇼핑몰 (shopping mall)

일명 쇼핑센터로 부른다. 백화점은 운영주체가 점포의 80%이상을 직접 운영하는 방식인데 반해 쇼핑몰은 점포의 대부분을 개인 점포주에게 분양하여 개인 또는 상가위원회에서 운영하는 방식이다.

쇼핑몰의 장점은 점포 각각의 점주가 따로 있어 친절면이라던가 가격 조정이 어느 정도 가능한데 반하여 일관성, 통일성이 부족하다고 할 수 있다.

7. 소상공인마당의 상권정보시스템 활용

상가에 대한 투자를 하기 전에 상가의 입지와 상권 분석은 필수이지만 개인이 분석하는 데에는 막대한 노력과 비용이 든다. 중소벤쳐기업부와 소상공인시장진흥공단에서 운영하고 있는 소상공인마당(www.sbiz.or.kr)를 활용하면 쉽게 상가의 입지와 상권 분석이 가능하다.

이 사이트의 주된 내용은 다음과 같다.

메인 화면에는 상권 분석, 경쟁 분석, 업종 추천, 수익 분석이 배치되어 있으며 창업 기상도와 상권 평가 등급이 표시 되어 있다. 마지막에는 점포 이력 분석이 우리나라 전체의 지역에 대하여 분석되어 있다.

- **상권 분석** : 특정 지역, 영역, 업종, 매출, 인구 등 53종의 상권 관련 정보 제공

- **경쟁 분석** : 업소별 경쟁영역 내 거래건수를 기반으로 경쟁 수준을 평가할 수 있는 지표로 안전, 주의, 위험, 고위험의 4단계로 경고 형태로 제공

- **입지 분석** : 특정 입지에 대한 45개 표본업종별 예상매출액의 평균을 종합하여 평가한 입지 등급 정보

- **수익 분석** : 특정 위치 업종의 추정 매출액, 투자비 회수를 위한 목표 매출 및 고객수, 유사한 입지, 업종의 매출 현황의 비교 분석 정보 제공

- **점포 이력** : 특정 위치의 개·폐업 이력정보, 특정 업종의 창업여부 및 영업 기간 등의 정보 제공

1. 상권 분석

a) 메인 화면에 있는 상권 분석을 클릭하고 1단계 지역이동 후 2단계 영역을 선택한다. 지도에 나타난 지역에 원형이나 반경, 다각형 그리기를 통해 영역을 표시한다.

3단계는 업종 선택인데 업종에는 대분류로써 음식, 생활서비스, 소매, 관광/여가/오락, 스포츠, 학문/교육, 숙박, 부동산등이 분류되어 있고 대분류의 음식에는 한식, 중식, 일식/수산물 등 하위분류가 폭넓게 되어 있다.

b) 업종은 총 3가지 업종까지 선택이 가능하며 이후 분석하기를 클릭하면 상권 분석보고서 화면으로 이동한다.

c) 상권 분석보고서의 내용

- 상권 평가 : 평가 종합, 지역별 평가지수 추이, 상세평가지수
- 업종 분석 : 업종별 추이, 지역별 추이, 창, 폐업 추이, 밀집 추이, 업종생애주기
- 매출 분석 : 업종별 매출추이, 상권별 매출비교, 시기별 매출특성, 고객별 매출특성
- 인구 분석 : 인구추이, 유동인구, 거주인구, 직장인구, 직업/직종, 주거형태
- 소득/소비 : 소득, 소비
- 지역 분석 : 주요시설, 학교시설, 교통시설, 임대시세

d) 업종/시설목록에서 선택업종, 유사업종, 주요 집객시설, 기업, 아파트 목록을 확인할 수 있다. 이렇게 확인한 내용의 보고서는 PDF, 엑셀, 한글 파일로 저장하여 출력이 가능하다.

2. 경쟁 분석

a) 1단계는 지역 이동으로 읍면동 단위로 선택하여 이동한다.

b) 2단계는 업종 선택인데 특정 입지에 대한 45개 표본 업종 팝업에서 원하는 업종을 선택한다. 이후 1단계에서 선택한 지역 지도에 분석하려는 위치를 클릭한다.

c) 분석하기를 누르면 경쟁 분석 보고서 화면이 나타난다.

d) 경쟁 분석 보고서의 내용

- 평가 종합 : 2년간 경쟁업소의 거래건수 증감률을 산정하고 경쟁권을 분석하여 안전, 주의, 위험, 고위험으로 평가한다.
- 지역 분석 : 점포당 거래 건수를 시간이 지남에 따라 변화하는 것을 그래프로 보여준다.
- 업종 분석 : 경쟁권 내의 다른 업종도 점포당 거래 건수를 시간에 따라 변화율을 그래프로 보여준다.
- 거래 건수 추이 : 해당 업종의 매출액의 증감을 시간에 따라 그래프로 표시하며 성별, 연령별, 요일별, 시간별로 분석한 자료를 보여 준다.

3. 입지 분석

a) 1단계 지역으로 이동하고 2단계는 선택된 지역의 지도에서 위치를 선택한다.

b) 분석하기를 클릭하여 입지 분석 보고서 화면으로 이동한다.

c) 입지 분석 보고서의 내용

- 종합 평가 : 45개 업종별 입지등급의 평균으로 1등급부터 5등급으로 평가한다. 예상 매출액을 평가한 것으로 1등급으로 갈수록 좋은 입지이다.
- 업종별 입지등급 : 대분류, 중분류, 소분류 등으로 구별하여 45개 업종을 모두 평가한다.
- 잠재고객 분석 : 선택지역의 25m 이내의 유동인구와 선택지역의 주거인구, 직장인구의 인원을 표시한다.

4. 수익 분석

a) 1단계는 지역이동이고 2단계는 위치, 3단계는 45개 대표업종 중에서 선택하면 되고 4단계는 비용을 입력하면 된다.

b) 4단계의 점포비용에는 임대면적과 실면적 권리금, 보증금, 대출금, 건축비, 인테리어, 가맹비, 기타 비용 등을 입력하고 운영비용으로 월세와 인건비, 재료비, 기타비용을 입력하고 1명의 고객이 1회 결제시 지불하는 평균 금액인 객단가를 입력한다.

c) 비용입력이 끝났으면 평가하기를 눌러 수익 분석 보고서 화면으로 이동한다.

d) 수익 분석 보고서의 내용

- 목표 매출 및 고객 수 : 월평균 목표 매출액과 일평균 목표 매출액, 일평균 목표 고객 수가 표시되어 얼마만큼의 영업이 되어야 하는지 알 수 있다.

- 월 소요비용 : 월세 및 관리비, 고정 인건비, 초기비용에 대한 감가상각비, 기타비용 등이 고정비와 변동비를 포함하여 총비용으로 나타난다.

- 유사상권 매출현황 : 유사상권의 매출 현황으로 월매출과 월 거래건수를 확인할 수 있다.

- 투자비 회수 시점별 목표 매출 : 손익분기점의 매출액과 2년, 3년 내에 투자비를 회수할 때 필요한 매출을 나타낸다.

5. 점포 이력 분석

a) 1단계로 지역을 이동하고 2단계로 지도에서 표시된 점포의 아이콘을 클릭한다.

b) 점포 현황을 클릭하여 건물 내 점포의 개업·폐업, 이력정보 및 영업기간을 확인할 수 있다.

c) 지도의 건물을 클릭하면 건물 전체 점포들의 모든 이력이 나타난다.

d) 모든 점포를 분석할 수 있는 것이 아니라 지도에 붉은색 마커로 표시된 건물만 분석이 가능하며, 파란색 마커는 점포의 이력정보가 없어 분석이 불가능하다.

8. 구분점포(오픈 상가)에 대한 투자

구분점포란 백화점이나 쇼핑몰처럼 각기 독립된 하나의 점포가 여러 개의 점포로 군집되어 있는 것을 말하는 것으로 각기 독립되어 있으므로 점포가 개별적으로 매매와 임대가 가능하다. 이렇게 구분소유가 가능하려면 객관적, 물리적으로 건물이 존재하고 구분된 건물 부분이 구조상, 이용상 독립성을 갖추어야 하며 이 구획된 건물 부분을 각각 구분소유권으로 구별할 수 있어야 한다.

상가 건물의 경우에는 경계를 명확히 알아 볼 수 있는 표지를 바닥에 견고하게 설치하거나 구분점포별로 부여된 건물번호 표지를 견고하게 붙이면 구분소유권이 인정된다. 만일 건물에서 구분소유권이 인정되어 등기가 된다고 해도 구조상, 이용상 독립성이라는 물리적 요건을 갖추지 못한 건물의 일부분은 구분소유권이 성립될 수 없다.

따라서 건축물대장상 독립한 별개의 구분건물로 등재되고 등기부상에도 구분소유권의 목적으로 등기되어 있어 이러한 공적장부에 기초하여 경매절차가 진행되고 매각허가를 받았다고 해도 그 등기의 효력은 없으므로 매수인은 소유권을 취득할 수 없다.

그러나 이러한 경우에도 1동의 건물을 신축한 후 그 건물 중 구조상, 이용상 독립성을 갖추지 못한 부분을 스스로 구분건물로 건축물관리대장에 등재하고 소유권보존등기를 마친 자가 구조상, 이용상 독립성을 갖출 수 있음에도 불구하고 그 건물 부분에 관하여 자신과 매매계약을 체결하여 소유권이전등기를 마친 자 또는 자신과 근저당권설정계약을 체결하여 근저당권설정등기를 마친 자 등을 상대로 그러한 등기가 무효임을 주장하여 이에 대한 멸실 등기절차의 이행이나 위와 같은 건물 부분의 인도를 청구하는 것은 신의성실의 원칙에 위반된다고 볼 여지가 있다.

이러한 법리는 위와 같은 근저당권에 기초한 경매절차에서 해당 건물 부분을 매수하여 구분건물로서 소유권이전등기를 마친 자를 상대로 그 등기의 멸실등기절차의 이행 또는 해당 건물 부분의 인도를 청구하는 경우에도 마찬가지로 적용된다.(대법원 2018. 3. 27. 선고 2015다3471 판결)

대법원 2018. 3. 27. 선고 2015다3471 판결
[소유권이전등기] [공2018상,771]

【판시사항】

[1] 1동의 건물의 일부분이 구분소유권의 객체가 되기 위한 요건 및 구분소유권의 객체로서 적합한 물리적 요건을 갖추지 못한 건물의 일부를 경매절차에서 매수한 매수인이 소유권을 취득할 수 있는지 여부(소극)

[2] 구조상·이용상 독립성을 갖추지 못한 건물 부분을 구분건물로 건축물관리대장에 등재하고 소유권보존등기를 마친 자가 구조상·이용상 독립성을 갖출 수 있음에도 불구하고 건물 부분에 관한 매매계약을 체결하여 그에 따라 소유권이전등기를 마친 자 또는 근저당권설정계약을 체결하여 그에 따라 근저당권설정등기를 마친 자 등을 상대로 등기가 무효임을 주장하면서 이에 대한 멸실등기절차의 이행이나 위와 같은 건물 부분의 인도를 청구하는 것이 신의성실의 원칙에 위반된다고 볼 수 있는지 여부(적극) 및 이러한 법리는 근저당권에 기초한 임의경매절차에서 해당 건물 부분을 매수하여 구분건물로서 소유권이전등기를 마친 자를 상대로 등기의 멸실등기절차의 이행 또는 해당 건물 부분의 인도를 청구하는 경우에도 마찬가지로 적용되는지 여부(적극)

【판결요지】

[1] 1동의 건물의 일부분이 구분소유권의 객체가 될 수 있으려면 그 부분이 이용상은 물론 구조상으로도 다른 부분과 구분되는 독립성이 있어야 한다. 이러한 구분소유권의 객체로서 적합한 물리적 요건을 갖추지 못한 건물의 일부는 그에 관한 구분소유권이 성립할 수 없다. 그와 같은 건물 부분이 건축물관리대장상 독립한 별개의 구분건물로 등재되고 등기부상에도 구분소유권의 목적으로 등기되어 있어 이러한 등기에 기초하여 경매절차가 진행되어 매각허가를 받고 매수대금을 납부하였다 하더라도, 그 상태만으로는 그 등기는 효력이 없으므로 매수인은 소유권을 취득할 수 없다.

[2] 1동의 건물을 신축한 후 그 건물 중 구조상·이용상 독립성을 갖추지 못한 부분을 스스로 구분건물로 건축물관리대장에 등재하고 소유권보존등기를 마친 자가 구조상·이용상 독립성을 갖출 수 있음에도 불구하고 건물 부분에 관하여 자신과 매매계약을 체결하여 그에 따라 소유권이전등기를 마친 자 또는 자신과 근저당권설정계약을 체결하여 그에 따라 근저당권설정등기를 마친 자 등을 상대로 그러한 등기가 무효임을 주장하며 이에 대한 멸실등기절차의 이행이나 위와 같은 건물 부분의 인도를 청구하는 것은 신의성실의 원칙에 위반된다고 볼 여지가 있다. 그리고 이러한 법리는 위와 같은 근저당권에 기초한 임의경매절차에서 해당 건물 부분을 매수하여 구분건물로서 소유권이전등기를 마친 자를 상대로 등기의 멸실등기절차의 이행 또는 해당 건물 부분의 인도를 청구하는 경우에도 마찬가지로 적용된다.

SPECIAL AUCTION
chapter 07

토지의 경매투자

S P E C I A L
AUCTION chapter 07. 토지의 경매투자

1. 토지의 개념

토지란 경작지나 주거지 등 사람의 생활과 활동에 이용되는 땅을 말하는데 법적으로는 사람에 의한 이용이나 소유의 대상으로 받아들여지는 경우의 육지를 뜻한다. 토지에 대한 소유권은 일정한 범위와 면적을 지배하는 것으로 경제적 이익이 미치는 범위 안에서 지상과 지하에까지 미친다.

그러나 토지라는 의미의 용어는 사용하는 사람의 관점이나 상황, 관계에 따라 다양한 의미와 특성을 갖는다.

1) 토지의 다양한 의미

a) 공간으로서의 토지

토지의 이용측면에서 지표라는 단순한 2차원적 공간만을 의미하지 않고 지중과 공중을 포함한 3차원적 공간을 의미한다.

b) 자연으로서의 토지

자연 환경을 구성하고 있는 자연물로서 일광, 강수량, 바람, 토양 등 여러 가지를 함께 포함한 개념이다.

c) 생산 요소로서의 토지

토지는 자본과 노동을 포함하여 3대 생산 요소에 포함된다.

d) 소비재로서의 토지

토지는 최종 소비재로서 주거용 토지나 위락용 토지 등과 같이 사용되어 진다.

e) 위치로서의 토지

토지는 위치와 주위 환경에 따라 그 가치나 이용의 상태가 달라진다.

f) 재산으로서의 토지

개인이나 기업에 있어서 생산재 및 소비재로서 가장 중요한 재산으로 인정되어 진다.

g) 자본으로서의 토지

토지는 생산자의 입장에서 생산 요소로서 볼 때에는 다른 자본재와 같이 임차하거나 구입 해야만 하는 자본재이다.

2) 토지의 특성

a) 이용의 다양성

일반재화와 달리 여러 가지 용도로 이용될 수 있는 융통성을 가지고 있어 두 개 이상의 용도로 선택하여 이용할 수 있다.

b) 위치의 고착성

토지는 위치가 바뀌지 않으므로 이용 형태의 국지화가 이루어져서 토지의 개별성, 비동질성, 비대체성의 특징을 갖게 된다.

c) 영속성

토지는 장기에 걸쳐 각종 재화와 용역을 제공할 수 있는 내구성이 있으며 감가상각의 대상이 되지 않는다.

d) 공급의 한정성

토지의 절대적인 양은 증가하지 않고 공급이 고정되어 있다.

토지 투기가 발생하는 근본원인 중의 하나가 토지공급의 한정성 때문에 발생한다. 그러나 특정 용도에 공급될 토지의 양은 가변적이라 할 수 있으며 이것은 수익성의 정도에 따라 토지 용도간 배분이 이루어지기 때문이다.

e) 가치의 공공성

토지로부터 발생하는 경제적 이익은 사회 전체의 노력에 의해 창출된 것이므로 공공가치라고 불리며 이에 따라 개발이익환수 정책을 펼 수 있는 기본개념이 된다.

3) 부동산에 관련된 공적 서류의 종류

a) 부동산 등기부

부동산의 표기와 소유자의 인적사항, 권리관계 등이 기재된 부동산의 가장 기본적인 공부

b) 건축물대장

건축물의 신축, 증축, 용도변경, 멸실 등의 변동사항을 정리하여 놓은 공부

c) 토지(임야)대장

토지의 소재, 지번, 지목, 면적 소유자에 관한 사항을 등록하는 지적 공부

d) 지적(임야)도

토지의 소재, 지번, 지목, 경계 등을 등록하는 지적 공부

e) 개별공시지가확인서

해당 토지의 공시가격을 확인할 수 있는 서류

4) 토지투자의 장점

우리나라에서 부동산을 제외하고 재테크를 논할 수는 없는 것이 현실이다. 가계에서 재산을 형성하고 있는 것의 80%는 부동산이다.

언론에서 부동산 소유에 대한 부정적 인식을 위해 지면을 할애하는 것은 결국 부동산가격을 안정시키려는 목적으로 시행된 경우가 많았다. 언론에서 부동산 투자에 관해 추천하거나 권장한 적은 한 번도 없었다. 부동산은 이제 소유의 개념이 아니라 실제 사용의 개념으로 봐야 한다고 주장하는 사람들은 항상 있어 왔다.

그러나 지난 역사를 돌아보면 얼마나 헛된 주장인지 알게 된다.

현 시점까지 부동산의 일반적이며 주된 투자상품은 아파트 중심의 주택시장이었다. 그러나 주택 공급의 과잉으로 높은 투자수익을 기대하기 어려워졌으며, 이는 상가나 오피스 등의 부동산 역시 특별한 상권이 아니라면 비슷한 형태의 투자수익 하락을 보일 것으로 예측된다. 또한 아파트나 상가들은 소자본투자가 어려운게 현실이나 토지는 소자본투자가 가능한 작은 땅에서도 큰 이득을 볼 수 있는 가능성이 존재한다.

목적지 주변의 변화를 예측하고 여러 가지 지가상승 요인을 분석할 수 있다면 앞에서 언급한 공급의 한정성이 있는 토지는 부동산에서 가장 기본적인 투자처로서 명확하게 자산을 늘려주는 투자상품이라고 할 수 있다.

토지투자의 핵심은 모든 투자와 마찬가지로 시세차익을 목적으로 하는바, 지역사회의 성장패턴을 이해하고 향후 개발계획과 시세파악, 각 개별법과 지역정보 등을 고려하여 투자의 타이밍을 놓치지 말아야 한다. 부동산에 관한 부정적 견해는 항상 있어 왔고 앞으로도 있을 것이다. 그러나 아무리 부동산을 부정적으로 본다 하여도 부동산 투자 특히 토지에 관한 투자는 다음과 같은 장점이 있기 때문에 계속 될 수밖에 없을 것이다.

a) 장기적 수익률이 높다.

같은 부동산이라고 해도 아파트 가격이 2배로 오르려면 많은 시간을 필요로 할 것이다. 그러나 토지는 가격의 변화가 없다가도 갑자기 몇 배씩 오를 수 있다.

따라서 인구가 집중되는 지역에 장기적으로 투자한다면 다른 어떤 투자보다도 안정적인 수익을 올릴 수 있다.

토지는 투자에 대한 위험이 가장 적고 화폐가치의 변동과 인플레이션을 방어하는 기능이 있기 때문에 장기적 투자에 가장 적합한 대상이다.

b) 토지는 관리가 쉽다.

토지는 특별한 관리가 필요하지 않는다.

농지 투자의 경우에는 농사를 지어야 하지만 과실수를 심어도 되고 영농법인에 위탁을 하여도 된다. 동네 주민에게 이야기해도 대부분 쉽게 경작할 사람을 구할 수 있다.

임야의 경우에는 아예 관리가 필요 없고 다른 용도의 경우에는 임대수익을 올릴 수도 있다.

토지는 감가상각 대상이 아니기 때문에 가치가 보존되고 건축물과 달리 유지비용이 들지 않아 매입 후 방치한다고 해도 크게 문제되지 않는다.

c) 토지에 대한 수요가 높다.

실제 토지를 사용하려는 수요자가 아니더라도 누구나 구매하고자 하는 것이 토지이다.

우리나라는 60년대 초 까지는 농업국가라고 할 수 있다. 이때의 토지는 생산 수단의 모든 것이었고 토지가 없는 사람은 생산기반이 없으므로 노동력에 의해서만 생계를 유지할 수 있었다. 따라서 토지를 소유하는 것은 생존에 관한 문제였으며 모든 것을 희생해서라도 토지를 소유하려 했었다.

공업화 이후에는 토지의 용도가 농업보다 더 큰 부가가치를 만들어내는 공장이나 주거용, 상업용으로 사용하였기 때문에 토지 소유자는 더 큰 이익을 얻을 수 있었다.

토지의 소유자가 더 큰 이익을 얻게 되면서 토지의 실질가격이 폭등하였고 이 때문에 토지에 대한 수요는 더 크게 되었다.

d) 우리나라의 지가는 반드시 다시 올랐다.

토지 소유에 대한 집착으로 수요는 항상 넘치지만 공급은 항상 부족한 탓에 토지가격은 폭락하지 않았다. IMF시절 약 2년간 30% 정도 토지가격이 떨어진 경우가 단 한 번 있었지만 이내 두 배 이상 토지가격이 폭등하였다.

토지를 가지고 버티기만 한다면 언젠가는 토지가격이 오른다는 신념을 가지고 있기 때문에 부동산 시장이 회복 될 때까지 버티는 것이 일반적이고, 토지는 항상 올라 주었다.

특히 가치가 높은 토지일수록 부동산 상승기에는 더 큰 폭으로 가격이 상승하여 마지막까지 토지를 소유하게 만들었다. 부동산가격이 오르기만 할 뿐 떨어지지 않는다는 것은 투자자의 입장에서는 안정성면에서 가장 바람직한 투자가 된다.

e) 토지 공급에는 한계가 있다.

토지에 있어서 투기가 가능한 것은 물리적인 토지의 양을 증가시킬 수 없다는 부증성이 있기 때문이다. 따라서 각종 개발계획에 토지가 포함된다면 매물자체가 부족해지고 미래가치가 증가한다는 확신 아래 가격은 폭등하게 된다.

가격이 아무리 오른다고 해도 공급될 토지는 제한되어 있어 투기수요가 발생될 수 있고 가수요까지 발생되어 토지 소유자들이 막대한 수익을 올릴 수 있게 된다. 다른 어떤 투자보다도 안전한 불로소득이 가능하도록 만드는 것이 토지투자이다.

f) 미래가치를 보고 땅에 투자한다.

자신의 토지가 미래에 개발된다면 토지를 소유한 사람은 앉아서 자신의 재산이 증가하는 것을 경험하게 되고 개발계획이 없는 토지라고 해도 언젠가는 가격이 폭등할 것이라는 기대 때문에 수요가 발생한다.

장차 토지의 가치가 어느 정도의 가치를 가지게 될지는 아무도 모르기 때문에 큰 그림을 갖고 토지에 투자한다면 나중에 큰 자산을 가질 수도 있을 것이다.

20~30년 전에 경기도 분당과 광주, 용인과 화성, 동탄, 파주, 김포 등의 부동산이 오늘처럼 각광을 받을 것이라고는 그 누구도 예견하지 못했다.

g) 토지투자는 노력하면 어느 정도 정보 파악이 가능하다.

토지투자에 있어서 정보를 얻는 것은 조금만 관심이 있다면 어렵지 않다. 특히 개발계획은 많은 사람들의 관심을 받고 있어서 언론에 쉽게 노출된다. 인터넷에서 조금만 찾아보면 관련된 계획을 상세히 알 수 있고 토지에 관한 서적도 풍부해서 기본적 지식을 쌓을 수 있다.

토지 전문가들과도 평소 인적 관계가 형성되어 있다면 정보를 얻을 수 있고 현지의 부동산중개업소를 방문해도 많은 정보를 얻을 수 있다.

5) 토지투자의 단점

a) 환금성이 떨어진다.

토지는 쉽게 매매되지 않는다. 매입자도 실수요자가 아닌 이상 개발이 가능하거나 개발계획이 있을 때만 매입하려고 하기 때문에 단기로 자금을 회수하기 어렵다. 따라서 단기투자에는 적합하지 않으므로 토지에 지렛대 효과를 얻기 위해 금융권에 융자 받아서 투자하는 것은 바람직하지 않다. 다달이 이자를 부담해야 하는데 토지에서는 수익이 나오기 어렵기 때문이다.

이자가 부담이 되면 나중에 급매물로 손절매할 가능성이 높고 다행히 부동산가격이 오른다고 해도 약간만 부동산가격이 오르면 더 버티지 못하고 매매할 가능성이 높아 토지투자의 장점을 얻기 어렵다.

b) 지역적 편중이 심하다.

개발시대에는 어느 토지를 매입하든지 지가상승을 기대할 수 있었다. 그러나 이제는 아무 토지나 상승하지 않는다. 인구가 밀집하고 있는 수도권은 대체로 토지의 지가가 상승하나 지방의 경우에는 극히 일부만 오르고 대부분은 거의 오르지 않는 것을 볼 수 있다.

따라서 아무 토지나 매입하는 것이 아니라 지가상승을 기대할 수 있는 토지를 구별하여 투자하여야 한다.

c) 허위정보가 많다.

신문이나 방송, 인터넷의 풍부한 자료 등 부동산에 관련된 정보는 다양한 곳에서 얻을 수 있다.

정보가 없는 것이 아니라 오히려 과다한 정보에서 정말 중요한 정보를 가려내는 것이 어렵다. 불필요한 정보와 가짜 정보가 넘친다.

토지를 비싼 값에 분양하거나 매매하려고 마치 대단한 개발계획이 있는 것처럼 정보를 흘리거나 실제 개발에는 많은 시간이 필요한데도 금방 이루어질 것 같이 설명하는 경우가 많다. 발표된 개발계획도 언제 취소될지 모르고 개발 이후의 청사진도 과대한 경우가 많다.

토지투자에 있어서는 매도자가 보내는 정보를 잘 파악해야 한다. 매수자는 매도자 보다 항상 정보가 많지 않기 때문이다.

d) 소액투자가 어렵다.

토지를 소규모로 분양 받거나 소액투자를 위해 조그만 토지를 매입하는 것은 대체적으로 쓸모없는 투자인 경우가 많다. 토지를 개발하려면 일정 이상의 면적이 있어야 하고 개발의 목적에 따라 기본적인 규모가 있어야 한다.

자투리 토지는 가치가 없는 경우가 많다. 토지가 작아서 소유자가 여러 명이면 서로간의 입장이 달라서 개발이 어렵다. 일반적으로 200평 이상이어야 무엇을 하든 용도를 맞출 수 있다.

e) 개발계획에 변수가 많다.

지방자치단체의 지역개발계획의 세부사항이 변경되었을 경우 피해가 발생한다. 즉 원래 개설될 곳에서 벗어나는 도로, 증설되기로 했던 다리 건설의 취소, 이전하기로 예정되었던 관공서나 기업의 이전취소 등의 경우에는 이를 믿고 투자한 경우 큰 낭패를 볼 수 있다.

또 개발과정에서 새로운 추가비용이 발생될 수 있다.

지방자치단체들의 건축규제 및 계획의 유보를 통하여 기본시설이 들어설 때까지 합리적인 개발이 제한될 수 있으며, 기반시설에 대한 비용을 소유자들에게 부과하기도 하고 세금이 올라가는 등 생각 외로 많은 비용이 들어갈 수도 있다.

2. 토지의 경매와 공매

토지투자에 있어서 매입의 한 방법으로 법원 경매와 공매가 있다. 공매는 자산관리공사에서 매각하는 것으로 주로 지분 형태로 나온다. 상속된 토지에는 지분이 있을 가능성이 높아 세금을 연체하면 지분만 공매로 나오는 것이다.

법원 경매는 대출금에 대한 경매신청이 주로 나오는데 전원주택부지로 개발 중이었던 물건들이 많다. 그 외의 물건들은 일반적인 급매물건과 같이 분석하면 된다.

토지가 경매 매물로 나온다면 일반적인 토지거래에서 알 수 없는 공개되지 않는 위험한 권리 관계 분석이 가능하고 감정평가서를 통한 객관적인 토지 감정가를 확인할 수 있다.

토지개발을 통한 수익창출모델에서 시세보다 저렴한 구입이 가능한 토지 경매는 리스크를 줄이고 수익의 극대화가 가능한 훌륭한 재테크 수단이 될 것이다.

1) 토지 경매의 장점

a) 일반인의 접근이 쉽게 보편화되어 있다.

b) 물건에 대한 자세한 정보파악이 용이하다.

c) 토지거래허가 규제를 받지 않는다.

d) 시세보다 저렴하다.

e) 타 종목보다 인도 부담이 적다.

f) 낙찰잔금대출이 용이하다.

2) 토지 경매의 단점

a) 물건 현장 및 경계확인의 어려움이 있다.

b) 주거용 건물과 달리 권리관계가 복잡할 수 있다.

c) 공법상 규제 사항 때문에 토지를 활용할 때 제약이 있을 수 있다.

d) 농지 취득시 농지취득자격증명원을 요한다.

e) 접도나 개발 문제로 과도한 비용이 발생할 수 있다.

3) 토지 경매의 현장답사

일반적 토지투자든 경매를 통한 투자든 현장조사는 필수적이다. 주변여건, 이용상태, 개발여부, 시장동향과 낙찰 후 사용목적 등을 검토한다.

a) 소재지, 지번, 위치 확인

b) 지목확인(현 이용상태 확인)

c) 면적확인

d) 공시지가를 비롯한 시세파악-인근지역 가격비교

e) 공법 - 토지이용관계 확인

f) 사법 - 현황, 실질적인 관계 확인

g) 권리 분석 - 등기부, 토지 공적장부, 보이지 않는 권리확인

h) 점유자 확인

4) 토지 경매와 도로

토지에 투자할 때 가장 중요한 것이 도로와의 접촉이다. 맹지의 경우에는 개발이 불가능하기 때문에 토지를 낙찰 받을 때 가장 신경써야 할 것이 도로가 있는가와 도로를 만들 수 있는가이다.

먼저 도로가 무엇인지에 대하여 살펴보자.

a) 건축법상 도로 (건축법 제2조 1항11호)

건축법상 도로란 보행과 자동차 통행이 가능한 너비 4m 이상의 도로로서 '가'목(예정) 도로와 '나'목 도로를 말한다.

- **'가'목 도로**

  국토의 계획 및 이용에 관한 법률, 도로법, 사도법, 그 밖의 관계법령에 따라 신설 또는 변경에 관한 고시가 된 도로

- **'나'목 도로**

  건축허가 또는 신고 시에 특별시장, 광역시장, 도지사, 특별자치도 지사 또는 시장, 군수, 구청장이 위치를 지정하여 공고한 도로

b) 현황 도로인 경우 이 도로가 "나"목 도로에 해당되는지가 관건이다.

만일 1976년 2월 1일 이전에 설치된 4m 이상의 도로라면 대법원 판결에 의해 "나"목 도로이며 이와 같은 "가"목 도로와 "나"목 도로로 분류된다면 이 도로에 접한 토지는 도로의 소유자 동의가 필요 없이 건축허가가 가능하다.

c) 도로로 지정될 수 있는 통행로

- 복개된 하천 및 구거
- 안전에 지장이 없는 제방도로
- 공원계획에 의하여 설치된 공원 안 도로
- 사실상 주민이 사용하고 있는 통로로서 같은 통로를 이용하여 건축허가 된 사실이 있는 건축물의 진·출입로
- 사실상 도로로서 새마을사업 등으로 포장 또는 확장된 도로

d) 맹지의 투자

맹지는 개발이 어렵기 때문에 투자 대상이 되기에는 많은 어려움이 있다. 그러나 다음과 같은 경우에는 맹지라도 투자가 가능할 것이다.

첫째, 개발붐이 일어나는 지역의 토지이다. 지역 전체가 개발 된다면 다른 토지와 합필을 통해 개발이 가능하기도 하고 인접 토지가 해당 토지를 필요로 하는 경우도 있으니 능동적 개발은 안 된다 해도 수동적 개발을 통해 수익을 창출할 수 있다.

둘째, 개발을 전제로 진입로를 확보할 수 있는 경우이다.

투자시 매도자나 중개인이 진입로로 사용할 수 있는 토지의 거래를 알선해 주는 경우도 있고 구거의 사용을 통해 진입로를 확보할 수도 있다. 진입로에 지분투자 형식으로 토지사용승락서를 대체할 수도 있다. 즉 맹지를 벗어날 수 있는 방안이 있는 경우 효과적인 투자가 된다.

5) 미지급용지 투자

a) 미지급용지의 개념

미지급용지란 공공사업용지로 이용 중에 있는 토지로서 보상금의 지급 없이 공익사업용지로 이미 사용되고 있는 사유지 또는 사업시행자 외 타인의 토지를 말하는 것으로 전에는 미불용지라는 용어를 사용 하였다.

b) 미지급용지의 확인

경매물건 검색 후 현장 확인을 통해 토지이용현황을 파악한다.

해당 물건이 도로, 하천 등 공공시설로 사용되고 있다면 종전 공공사업의 성격, 시행자, 소유자, 미보상 원인 등에 대한 자료를 수집하고 관계기관에 종전의 공공사업에 대한 사업명칭과 보상금의 지급여부를 확인한다.

c) 미지급용지의 평가

공공사업에 편입될 당시의 이용 상황은 편입될 당시의 지목, 지형, 지세, 면적, 도로와의 접근성 등 개별요인을 감안하여 평가한다. 즉 미지급용지를 평가할 때에는 현재의 현황 평가를 하는 것이 아니라 수용 당시의 현황으로 평가하여 적정하게 보상이 이루어지게 해야 한다.

그러나 택지개발이나 공업단지조성사업에 있어서는 수용 당시로 평가하는 것이 아니라 소유자에게 유리한 현황 평가를 한다.

d) 미지급용지로 볼 수 없는 토지

① 지역주민 등이 새마을사업 등 자조사업으로 조성하여 공공시설에 편입된 토지
② 토지 소유자나 주택사업자 등이 본인소유 및 인근 토지의 효용을 높이기 위하여 도로로 제공하였거나 일단의 주택지조성사업 등으로 공공시설에 편입된 토지
③ 민법 제245조에 의하여 취득시효 완성으로 소유권을 취득할 수 있는 토지

> 제245조(점유로 인한 부동산소유권의 취득기간)
>
> ① 20년간 소유의 의사로 평온, 공연하게 부동산을 점유하는 자는 등기함으로써 그 소유권을 취득한다.
> ② 부동산의 소유자로 등기한 자가 10년간 소유의 의사로 평온, 공연하게 선의이며 과실없이 그 부동산을 점유한 때에는 소유권을 취득한다.

④ 도시계획 등 기타 법률에 의하여 무상으로 귀속되어야 하는 토지
⑤ 자치구가 사실상의 지배주체로서 점유하고 있는 토지

e) 미지급용지의 보상신청

서울특별시 도로 및 하천편입 미불용지 보상규칙 – 제10조(보상금부담 및 계약체결)

① 보상결정된 토지가 서울특별시도에 편입된 경우에는 그 보상금액을 시가 부담하고, 구도에 편입된 경우에는 그 보상금액을 자치구가 부담한다.

② 보상결정된 토지가 직할하천, 지방하천, 준용하천에 편입된 경우에는 그 보상금액을 시가 부담하고, 소하천에 편입된 경우에는 그 보상금액을 자치구가 부담한다.

③ 제1항과 제2항의 규정에 의하여 시가 보상금액을 부담할 경우에는 구청장은 다음 서류를 첨부하여 서울특별시장에게 필요한 금액을 요구한다.

   1. 미불용지보상신청서류 사본

   2. 보상신청토지사실조사서

   3. 위원회회의록 사본

   4. 감정평가서 사본

   5. 제5조제2항의 경우 관계서류

   6. 기타 필요한 서류

④ 보상금액은 예산의 범위안에서 보상신청순서로 지급함을 원칙으로 하되, 제2조제1항제2호의 경우는 우선하여 지급할 수 있다.

⑤ 구청장은 보상신청인과 보상대상 토지에 대하여 매매계약을 체결한 때에는 지체없이 보상금을 지급하여야 한다.

즉 도시계획시설결정, 실시계획인가, 실시계획 공람공고 등과 같은 자료와 정보를 해당 행정청으로부터 입수하고 토지대장이나 등기부등본, 토지이용계획확인원을 발급받아 공공사업에 편입과정을 확인하여 해당 지자체에 보상 신청을 하며 소송을 진행하여 우선순위를 확보하도록 한다.

f) 미지급용지 투자시 주의 사항

미지급용지 투자는 낙찰 대상 토지가 현재 공익사업에 포함되어 보상을 앞두고 있는 토지만이 가능한 것이다.

도로의 경우 과거 보상이 실시되었거나 전소유자가 매도하였거나 스스로 사용수익권을 포기한 경우 이를 경매로 취득해도 사용수익권 포기가 승계되어 부당이득청구가 불가하다는 대법원 판례(대법원 96다36852 판결)가 있기 때문이다.

미지급용지를 낙찰 받으면 토지인도청구나 수용청구, 부당이득청구 등 3가지를 할 수 있는데 수용청구도 원칙적으로 어렵고 인도청구나 부당이득청구도 사실상 어렵기 때문에 앞으로의 공익사업을 위한 토지로 한정짓고 투자하는 것이 바람직하다.

부당이득금

[대법원 1996.11.29, 선고, 96다36852, 판결]

【판시사항】

원소유자에 의하여 도로부지로 무상제공된 토지를 경매에 의하여 취득한 자의 배타적 사용수익권의 행사 및 부당이득반환청구의 가부(소극)

【판결요지】

토지의 원소유자가 토지의 일부를 도로부지로 무상제공함으로써 이에 대한 독점적이고 배타적인 사용수익권을 포기하고 이에 따라 주민들이 그 토지를 무상으로 통행하게 된 이후에 그 토지의 소유권을 경매에 의해 특정승계한 자는, 그와 같은 사용수익의 제한이라는 부담이 있다는 사정을 용인하거나 적어도 그러한 사정이 있음을 알고서 그 토지의 소유권을 취득하였다고 봄이 상당하므로 도로로 제공된 토지 부분에 대하여 독점적이고 배타적인 사용수익권을 행사할 수 없고, 따라서 지방자치단체가 그 토지의 일부를 도로로서 점유·관리하고 있다고 하더라도 그 자에게 어떠한 손해가 생긴다고 할 수 없으며 지방자치단체도 아무런 이익을 얻은 바가 없으므로 이를 전제로 부당이득반환청구를 할 수도 없다.

g) 미지급용지 보상 신청서

[별지 제1호서식] 〈개정 2018.1.18.〉

(앞면)

							처리기간
							30일

미 지 급 용 지 보 상 신 청 서

토지 소유자	주소			(전화번호 :)		
	성명			생년월일		

신청지	토 지 소 재 지			지 목	면 적 (㎡)
	구	동	지 번		
	총 면 적				

토지 현황	도로	아스팔트포장, 콘크리트포장, 보도블럭포설, 기타(해당란에 ○표시)
	하천	직할하천, 지방하천, 준용하천, 소하천, 기타(해당란에 ○표시)

기 타 참고사항	(취득경위, 보상금 미수령 사유등)

공공용지에 편입된 위 토지를 매수하고 보상금을 적정하게 지급하여 주실 것을 신청합니다.

년   월   일

신청인   (서명 또는 인)

○ ○ 구 청 장 귀 하

구 비 서 류	수 수 료
1. 토지등기부등본 1통(수정요망) ※ 이면기재사항을 필히 참고하시기 바랍니다.	없 음

6) 건축 중인 토지의 경매

가끔 건축 중인 토지가 경매로 나오는 경우가 있다.

토지소유자와 건축주가 다른 경우 건물의 건축주가 갖고 있는 건축허가권을 취득할 수 있는가 하는 것을 확인할 필요가 있다.

a) 공사 착수 신고 전

착공 신고 전에 경매 또는 공매 등으로 건축주가 대지의 소유권을 상실한 때부터 6개월이 경과한 이후 공사의 착수가 불가능하다고 판단되는 경우 허가를 취소한다.

정당한 사유가 있다고 인정되면 1년의 범위에서 공사의 착수기간을 연장할 수 있다.

b) 공사 착수 여부

건축허가를 받은 후 부속건물을 철거하고 가설 울타리 공사를 하다가 중지한 경우 당해 건물의 신축공사에 착수하였다고 볼 수 없다.

따라서 당해 행정청의 직권 취소가 가능하다.

(대법원 1994.12.2 94누7058)

공사착수 여부의 판단은 최소한 굴착이나 터파기를 하여야 한다.

c) 공사 착수 시

건축허가권자는 허가를 받은 날부터 1년 이내(2017.7.18. 이후에 건축허가를 받은 경우에는 2년 이내) 공사를 착수하였으나 공사의 완료가 불가능하다고 인정되는 경우에는 반드시 건축허가를 취소해야 한다.

따라서 낙찰자는 토지소유권을 행사하여 건물의 공사 진행을 막을 수 있다.

d) 토지낙찰자에 의한 건축허가취소신청의 가능 여부

건축허가가 취소되어야 낙찰자는 새로이 건축허가를 받을 수 있으므로 행정청에 대하여 기존의 건축허가에 대하여 건축허가처분철회를 요구하고 이를 행정청이 거부하면 "건축허가철회신청거부처분취소의 소"를 통하여 구제 받을 수 있다.

e) 건축공사가 이미 진행된 경우

건축공사가 이미 진행되어 터파기공사, 기초공사 정도에 머물렀거나 공사 외관이 건물로 인정될 정도에 이르지 않았다면 해결이 쉬울 수 있으나 공사 외관이 건물로 인정될 정도이거나 독립된 건물로 볼 수 있을 정도에 이르지는 않더라도 건물의 규모, 종류가 외형상 예상할 수 있는 정도까지 건축이 진전되어 있는 경우라면 이는 철거의 대상으로 할 수 있는지 여부와 법정지상권이나 관습법상 법정지상권의 성립 여부부터 검토해 보아야 한다.

결론적으로 기존 건축허가가 살아있는 부지를 낙찰 받으려고 한다면 건축허가권자가 공사에 착공했는지 확인하고 착수하지 않았다면 건축법 제11조 제7항 제1호의 사유를 들어 건축허가처분 철회신청을 하고 이를 행정청이 거부할 경우 "건축허가철회신청거부 처분취소의 소"를 제기할 수 있을 것이다.

건축이 많이 진행 되었다고 하더라고 건축 관계자 변경신고와 같은 방법도 유용한 해결 수단이 될 수 있다.

7) 농지 연금

농지 연금은 고령의 농민을 위해서 2011년부터 시행된 제도이다.

이 제도는 고령의 농민이 자신의 소유 농지를 농어촌공사에 맡긴 댓가로, 일정기간 동안 매월 연금을 받을 수 있도록 한 것이다.

a) 농지 연금의 장점

- 농지를 맡겨도 해당 농지에서 직접 경작하거나 임대를 줄 수 있다.
- 가입자가 사망하여도 배우자가 승계하여 연금을 받을 수 있다.
- 연금 지급이 안정적이다.
  (정부예산이 재원이므로 연금이 안정적이다.)
- 연금 채무부족액은 청구하지 않는다.
  (담보농지 처분으로 남은 금액은 상속되지만 부족하더라도 청구하지 않는다.)
- 재산세를 감면 받는다. 6억원 이하 농지는 전액 감면된다.

b) 농지 연금의 단점

- 신청 자격이 까다롭다.
- 최고 금액이 300만 원으로 금액 제한이 있다.
- 환금성이 부족하다.
- 시세보다 적게 평가하고 연금사업비를 제외하여 실 수령액이 많지 않다.

c) 신청 자격

① 연령

신청연도 말일 기준으로 농지 소유자 본인이 만 65세 이상 이어야 한다. 예를 들면 2020년의 경우 1955년 12월 31 이전 출생자이어야 한다.

② 영농 경력

농지연금 신청일 기준으로 과거 5년간 영농 경력이 있어야 하는데 전체 영농기간이 5년이면 되고 직전 5년간 연속적일 필요는 없다.

③ 신청할 수 있는 농지

실제 영농에 이용 중인 전, 답, 과수원 등 농지로서 제한물권이 없어야 하며 저당권의 경우는 공시지가 기준 15% 이하의 설정이 되어 있는 토지만 가능하다.

④ 신청할 수 없는 농지

- 불법 건축물이 설치되어 있는 농지
- 본인 및 배우자 이외의 공동 소유 농지
- 개발 지역 및 개발계획이 확정된 지역의 농지

d) 농지 연금의 지급 방식

① 종신정액형

신청인이나 배우자의 사망시까지 매달 같은 금액을 지급
(단 신청 당시 배우자가 60세 이상이고 연금승계를 선택해야 한다.)

② **전후후박형**

초기에는 종신정액형보다 많이 지급하고 점차 적게 지급

③ **일시인출형**

가입하고 지급액의 30%는 바로 지급하고 나머지는 정액형으로 지급

④ **기간정액형**

기간을 정해서 정액을 받는 방식

⑤ **경영이양형**

지급 기간 종료시 농어촌공사에 소유권 이전을 전제로 더 많은 연금을 받는 유형

e) 농지 연금을 위한 경매투자

농지에 대하여는 농지 전용을 통한 토지개발을 목적으로 투자하는 경우가 대부분이나 나이가 있는 투자자인 경우에는 연금을 목적으로 투자할 만 하다.

농지는 다른 부동산과 달리 개발이 어려우며 감정가 대비 낮은 가격으로 낙찰 받을 수 있고 조금 외진 곳이라고 해도 농지 연금을 받는데는 문제가 없으므로 59세 정도에 농지를 낙찰 받고 농사를 짓는다면 65세에 이르러서는 안정적 수입이 가능할 것이다.

따라서 은퇴후 귀촌·귀농을 꿈꾸고 있다면 농사도 지으면서 생활비를 안정적으로 받을 수 있는 농지 연금이 바람직 한데 특히 농지에 대한 평가가 공시지가 기준이므로 공시지가 보다 저렴하게 낙찰 받을 수 있는 경매를 통한 매입 방식이 훨씬 유리할 것이다.

3. 토지개발

1) 개발행위의 개념

부동산의 가치를 높이는 개발행위는 「국토의 계획 및 이용에 관한 법률」이 시행되면서 형질변경허가에서 개발행위허가로 명칭이 변경되었다.

2) 허가를 받아야하는 개발행위

시장과 군수로부터 허가를 받아야 하는 개발행위의 종류

a) 건축물 건축 또는 공작물의 설치

b) 경작을 위한 형질변경을 제외한 토지의 형질변경

c) 토석의 채취

d) 토지분할(건축물이 있는 대지의 분할은 제외한다.)

f) 물건적치(녹지지역, 관리지역, 자연환경보전지역 안에 물건을 1개월 이상 쌓아놓는 행위)

3) 개발행위의 절차

건축을 위한 개발행위는 다음과 같은 4가지 절차를 거친다.

4) 전용행위

전용행위에는 산지전용과 농지전용이 있는데 각각 본래의 목적이 아닌 다른 용도로 사용하기 위하여 형질을 변경하는 것을 말한다.(불법형질변경이 적발되어 지방자치단체에서 전용행위 자체를 전면 금지시킨 지역도 존재하므로 유의해야 한다.)

a) 산지전용

① 산지의 개념

「산지관리법」에 의하면 다음과 같은 토지를 산지라 한다.

ⓐ 입목, 죽이 집단적으로 생육하고 있는 토지와, 그 토지 안에 있는 암석지, 소택지 및 임도

ⓑ 집단적으로 생육한 입목, 죽이 일시 상실된 토지

ⓒ 입목, 죽의 집단적 생육에 사용하게 된 토지와, 그 토지 안에 있는 암석지, 소택지 및 임도

② 산지의 분류

ⓐ 보전산지(산지관리법 제4조제1항1호)

주된 이용목적이 임업 생산기능 및 공익기능이기 때문에 준보전산지에 비해서 산지전용의 폭이 좁고 엄격하다.

- 임업용 산지 : 산림자원의 조성과 임업 경영기반의 구축 등 임업생산기능의 증진을 위하여 필요한 산지
- 공익용 산지 : 임업생산과 함께 재해방지, 수원보호, 생태계보전, 자연경관보전, 국민 보건휴양 증진 등의 공익기능을 위하여 필요한 산지

ⓑ 준보전산지(산지관리법 제14조)

보전산지 이외의 산지로서 임업생산, 농림어민의 소득기반 확대 및 산업용지의 공급 등에 필요한 산지이며 개발행위를 위한 산지전용범위가 넓다.

> 산지관리법 제4조(산지의 구분)
>
> ① 산지를 합리적으로 보전하고 이용하기 위하여 전국의 산지를 다음 각 호와 같이 구분한다.
> [개정 2011.7.28 제10977호(야생생물 보호 및 관리에 관한 법률), 2016.12.2 제14357호(국유림의 경영 및 관리에 관한 법률), 2018.3.20.]
>   1. 보전산지(保全山地)
>   가. 임업용산지(林業用山地) : 산림자원의 조성과 임업경영기반의 구축 등 임업생산 기능의 증진을 위하여 필요한 산지로서 다음의 산지를 대상으로 산림청장이 지정하는 산지
>   1) 「산림자원의 조성 및 관리에 관한 법률」에 따른 채종림(採種林) 및 시험림의 산지

2) 「국유림의 경영 및 관리에 관한 법률」에 따른 보전국유림의 산지

3) 「임업 및 산촌 진흥촉진에 관한 법률」에 따른 임업진흥권역의 산지

4) 그 밖에 임업생산 기능의 증진을 위하여 필요한 산지로서 대통령령으로 정하는 산지

나. 공익용산지 : 임업생산과 함께 재해 방지, 수원 보호, 자연생태계 보전, 산지경관 보전, 국민보건휴양 증진 등의 공익 기능을 위하여 필요한 산지로서 다음의 산지를 대상으로 산림청장이 지정하는 산지

1) 「산림문화·휴양에 관한 법률」에 따른 자연휴양림의 산지

2) 사찰림(寺刹林)의 산지

3) 제9조에 따른 산지전용·일시사용제한지역

4) 「야생생물 보호 및 관리에 관한 법률」 제27조에 따른 야생생물 특별보호구역 및 같은 법 제33조에 따른 야생생물 보호구역의 산지

5) 「자연공원법」에 따른 공원구역의 산지

6) 「문화재보호법」에 따른 문화재보호구역의 산지

7) 「수도법」에 따른 상수원보호구역의 산지

8) 「개발제한구역의 지정 및 관리에 관한 특별조치법」에 따른 개발제한구역의 산지

9) 「국토의 계획 및 이용에 관한 법률」에 따른 녹지지역 중 대통령령으로 정하는 녹지지역의 산지

10) 「자연환경보전법」에 따른 생태·경관보전지역의 산지

11) 「습지보전법」에 따른 습지보호지역의 산지

12) 「독도 등 도서지역의 생태계보전에 관한 특별법」에 따른 특정도서의 산지

13) 「백두대간 보호에 관한 법률」에 따른 백두대간보호지역의 산지

14) 「산림보호법」에 따른 산림보호구역의 산지

15) 그 밖에 공익 기능을 증진하기 위하여 필요한 산지로서 대통령령으로 정하는 산지

2. 준보전산지: 보전산지 외의 산지

② 산림청장은 제1항에 따른 산지의 구분에 따라 전국의 산지에 대하여 지형도면에 그 구분을 명시한 도면[이하 "산지구분도"(山地區分圖)라 한다]을 작성하여야 한다.

③ 산지구분도의 작성방법 및 절차 등에 관한 사항은 농림축산식품부령으로 정한다.

[개정 2013.3.23 제11690호(정부조직법)] [전문개정 2010.5.31] [[시행일 2010.12.1.]]

③ 산지 전용이란?

산지를 임산물 생산의 용도 외로 사용하거나, 용도 외로 사용하기 위하여 산지의 형질을 변경하는 것을 말한다.

④ 산지전용허가(산지관리법 제14조)

산지전용을 하고자 하는 목적지의 용도를 정하여 산림청장의 허가를 받아야 하며 허가받은 사항 중 대통령령이 정하는 사항을 변경하고자 하는 경우도 같다.

⑤ 산지전용신고

산지전용신고서에 대통령령이 정하는 서류를 첨부하여 산림청장에게 제출한다.

ⓐ 산지전용신고는 산지전용신고 대상과 산지일시사용신고 대상으로 나뉜다.
(산지관리법 제15조)

산지전용 신고 대상	1. 산림경영, 산촌개발, 임업시험연구를 위한 시설과 그 부대시설 2. 수목원, 삼림생태원, 자연휴양림과 그 부대시설 3. 산림욕장, 치유의 숲과 그 부대시설 4. 유아숲체험원, 산림교육센터와 그 부대시설 설치 5. 농림어업인 주택시설 및 그 부대시설 설치 6. 건축법에 따른 건축하거나, 건축신고대상 농림수산물 창고, 집하장, 가공시설 등의 설치 7. 누에사육시설
산지일시사용 신고 대상	1. 건축법에 따른 건축허가, 건축신고 대상이 아닌 간이 농림어업용 시설 및 농림수산물 간이처리시설 설치 2. 석재, 지하자원 탐사 시추시설 설치(지질조사를 위한 시설 설치 포함) 3. 진입로 현장사무소 등 부대시설 설치, 물건 적치 4. 산나물, 약초, 양용수종, 조경구, 야생화 등 고나상산림식물 재배 5. 가축방목 6. 임도, 작업로, 임산물 운반로, 등산로, 탐방로 등 숲길 산길 조성 7. 수목장림 설치 8. 사방시설 설치 등

제15조(산지전용신고)

① 다음 각 호의 어느 하나에 해당하는 용도로 산지전용을 하려는 자는 제14조제1항에도 불구하고 국유림(「국유림의 경영 및 관리에 관한 법률」 제4조제1항에 따라 산림청장이 경영하고 관리하는 국유림을 말한다. 이하 같다)의 산지에 대하여는 산림청장에게, 국유림이 아닌 산림의 산지에 대하여는 시장·군수·구청장에게 신고하여야 한다. 신고한 사항 중 농림축산식품부령으로 정하는 사항을 변경하려는 경우에도 같다. [개정 2012.2.22, 2013.3.23 제11690호(정부조직법), 2016.12.2] [[시행일 2017.6.3]]

　　1. 산림경영·산촌개발·임업시험연구를 위한 시설 및 수목원·산림생태원·자연휴양림 등 대통령령으로 정하는 산림공익시설과 그 부대시설의 설치

　　2. 농림어업인의 주택시설과 그 부대시설의 설치

　　3. 「건축법」에 따른 건축허가 또는 건축신고 대상이 되는 농림수산물의 창고·집하장·가공시설 등 대통령령으로 정하는 시설의 설치

② 제1항에 따른 산지전용신고의 절차, 신고대상 시설 및 행위의 범위, 설치지역, 설치조건 등에 관한 사항은 대통령령으로 정한다.

③ 제1항에 따른 산지전용신고를 받은 산림청장 또는 시장·군수·구청장은 그 신고내용이 제2항에 따른 신고대상 시설 및 행위의 범위, 설치지역, 설치조건 등을 충족한 경우에 농림축산식품부령으로 정하는 바에 따라 신고를 수리하여야 한다. [개정 2013.3.23 제11690호(정부조직법)]

④ 관계 행정기관의 장이 다른 법률에 따라 산지전용신고가 의제되는 행정처분을 하기 위한 산림청장 또는 시장·군수·구청장과의 협의 및 그 처분의 통보에 관하여는 제14조제2항 및 제3항을 준용한다. [전문개정 2010.5.31] [[시행일 2010.12.1.]]

ⓑ 산지전용허가의 처리절차

① 신청서 접수	➡	② 현지조사 확인
④ 지목변경	⬅	③ 대체산림자원조성비 및 복구비산정
⑤ 대체산림자원조성비 납부고지 및 복구비 예정통지(납부 및 예치)	⬅	⑥ 허 가

⑥ 산지 투자시 주의하여야 할 내용

ⓐ 도로진입 원활성, 도로망정비, 접근성, 산지전용허가 가능성을 확인하여야 한다.

ⓑ 용도지역 중 '보전'이라는 말이 들어간 보전녹지지역, 보전관리지역, 자연환경보전지역은 어떤 형태의 공장도 허용되지 않으며 일반창고, 일반음식점, 주유소, 숙박시설을 포함한 대부분의 건축이 불가하다.

b) 농지전용

① 농지의 개념

ⓐ 농지란 「농지법」 제2조 1항 에 의하면 농지는 전, 답 또는 과수원 기타 그 법적 지목 여하에 불구하고 실제의 농작물의 경작 또는 다년생식물 재배지로 이용되는 토지를 말한다. 지목에서는 28개 지목 중 전, 답, 과수원이 해당된다.

ⓑ 농지에 포함되지 않는 토지

- 「초지법」에 의하여 조성된 초지 등 대통령령으로 정하는 토지

- 지목이 전, 답, 과수원이 아닌 토지로 농작물의 경작이나 다년성식물의 재배지로 이용되는 기간이 3년 미만인 토지

- 지목이 임야인 토지로서 그 형질을 변경하지 않고 농작물의 경작 또는 다년성식물의 재배에 이용 되는 토지

② 농지전용이란?

농지를 매입하거나 낙찰 받아 농사 이외의 목적으로 사용하는 것을 말하는 것으로 일반적으로 농지를 매입하고 허가를 내어 주택이나 상가로 건축하는데 이렇게 하는 것이 농지 전용의 한 예라고 하겠다.

이 때의 허가가 농지 전용허가인데 다음의 경우에는 전용허가를 받지 않아도 된다.

- 농지전용신고를 하고 농지를 전용하는 경우

- 다른 법률에 따라 농지전용허가가 의제되는 협의를 거쳐 농지를 전용하는 경우

- 국토의 계획 및 이용에 관한 법률에 따른 도시지역 또는 계획관리지역에 있는 농지로서 농지전용협의를 거친 농지나 그 협의 대상에서 제외되는 농지를 전용하는 경우

- 산지전용허가를 받지 않거나 산지전용신고를 하지 않고 불법으로 개간한 농지를 산림으로 복구하는 경우
- 하천법에 따라 하천관리청의 허가를 받고 농지의 형질을 변경하거나 공작물을 설치하기 위하여 농지를 전용하는 경우

전용허가를 받지 않고 신고만으로 전용이 가능한 경우도 있는데 농지를 다음의 어느 하나에 해당하는 시설의 부지로 전용하려는 사람은 대통령령으로 정하는 바에 따라서 시장·군수 또는 자치구 구청장에게 신고하여야 한다. 신고한 사항을 변경하려고 할 때에도 동일하다.(「농지법」 제35조 제1항)

- 농업인 주택, 어업인 주택, 농축산업용 시설(개량 시설과 농축산물 생산시설은 제외), 농림 수산물 유통·가공시설
- 어린이 놀이터, 마을회관 등 농업인의 공동생활 편의시설
- 농림 수산 관련 연구 시설과 양어장, 양식장 등 어업용 시설

③ 농지취득자격증명의 발급

농지를 경매로 매수하려면 매각일로부터 1주일 내 농지취득자격증명원을 제출하여야 하며 만일 제출하지 않으면 매각이 불허가 되거나 보증금이 몰수 될 수 있다. 농지취득자격증명의 발급 받으려면 읍면사무소에 신청하면 되는데 발급기간이 4일 이내로 되어 있어 1주일 내에 제출을 못할 수도 있게 된다. 따라서 입찰 전에 미리 발급받고 응찰하는 것이 안전하다.

일반적으로 농지취득자격증명 신청이 반려되는 이유는 지목상 전, 답, 과수원이 현황상 잡종지이거나 시멘트로 타설 되어 있는 등 불법 전용되어 있는 경우인데 입찰 전에 미리 확인하여야 한다.

농지취득자격증명발급 심사요령은 2016년 12.19 농림축산식품부 예규 제39호로 개정 되어 있는데 그중 제9조가 자격증명의 발급에 관한 내용이다. 그 내용은 다음과 같다.

제9조(자격증명의 발급)

① 시·구·읍·면장은 신청인이 제8조의 자격증명발급요건에 부합되는 경우에는 신청서 접수일부터 4일(법 제8조제2항 단서에 따른 농업경영계획서를 작성하지 아니하고 자격증명 발급을 신청하는 경우에는 2일) 이내에 자격증명을 발급하여야 한다.

② 시·구·읍·면장은 신청인이 제8조의 자격증명발급요건에 부합되지 아니하는 경우에는 신청서 접수일부터 4일(법 제8조제2항 단서의 규정에 의한 농업경영계획서를 작성하지 아니하고 자격증명 발급을 신청하는 경우에는 2일) 이내에 자격증명 미발급 사유를 명시하여 신청인에게 문서로 통보하여야 한다.

③ 시·구·읍·면장은 신청인이 법 제2조제1호에 따른 농지가 아닌 토지, 자격증명을 발급받지 아니하고 취득할 수 있는 농지 또는 「농지법」을 위반하여 불법으로 형질변경한 농지 등에 대하여 자격증명의 발급을 신청한 경우로서 제2항에 해당하는 경우에는 그 자격증명 미발급 사유를 아래의 예시와 같이 구체적으로 기재하여야 한다(아래 예시 이외의 사유로 미발급 통보하는 경우에도 그 사유를 구체적으로 기재하여야 한다.).

1. 신청대상 토지가 법 제2조제1호에 따른 농지에 해당하지 아니하는 경우 : 『신청대상 토지가 「농지법」에 의한 농지에 해당되지 아니함』

2. 신청대상 농지가 자격증명을 발급받지 아니하고 취득할 수 있는 농지인 경우 : 『신청대상 농지는 농지취득자격증명을 발급받지 아니하고 취득할 수 있는 농지임("도시계획구역안 주거지역으로 결정된 농지" 등 해당 사유를 기재)』

3. 신청인의 농지취득 원인이 자격증명을 발급받지 아니하고 농지를 취득할 수 있는 것인 경우 : 『취득원인이 농지취득자격증명을 발급받지 아니하고 농지를 취득할 수 있는 경우에 해당함』

4. 신청대상 농지가 「농지법」을 위반하여 불법으로 형질이 변경되었거나 불법건축물이 있는 농지인 경우 : 『신청대상 농지는 취득 시 농지취득자격증명을 발급받아야 하는 농지이나 불법으로 형질이 변경되었거나 불법건축물이 있는 부분에 대한 복구가 필요하며 현 상태에서는 농지취득자격증명을 발급할 수 없음』

제9조의 1호부터 3호의 이유로 농지취득자격증명원이 발급되지 않으면 그 내용을 기재한 문서를 발급해 주는데 이 문서를 가지고 법원에 제출하면 매각허가결정이 나오며 잔금을 납부할 수 있다. 4호의 이유 일 때에는 원상복구계획서를 면사무소에 제출하여 발급 받을 수도 있으니 미리 담당자에게 확인하여야 한다.

④ 농지의 분류

    ⓐ 농업진흥지역 : 농사를 위한 순수한 농지

       • 농업진흥구역

       • 농업보호구역

    ⓑ 비농업진흥지역 : 농업진흥지역 밖에 있는 농지

    영농이 불리한 한계농지는 휴양시설이나 노인복지시설 등 지역에 도움이 되는 시설건축물을 허용해 주며, 수도권을 제외한 곳에서는 대체농지조성비 까지 감면해주기 때문에 투자가치가 높다.

⑤ 농지의 소유

농지는 원칙적으로 농업경영에 직접이용하거나 이용할 자가 아니면 소유할 수 없으나 다음과 같은 경우에는 농지를 소유할 수 있다.

    ⓐ 주말, 체험영농을 하고자 농지를 소유하는 경우(총 1,000m² 미만)

    ⓑ 상속에 의하여 농지를 취득하여 소유하는 경우

    ⓒ 8년 이상 농업경영을 하던 자가 이농한 때 이농 당시 소유하고 있던 농지를 계속 소유하는 경우

    ⓓ 농지전용허가를 받거나 농지전용신고를 한 자가 해당 농지를 소유하는 경우

    ⓔ 농지전용 협의를 완료한 농지를 소유하는 경우

⑥ 신고만으로 가능한 농지전용

    ⓐ 농업인의 주택, 농업용 시설, 농수산물 유통, 가공시설

    ⓑ 어린이 놀이터, 마을회관 등 농업인의 공동생활 편익시설

    ⓒ 농수산 관련 연구시설과 양어장, 양식장 등 어업용 시설

⑦ 농지전용허가

농지전용허가는 해당 소재지 농지관리위원회에 농지전용허가 신청서를 제출하고 위원회에서 확인기준에 의거해 확인된 결과를 기재한 농지관리위원회 확인서를 첨부하여 신청한날로부터 5일 이내에 관할시장, 군수 또는 자치구 구청장에게 송부한다.

ⓐ 농지관리위원회 확인기준

- 전용하려는 농지가 경지정리, 수리시설 등 농업생산기반이 정비되어 있는지의 여부
- 농지의 전용이 농지개량시설 또는 도로의 폐지 및 변경이나 토사의 유출, 폐수의 배출, 악취의 발생 등을 수반하여 인근농지의 농업경영과 농어촌 생활환경유지에 피해가 예상되는 경우에는 그 피해방지계획이 수립되어 있는지의 여부
- 전용목적사업이 용수의 취수를 수반하는 경우 그 시기, 방법, 수량 등이 농수산업 또는 농어촌 생활환경유지에 피해가 예상되는지의 여부

ⓑ 허가

- 관할청은 농지전용허가를 함에 부득이한 사유가 있는 경우를 제외하고는 농지관리위원회의 위 확인기준에 의거해 확인된 결과를 참작하여 허가 여부를 결정하며, 관할청은 농지전용 허가를 받은 경우 농지전용허가대장에 이를 기재하고 농지전용허가증을 교부한다.

5) 형질변경

토지의 형상을 변경하는 행위로써 토지의 이용을 위한 개발 행위의 가장 기본적인 유형으로 토지의 물리적 형상의 변경행위 라고 할 수 있다.

지목 변경과 마찬가지로 일정 범위 이상의 토지 형질변경은 관할소재지 시, 군, 구의 허가를 받아야 가능하다.

a) 「국토의 계획 및 이용에 관한 법률」에서 규정한 형질변경

- 절토 : 흙을 깎아내는 행위
- 성토 : 흙을 쌓거나 메워 넣는 행위
- 정지 : 땅을 고르게 다듬는 행위
- 공유수면의 매립

b) 형질변경의 목적

개발행위허가를 받아서 고르지 못한 전, 답, 임야 등을 건축 가능한 평지로 만드는 것 등을 말한다.

일반적으로 건축을 목적으로 하는 경우가 대다수이며 보통은 토목설계사무소에서 대행해 준다.

6) 지목변경

a) 지목변경의 개념

지목변경이란 지적공부에 등록된 28개의 지목 중 한 지목을 다른 지목으로 바꾸어 등록 하는 것을 말한다.

b) 지목변경 대상 토지

- 「국토의 계획 및 이용에 관한 법률」 등 관계 법령에 의한 토지의 형질변경 등의 공사가 준공된 경우
- 토지 또는 건축물의 용도가 변경된 경우

c) 지목변경 절차

- **지목변경신청 및 현지조사**

  소유자는 지목 변경을 할 사유가 발생한 날로 60일 이내에 소관청에 신청해야 하고 사실 여부를 판단하기 위해 담당 공무원이 이용 현황, 관계법령의 저촉 여부 등을 현장조사를 통하여 확인하게 된다.

- **토지이동정리결의**

  토지이동정리결의서를 작성하는데 이동전란에 변경 전 지목, 면적 및 지번수를 이동후란에 변경 후의 지목, 면적, 지번수를 기재하면 된다.

- **대장정리**

  해당대장 사유란에 지목변경사유와 변경 전과 후의 지목과 면적을 등록한다.

- **도면정리**

  해당지번의 변경 전 지목만을 붉은색 2선으로 말소하고, 그 윗부분에 변경된 지목으로 정리한다.

• 등기촉탁

부동산등기부를 열람하여 등기촉탁서를 작성한다.

등기촉탁의 취지와 토지대장등본 또는 임야대장등본을 첨부한다.

7) 개발행위와 관련된 주요 법률

개발행위에 대한 기본법	「국토의 계획 및 이용에 관한 법률」
면적, 필지, 지번, 지목	「지적법」
건폐율, 용적률, 건축물의 종류	「건축법」
용도지역	「국토의 계획 및 이용에 관한 법률」
토지대장	임야대장, 지적도, 임야도 「지적법」
건축물대장	「건축법」
토지이용 계획 확인서	「국토의 계획 및 이용에 관한 법률」
군사시설보호구역	「군사기지 및 군사시설보호구역법」
사전환경성검토제도	「환경정책기본법」
공장총량제	「수도권정비계획법」
농지의 전용	「농지법」
산지의 전용	「산지관리법」
주유소	「석유 및 석유 대체연료 사업법」
공장의 설립	「산업집적 활성화 및 공장설립에 관한법률」
납골당	「장사 등에 관한 법률」
민원사무처리절차	「민원사무 처리에 관한 법률」
등기부등본	「부동산등기법」

※ 주의 사항

주요관련법 외에도 특히 토지개발에 관련해서는 해당 시, 군, 구의 도시계획조례를 반드시 확인해야 한다.

8) 토지개발의 사례

2015 타경 25774(1) ・의정부지법 고양지원 **・매각기일 : 2016.09.27(화)(10:00)** ・경매 8계(전화 : 031-920-6318)

소재지	경기도 ○○시 ○○면 ○○리 567-7 외 3필지 도로명주소검색							
물건종별	농가관련시설	감정가	3,009,162,120원	오늘조회 : 1 2주누적 : 1 2주평균 : 0 조회동향			
				구분	입찰기일	최저매각가격	결과
토지면적	9409m²(2846.223평)	최저가	(70%)2,106,413,000원	1차	2016-05-03	3,009,162,120원	유찰
					2016-06-07	2,106,413,000원	변경
건물면적	728.97m²(220.513평)	보증금	(10%)210,650,000원	2차	2016-09-27	2,106,413,000원	
				낙찰 : 2,424,200,000원 (80.56%)			
매각물건	토지・건물 일괄매각	소유자	김○○ 외 1명	(입찰 1명, 낙찰 : 인천 ○○구 박○○ 외 1)			
				매각결정기일 : 2016.10.04-매각허가결정			
개시결정	2015-11-02	채무자	김○○	대금지급기한 : 2016.11.10			
				대금납부 2016.11.10 / 배당기일 2016.12.01			
사건명	임의경매	채권자	○○자산관리회사	배당종결 2016.12.01			

・매각토지.건물현황 (감정원 : ○○감정평가 / 가격시점 : 2015.11.10)

목록		지번	용도/구조/면적/토지이용계획		m² 당단가 (공시시가) +	감정가	비고
토지	1	○○리 567-7	계획관리지역, 제한보호구역 (전방지역 : 25km)임	잡종지 414m² (125.235평)	398,000원 (281,100원)	164,772,000원	
	2	○○리 567-4	계획관리지역, 제한보호구역 (전방지역 : 25km)임	잡종지 5295m² (1601.738평)	378,000원 (281,100원)	2,001,510,000원	
	3	○○리 산46-7	계획관리지역, 제한보호구역 (전방지역 : 25km), 건축법 제2조제1항제11... v	임야 3570m² (1079.925평)	210,000원 (79,500원)	749,700,000원	
	4	○○리 811-21	계획관리지역, 제한보호구역 (전방지역 : 25km), 건축법 제2조제1항제11... v	임야 130m² (39.325평)	147,000원 (79,500원)	19,110,000원	
			면적소계 9409m²(2846.223평)			소계 2,935,092,000원	

7(갑7)	2015.11.02	임의경매	○○자산관리회사	청구금액 : 2,500,000,000원	2015타경25774	소멸
기타사항		☞ ○○리 567-4 토지, 건물 등기부상				

건물	1	위전리 567-7 연와조 시멘트 기와지분 등 Ⓥ	1층	주택(현황 공실)	77.67m²(23.495평)	266,000원	20,660,220원	
	2		지하	주택(현황 공실)	67.32m²(20.36평)	177,000원	11,915,640원	*공부상 36.54m² *공부상 창고
	3	위전리 567-4 목조스레트지붕	단층	축사	232m²(70.18평)	77,000원	17,864,000원	
	4		단층	축사	223.38m²(67.572평)	77,000원	17,200,260원	
				면적소계 600.37m²(181.612평)		소계 67,640,120원		
제시외건물	1	위전리 567-4 목조 및 블록조 스 레트지붕 등 Ⓥ	단층	축사(폐가상태)	123.2m²(37.268평)	50,000원	6,160,000원	매각포함 *567-4 위지상 소재
	2		단층	화장실	504m²(1.634평)	50,000원	270,000원	매각포함 *567-4 위지상 소재
	제시외건물 포함 일괄매각			면적소계 128.6m²(38.902평)		소계 6,430,000원		
감정가	토지 : 9409m²(2846.223평) / 건물 : 728.97m²(220.513평)				합계	3,009,162,120원		일괄매각

현황 위치	* "○○면사무소" 남동측 근거리에 위치하고, 인근은 농경지, 임야, 농가주택 및 공장 등이 혼재하는 지역으로서 주변여건 무난함 * 1, 2) : 본건 인근까지 차량의 접근이 가능하고, 북동측 근거리에 경의선 ○○역이 위치하며, 인근 도로변에서 버스정류장이 소재하는 등 대중교통 여건은 보통임 3, 4) : 본건까지 제반 차량의 접근이 가능하고, 북동측 근거리에 경의선 ○○역이 위치하며, 인근 도로변에 버스정류장이 소재하는 등 대중교통 여건은 보통임 * 1) : 인접필지 대비 등고평탄한 부정형 토지로서, 주거용 건부지로 이용중임 2) : 인접필지 대비 등고평찬한 부정형 토지로서, 주거기타(축사)로 이용중임 3, 4) : 부정형의 완경사지로서, 자연림임 * 1, 2) : 지적상 맹지이며, 인접필지를 통하여 접근이 가능함 3) : 지적상 맹지이며, 인접필지 4)를 통하여 접근이 가능함 4) : 서측으로 노폭 약 3m의 포장도로에 접함
참고 사항	* 일부 목조 함석지붕 단층축사 55.35m² 와 목조 스레트지붕 단층축사 15.62m² 는 각각 멸실함 * 제시외 건물 포함

• 임차인현황 (말소기준권리 : 2010.12.29 / 배당요구종기일 : 2016.01.29)

***** 조사된 임차내역 없음 *****

기타사항	☞ 조사차 방문하였으나 거주자 등을 만나지 못하였고, 연락처가 기재된 메모를 남겨도 연락이 없으며, 전입세대열람 내역 항등의 열람 및 현황서 교부신천서 사본과 같이 등록·등재자도 없으니 점유관계 등은 별도의 확인요망.

• 건물등기부 (채권액합계 : 2,500,000,000원)

NO	접수		권리자	채권금액	비고
1(갑2)	2010.12.29		김○○		
2(을1)	2010.12.29	근저당	○○자산관리회사	2,500,000,000원	말소기준등기
3(갑5)	2015.08.04	압류	○○시		
4(갑5)	2015.10.08	공매공고	○○시		한국자산관리공사 2015-07605-001
5(갑6)	2015.11.02	임의경매	○○자산관리회사	청구금액 : 2,500,000,000원	2015타경25774

• 토지등기부 (채권액합계 : 2,770,776,254원)

NO	접수	권리종류	권리자	채권금액	비고
1(갑2)	2010.12.29	소유권이전(매매)	김○○		
2(을1)	2010.12.29	근저당	○○자산관리회사	2,500,000,000원	말소기준등기
3(을2)	2010.12.29	지상권(토지의전부)	○○자산관리회사		존속기간 : 2010.12.29~2040.12.29 만 30년
4(갑3)	2013.01.03	압류	○○시		
5(갑6)	2014.08.01	가압류	조○○	270,776,254원	2014카단30446
6(갑3)	2015.10.08	공매공고	○○시		한국자산관리공사 2015-07605-001

확인번호 : 11B7-DUOG-○○○○-○○○○-○○○○

■ 건축법 시행규칙 [별지 제7호서식] 〈개정 2018.11.29〉

건축 · 대수선 · 용도변경 신고필증

• 건축물의 용도/규모는 전체 건축물의 개요입니다.

건축구분	허가/신고시험변경(변경치수 : 1)		신고번호	2018-○○면-신축신고-21
건축주	○○○			
대지위치	○○도 ○○시 ○○면 ○○리			
지번	○○○-○ 외 2필지			

※「공간정보의 구축 및 관리 등에 관한 법률」에 따른 지번을 적으며,「공유수면의 관리 및 매립에 관한 법률」제8조에 따라 공유수면의 점용·사용 허가를 받은 경우 그 장소가 지번이 없으면 그 점용·사용 허가를 받은 장소를 적습니다.

대지면적				1,050 m²
건축물명	○○면 ○○리 ○○○-○ 제2종근린생활시설(○○○)	주용도		제2종근린생활시설(제조업소)
건축면적	654.63 m²	건폐율		20.55 %
연면적 합계	705.32m²	용적률		20.65 %

동고유번호	동명칭및번호	연면적(m²)	동고유번호	동명칭및번호	연면적(m²)
1	1동	196	2	2동	196
3	3동	197.76	4	4동	111.56

　귀하께서 제출하신 건축물의 건축 · 대수선 · 용도변경 (변경)신고서에 대하여 건축 · 대수선 · 용도변경 신고필증을 「건축법시행규칙」 제12조 및 12조의2에 따라 교부합니다.

200○년 ○○월 ○○일

○○면장

이 경우는 주택이 있는 물건번호 1번의 토지인데 1,725평 정도가 잡종지로 되어 있고 계획관리지역이므로 개발 가능성이 높은 물건이었다. 부실채권인 농협자산관리회사의 채권을 양도받아 안전하게 단독으로 낙찰 되었다. 이 물건은 물건번호 2번과 함께 26억 8천만 원에 낙찰 되었다.

이렇게 부실채권으로 낙찰 받으면 여러 가지 장점이 있다. 우선 채권최고액만큼 높게 낙찰 받았기 때문에 경쟁자 없이 단독으로 받을 수 있었고 개발 이후 이 토지를 매매할 경우 채권최고액 한도로 높게 쓴 만큼 양도 차액을 줄일 수 있다.

또한 낙찰 금액이 올라갔기 때문에 낙찰가의 70% ~ 80%정도 가능한 경락잔금대출 금액이 늘어나서 초기 투자비용을 줄일 수 있었다.

이 토지의 현황은 잡종지로서 구옥과 축사로 이루어져 있었고 점유자가 없는 상태였다. 도로와는 임야를 통한 4m 넓이의 사도가 전부였다. 주유소 옆의 도로와 접하는 것이 가장 바람직한 것이었으나 물건번호 1번과 2번 사이에 타인소유의 토지가 가장 문제였다.

이 토지 소유자는 도로에 해당되는 토지를 가지고 있기 때문에 나머지 토지를 저렴한 가격에 낙찰 받으려고 계획했던 것으로 보인다. 일단 낙찰 후 4m 접한 부분을 이용하여 잡종지와 임야를 2종 근생으로 전용허가를 받았다.

물건번호 1번과 2번 사이에 낀 토지 소유자는 개발이 불가능하다고 생각했던 1번 토지가 임야에 대한 산지 전용허가가 진행되자 본인 토지를 시세보다 조금 더 받는 조건으로 매각하게 되었고 이 토지를 매입하여 대로변으로부터 진입도로를 개설함으로써 공장용지로 지목변경이 가능하게 되었다.

이 과정에서 2종 근생으로 전환되며 대출을 42억 받았으며 토목공사와 공장 건축이 끝나면 90억 이상의 가치를 갖게 될 것으로 보인다. 3년 이상의 시간이 필요 하였으며 그동안에 대출금에 대한 이자를 지급해야 하는 부담을 갖는 등 토지개발에 있어서는 많은 난관이 존재하지만 성과는 어떤 투자보다도 크다고 하겠다.

이렇게 부실채권을 인수하여 토지를 취득하고 여러 장점들을 이용한다면 일반 입찰자에 비해 유리하게 입찰하며 토지개발을 할 수 있다.

4. 경매와 풍수

풍수는 삼국시대이후로 우리나라 생활사에 막대한 영향을 미쳐왔다.

물건 자체에 문제가 있어서 경매 나오는 것은 아니라 하더라도 부동산은 풍수상 좋은 물건과 좋지 않은 물건으로 구별되는바 이왕이면 풍수상 좋은 물건이 매매도 쉽게 될 것이다.

풍수 사상자체가 물과 산의 조화를 가장 중요하게 여기는 바 여러 가지 풍수에 대한 이론을 모두 공부할 수는 없지만 기본적으로 풍수에서 말하는 것이 과학적으로 의미를 부여할 만한 내용들도 많이 있으니 경매로 토지를 선택할 때 참고하면 도움이 될 것이다.

1) 풍수란 무엇인가?

음양론과 오행설을 기반으로 산수의 형세나 방위 등으로 인간의 길흉화복에 연결시켜 설명하는 전통적인 이론이며 경험과학이나 통계학이라고도 한다.

2) 풍수의 종류

- 양택 풍수 : 살아있는 사람의 집터를 비롯한 사무실, 상점, 창고 등에 관한 풍수
- 양기 풍수 : 마을이나 도읍터에 관한 풍수
- 음택 풍수 : 무덤 자리에 관한 풍수

3) 형기론(形氣論)과 이기론(理氣論)

- **형기론**

  산과 물의 외적인 모양을 보고 판단하여 명당이나 길지를 찾는 것을 형기론이라고 한다. 외적변화 현상을 보는 것으로 산의 능선이나 집터나 주변 산 등을 주로 살핀다.

- **이기론**

  방위와 시간의 개념을 천기와 지기의 음양오행법으로 살피는 것을 이기론이라고 한다.

4) 풍수에 바탕을 이루고 있는 사상

도가사상, 대지모사상, 음양오행사상을 바탕으로 인간은 자연에 속한다는 환경결정론을 많이 반영하고 있다.

5) 풍수지리에서 터를 찾는 방법

a) 정혈법

정기가 뭉쳐있는 정혈을 찾아내는 방법으로 풍수에서 가장 결정적인 터 잡는 방법

b) 좌향론

방위에 따라 남향이나 북향이냐를 보아 터를 잡는 방법이다.

좌향은 방향의 개념과는 다른 것으로 한지점이나 장소는 무수한 방향을 가질 수 있으나 선호성에 의하여 결정되는 좌향은 단하나 뿐이다. 즉 혈의 뒤쪽 방위를 좌로 혈의 정면을 향으로 한다는 의미이다.

c) 간룡법

풍수에서 산을 용으로 보아 산의 형상을 살펴 산의 모습과 산맥의 흐름을 보고 길지와 흉지를 판단하는 방법이다. 산에는 용의 정기 즉, 지기가 유행하는 맥이 있어서 간룡할 때에는 용을 체(體)로 맥을 용(用)으로 하여 찾는다.

맥이란 용의 생기가 지표면 부근에서 흐르는 것이며, 이 용의 맥을 살펴서 길흉을 판단하는 것이다.

d) 장풍법

장풍이란 바람을 가둔다는 것으로 사방에 산이 둘러 있는 것이 좋다고 보고 좌청룡, 우백호, 남주작, 북현무가 좋은 터로 보았다.

e) 형국론

산천의 형세를 인물이나 금수의 형상과 유추하여 판단하여 비교적 쉽게 지세와 길흉을 판단하는 것을 말한다.

신선형, 누운 소형, 반달형, 동식물이나 사람, 또는 물질에 비유해 표현한다.

f) 득수법

물길을 살펴 좋고 나쁨을 살피는 것인데 물에서 냄새가 나거나 흐리면 안 좋고 부드럽게 흘러야 한다는 것이다. 직류나 물길이거세면 좋지 않은 것으로 보았다. 명당을 찾는 풍수 방법에 함께 고려하는 방식을 취한다.

g) 소주길흉론

주로 토지를 사용하는 사람과 관계되는 이론이다.

적선과 적덕을 쌓은 사람에게 길지가 돌아간다거나 땅에는 임자가 따로 있다거나 땅을 쓸 사람의 사주팔자가 땅의 오행과 서로 상생관계이어야 한다는 것들을 말한다.

6) 유암 홍만선의 산림경제 복거편

택지는 동이 높고 서가 낮아야 생가가 성하고 서가 높고 동쪽이 낮으면 부자가 되지 않는다. 앞이 높고 뒤가 낮으면 대흉이 되고 뒤가 높고 앞이 낮으면 대길이다.

사면이 높고 중앙이 낮으면 처음에는 부유하지만 나중에 빈한해지고 평탄하면 대길하다.

a) 바람직한 것

① 집이 작고 식구가 많을 것

② 집이 크고 대문이 작을 것

③ 담장이 완전할 것

④ 집이 작고 가축이 많을 것

⑤ 집 앞의 냇물이 동남쪽으로 흐를 것

b) 부족한 것

① 집만 크고 식구가 적은 것

② 집은 작은데 문만 큰 것

③ 담장이 완전치 못한 것

④ 우물이 장소에 적당치 않은 곳에 있는 경우

⑤ 택지가 많으나 집이 작으면서 정원만 넓은 것

7) 이중환의 택리지(팔역지)의 복거총론(卜居總論)

사람의 살 만한 곳의 입지 조건으로서 첫째 지리(地理), 둘째 생리(生利), 셋째 인심(人心), 넷째 산수(山水) 이렇게 4가지를 들었는데 이중 하나라도 부족하면 좋은 땅이 아니라고 하였다.

이중 지리(地理)의 판단은 다음과 같은 6개 항목으로 한다.

1. 수구(水口)	2. 야세(野勢)
3. 산형(山形)	4. 토색(土色)
5. 조산(朝山)	6. 조수(朝水)

이 6개의 항목을 확인하고 모두 조화를 이룬 곳이 좋은 터라고 하였다. 이를 구체적으로 설명하면 잘 아물려진 좁은 수구(水口)로 빠져 나가는 곳에 조밀하게 둥근 산이 막고 있고 안으로 들어가면 뻗어가는 넓은 들판, 하늘을 볼 수 있는 확 트인 마을의 형세, 포근하게 감싸고 있는 산들의 모양, 길기를 느낄만한 흙의 빛깔, 산골짜기물이 부드럽게 마을을 흘러드는 유연한 물길, 마을 주변에 높지 않은 조산(朝山) 등의 조건을 고루 갖춘 곳이 길지라는 것이다.

이를 정리하면

  a) 수구에 수문이 있고 안으로 물을 넣을 수 있는 곳
  b) 들이 넓어 터가 좋고 햇볕과 바람이 잔잔한 곳
  c) 산형이 특히 주산이 수려 단정 청명한 곳
  d) 토색이 좋고 돌이 많고 샘이 깨끗한 곳
  e) 산이 반드시 근원 배수가 있는 곳
  f) 앞이 막히지 않아 답답하지 않는 곳
  g) 햇빛과 바람의 순환이 잘되는 곳
이러한 지역이 살기 좋은 집터라는 곳이다.

이렇듯 살기 좋은 집터의 조건이 수없이 많지만 이 모두를 충족시키는 땅은 거의 없다고 해도 과언이 아니다. 단 이러한 조건들을 감안하여, 내가 지을 집터를 선정할 때나 그러한 집터에 지어진 집을 고를 때 참고의 자료로서 활용 한다면 소기의 목적을 달성할 수 있을 것이다.

8) 일반적인 좋은 집터의 판단 기준

a) 배산임수

'배산임수'란 말 그대로 산을 등지고 물이 있는 쪽을 바라본다는 뜻이다. 즉 지면에서 약간이라도 높은 부분에 건물을 짓고, 지대가 낮은 쪽에 마당을 설치함으로써 아래로 내려다보도록 하는 배치이다.

지면의 고저가 확실하게 구분되지 않거나 강이나 바다 등이 직접 보이지 않는 곳에서는 빗물이 흘러 내려가는 방향을 낮은 쪽으로 하여 마당을 설치함으로써, 건물에서 빗물이 내려가는 쪽을 바라보도록 배치한다. 평탄하고 넓은 대지에서나, 대지의 경사가 북쪽은 높으면서 남쪽이 낮은 땅, 즉 대지 형태가 남과 북으로 길게 늘어진 경우에는 남향으로 배치하는 것이 가장 이상적이다.

이러한 남향집은 햇빛을 가장 많이 받는 집으로서 주택의 대표적인 배치 방법이다. 이 배산임수(背山臨水) 배치 방법은 주택은 물론이고 궁궐과 사찰까지 대부분의 건물은 배산임수 배치 방법을 적용 했으며, 이것은 오늘날까지도 한국의 전통 건축의 가장 대표적이고 이상적인 배치 방법으로 이용되고 있다.

이 배치 방법에서 북향 대지는 어떻게 지어야하는가 하는 문제가 있다.

북향 대지는 남쪽 지면이 높고 북쪽 지면이 낮게 되는데 지면이 높은 남쪽이 건물 후면이 되고 지면이 낮은 북쪽이 건물의 전면이 되는 배치가 배산임수에 따른 배치방법이다. 이렇게 배치를 해야만 북쪽에서 불어오는 생기를 받아들일 수 있기 때문이다.

만일 이런 지세에서 집의 방향을 남쪽으로 해서 건물을 짓는다면 남쪽의 햇빛을 많이 받아들이는 장점은 있지만, 지대가 낮은 건물의 뒤쪽 부분을 보강해야 하므로 석축이나 콘크리트로 떠받치고 집을 짓기 때문에 집이 불안정한 모습을 하게 된다.

이런 형태의 건물에서 앞을 보면 정면에 높은 산이 가로막고 있어 답답함을 느끼게 되고 산이 하늘을 가로막아 넓은 하늘을 바라볼 수 없게 된다.

b) 좋은 토질의 집터

좋은 토질은 땅의 기운이 넘치고 조화가 이루어져서 학습능력이 향상되고 성공 운이 좋아 진다고 여겨진다. 가장 좋은 토질은 돌과 진흙이 없는 생토(生土)를 말하는 것으로 가장 귀한 최고의 토질로 보았다.

매립지에 건축하는 경우에는 토질이 오염되었는지 확인하여야 하며 각종 폐기물로 매립한 곳은 사토(死土)로서 피해야 할 토질이다.

c) 피해야 할 집터

신전(神殿), 고악(古嶽), 싸움터, 제구(祭坵), 대장간, 방앗간, 기름방, 오래된 무덤, 떨어진 바위의 벼랑, 물골이 합치는 곳, 교통이 번잡한곳, 큰길가, 절터, 서낭터, 큰 고을의 성문(城門) 앞이나 옥문(獄門)의 맞은편, 활터에서 과녁이 있는 부근, 흐르는 물결을 바라다보는 자리, 하수구가 모이는 곳, 초목이 나지 않는 자리, 허물어진 절터의 탑 부근, 무덤 근처, 사당에 이웃한 자리, 제방 아래의 자리도 마땅히 피하여야 한다.

d) 전통적인 집터의 조사 방법

먼저 조사할 토지의 겉흙에 해당하는 부식토를 걷어내고 생땅을 평평하게 고른 뒤에 한 변이 35cm되는 정방형을 설정하고 파내되 깊이도 역시 35cm로 한다. 파낸 흙은 잘 부셔서 덩어리 없게 하고, 파낸 구덩이에 다시 메운다. 흙을 구덩이에 평평하게 넣되 다지지 않으면 흙속에 공기가 들어가기 때문에 흙이 남게 된다.

하루가 지난 후 흙의 상태를 보면 평평한 것이 유지되거나 꺼져 있거나 솟아 있다.

이것은 토지의 습기를 확인하는 것으로 메운 흙이 푹 꺼져있으면 좋지 못한 터이고, 만일 그것이 불쑥 솟아 있으면 좋은 터전이라 판단할 수 있다.

e) 물로써 살피는 방법

물은 산과의 조화를 가장 중요하게 보았다. 대체로 물의 흐름이 부드러워야 하고 곡선을 그리는 것이 가장 바람직하다고 보았다. 유유하여 머물되 가득 찬 연후에야 흘러 내려야 하니 머물고 흐르며 넘치거나 모자라지 않을 만큼 물이 계속되면 최귀격(最貴格)이라 한다.

만약에 늪에 물이 차서 넘치며, 물줄기에서 옆으로 새거나 터져 물길이 생기거나 물이 빠르게 흘려 내리거나 땅으로 스며들며 말랐다 젖었다 반복되면 모두 좋지 않은 것으로 보았다.

9) 풍수지리에서의 길과 흉

a) 집터는 동쪽이 높고 서쪽이 낮아야 좋고, 그 반대이면 부자는 못되나, 부귀를 누리며, 앞이 높고 뒤가 낮으면 집안이 기울고, 뒤가 높고 앞이 낮아야 한다.

b) 평평한 터가 좋다

c) 동쪽에 큰 길이 있으면 가난해지고, 북쪽에 큰 길을 두면 나쁘며, 남쪽에 큰길이 있으면 영화를 누린다.

d) 주택 좌우가 도로가 감싸 안은 모습일 때, 금전이나 재산 운이 따른다.

e) 도로가 주택 앞에서 어느 한편으로 감싸고 도는 주택은 주변의 좋은 기운으로 인기가 좋으며, 몸과 마음이 안정을 찾아 대성할 상이 된다.

f) 도로가 건물의 좌측으로 부터 뒤편으로 감싸고 도는 형국은 좋지 않다. 초기에는 부유했다가도 얼마 지나지 않아 재산을 잃을 수 있다.

10) 생활 풍수에서 본 좋은 집터와 나쁜 집터 정리

좋은 집터와 나쁜 집터에 대한 다양한 의견들이 있는 바 참고할 만한 다양한 내용들을 정리하였다. 이왕이면 좋은 것을 택하고 나쁜 집터를 피하는 것이 낫지 않을까 싶다.

a) 좋은 집터

① 집 뒤가 높고 앞이 낮은 지형이 좋다.

② 물이나 도로가 감싸주는 안쪽이 길하다.

③ 나무나 잔디가 잘 자라는 곳이 좋다.

④ 땅이 밝고 단단하며 배수가 잘되는 곳

⑤ 수맥이 흐르지 않는 곳이 좋다.

⑥ 집의 좌향은 남쪽 방향, 남동쪽이 좋다.

⑦ 집 안마당에는 집보다 큰 나무가 없는 집이 좋다.

⑧ 채광과 환기가 잘되는 집이 좋다.

b) 좋지 않은 집터

① 고층 아파트 사이에 끼어있는 저층 아파트의 집이나 가옥은 좋지 않다.

② 무덤이 있었던 자리는 피한다.

③ 집주위에 고압전류나 송전탑이 있는 곳은 피한다.

④ 외딴 집은 피한다.

⑤ 재래식 화장실이나 축사, 두엄, 쓰레기 매립장은 피한다.

⑥ 골짜기를 매립한 곳은 피한다.

⑦ 늪지, 개천, 연못, 호수를 매립한 땅은 피한다.

⑧ 큰 공장이 있었던 땅은 피한다.

⑨ 큰 나무나 고목이 서 있었던 땅은 피한다.

⑩ 암석이나 모래, 자갈이 많은 땅은 피한다.

⑪ 점토가 많아 질퍽거리는 땅은 피한다.

⑫ 먼지가 자주 일고 부석부석한 땅은 피한다.

⑬ 큰 도로를 끼고 있는 집이나 아파트는 좋지 않다.

⑭ 담장이 집에 비해 너무 높으면 좋지 않다.

⑮ 홀로 돌출된 곳은 피한다.

⑯ 하천이 너무 가까이 있는 곳은 좋지 않다.

⑰ 경사가 심한 곳은 좋지 않다.

⑱ 집주위에 혐오시설이나 짓다가만 집이 있으면 좋지 않다.

⑲ 산봉우리나 능선을 절개한 곳은 좋지 않다.

⑳ 강과 하천 혹은 골짜기가 곧장 나있는 곳은 피한다.

㉑ 막다른 집이나 복도식의 아파트 맨 끝집은 좋지 않다.

㉒ 급경사 위의 집은 피한다.

㉓ 택지보다 높은 도로가 지나가는 곳은 피한다.

㉔ 안개가 자주 끼는 지역은 피한다.

· **문상철**

휘문고와 경희대 졸업
인하대 석사 및 박사
2002년부터 현재까지 세종경매 자산관리 운영
2004년부터 현재까지 한국폴리텍대학 실전경매 지도교수
2018년부터 현재까지 인하대학교 평생교육원 실전경매 지도교수

주요 논문

경매투자 활성화를 위한 성공요인의 실증적 연구 – 한국주거환경학회, 2016.6
부동산특성별 경매투자자의 투자만족도에 미치는 영향요인 연구 – 대한부동산학회지, 2016.12
컨설팅 품질요인이 경매투자활성화에 미치는 효과 – 집합건물법학회, 2017.8

저자와
협의 후
인지생략

SPECIAL AUCTION BIBLE
특수 경매 바이블

발행일   1판1쇄 발행   2019년 12월 6일
발행처   듀오북스
지은이   문상철
펴낸이   박승희

등록일자   2018년 10월 12일 제2018-000281호
주소   서울시 마포구 환일2길 5-1
편집부   (070)7807_3690
팩스   (050)4277_8651
웹사이트   www.duobooks.co.kr

정가 23,000원 **ISBN** 979-11-90349-02-4 03320